"十四五"职业教育国家规划教材

浙江省高职院校"十四五"重点立项建设教材

浙江省普通高校"十三五"新形态教材

中国特色高水平高职学校建设系列成果

高职高专金融类"十四五"规划系列教材

商业银行授信业务

（第四版）

SHANGYE YINHANG SHOUXIN YEWU

邱俊如　金广荣　编著

中国金融出版社

责任编辑：张菊香
责任校对：孙　蕊
责任印制：丁淮宾

图书在版编目（CIP）数据

商业银行授信业务／邱俊如，金广荣编著． -- 4 版． -- 北京：中国金融出版
社，2025. 8. --（高职高专金融类"十四五"规划系列教材）． -- ISBN 978 - 7 -
5220 - 2790 - 6

Ⅰ. F830. 56

中国国家版本馆 CIP 数据核字第 2025ZS3587 号

商业银行授信业务（第四版）
SHANGYE YINHANG SHOUXIN YEWU（DI-SI BAN）

出版
发行　　中国金融出版社

社址　　北京市丰台区益泽路 2 号
市场开发部　（010）66024766，63805472，63439533（传真）
网 上 书 店　www. cfph. cn
　　　　　　（010）66024766，63372837（传真）
读者服务部　（010）66070833，62568380
邮编　　100071
经销　　新华书店
印刷　　保利达印务有限公司
尺寸　　185 毫米×260 毫米
印张　　19. 25
字数　　417 千
版次　　2009 年 2 月第 1 版　2014 年 8 月第 2 版
　　　　2020 年 9 月第 3 版　2025 年 8 月第 4 版
印次　　2025 年 8 月第 1 次印刷
定价　　55. 00 元
ISBN 978 - 7 - 5220 - 2790 - 6
如出现印装错误本社负责调换　联系电话（010）63263947

中国正在迈向全面建设社会主义现代化国家、全面推进中华民族伟大复兴的新征程上。实现高质量发展，是对中国式现代化经济建设的本质要求。信贷融资是社会融资的最重要组成部分，是金融支持实体经济、深化金融供给侧结构性改革、助力产业转型升级、推动经济高质量发展的重要手段。习近平总书记指出："金融活，经济活；金融稳，经济稳。"改善融资结构、创新信贷模式是金融业提高运行效率、适应新质生产力发展需求的重要途径。在我国全面推进乡村振兴、促进区域协调发展、推进高水平对外开放、加快构建新发展格局、着力推动高质量发展进程中，银行信贷将发挥重要作用。

《商业银行授信业务》教材对接银行信贷客户经理岗位人才培养要求，打破传统同类教材以知识模块为主线罗列复述理论知识的编写方法，转变为以授信业务工作流程为主线组织重构知识体系，以工作任务为导向，理论与实践一体化教学。基于金融行业专家、高职教育专家、骨干专任教师共同对商业银行授信工作任务与职业能力、职业素养的分析，本书设计了六个教学项目：授信业务申请与受理、授信业务调查、授信业务的审查与审批、授信合同签订与贷款发放、授信后管理、认识非贷款授信业务。每个教学项目下分若干项任务，每项任务下再分若干个活动。各阶段操作流程下的任务活动设计，将信贷客户经理所必备的财务分析、信用评级、担保法律法规、贷款风险分类、贷款操作规程与管理制度等知识融合到各个教学项目中。学生在完成工作任务的过程中可以明确岗位职业道德，构建相关理论知识体系，训练岗位职业技能。教材自 2009 年第一版出版至今，受到广大院校和读者的高度认同与肯定。教材第三版入选"十四五"职业教育国家规划教材。近年来，金融行业发展迅速，金融新业态不断涌现，信息技术在教育领域深度渗透。金融行业的发展与教育技术的变革对技术技能型金融人才培养提出了新的要求。基于此，我们对本教材进行了再次修订。

第四版教材修订主要内容包括四个方面。（1）调整每个教学项目的学习目标，按照知识目标、能力目标、素养目标进行设定，明确课程思政育人目标内容。（2）引入信贷业务领域新知识、新规范、新业务和新技术。根据信贷监管政策调整、法律环境变化及金融科技发展背景下出现的银行信贷业务流程创新、信贷产品创新、信贷分析技术创新、服务模式创新等新业态，对教材中各教学项目内容进行修订。（3）增加数字化教学资源。以二维码形式将优选的微课、动画、视频、案例、法规、图表等数字化教学资源嵌入纸质教材，实现了教材、课堂、教学资源三者的融合，助力线上线下混合式教学模式改革，增加学习者的自主选择性，满足不同群体的学习需求。

（4）落实立德树人根本任务，强化课程思政育人功能。在案例选择、活动设计上融入信贷支持乡村振兴、绿色金融、共同富裕、数字经济、金融安全等国家发展战略，引导学生树立金融服务实体经济的正确理念，恪守诚信合作、遵纪守法的职业道德，养成防范金融风险的职业意识，强化职业担当。

第四版教材修订分工如下：项目一由邱俊如负责修订，项目二由邱俊如、周锋、蔡海林、金广荣负责修订，项目三、项目四和项目六由金广荣负责修订，项目五由邱俊如负责修订；杭州联合银行小微事业部周敏霞女士参与了项目二小微客户调查内容的修订，并负责本书部分二维码资源的搜集整理。本书最后由邱俊如进行统稿和总纂。浙江金融职业学院副校长郭福春、科研处处长董瑞丽担任主审。

本书在修订过程中，得到了浙江金融职业学院领导和相关部门的大力支持与帮助，中国工商银行杭州分行吴一飞女士、浙商银行绍兴分行王瑜先生、杭州银行小微事业部李镇旭先生、原中国工商银行分行行长级资深风险经理张利宾先生等行业专家对本书的编写提供了很好的意见和建议，在此深表谢意！此次第四版修订，参阅了大量商业银行网站、其他相关网站资料，在此一并致谢。

由于编者水平有限，银行的经营环境在不断变化，金融业务也在不断创新，书中难免存在疏漏和不足之处，敬请广大专家、读者批评指正。

编著者

2024 年 12 月

目录

项目一　授信业务申请与受理

【学习目标】

知识目标：

1.了解商业银行授信的概念及统一授信的基本规定；

2.了解银行贷款产品基本要素的各自含义与基本规定；

3.了解银行授信管理的基本原则与一般业务操作流程；

4.清楚企业客户和个人客户授信业务申请所需提交的材料；

5.掌握客户不同的授信需求特点。

能力目标：

1.能区分传统贷款业务与非贷款授信业务；

2.能对不同贷款产品的基本要素进行比较分析；

3.能根据不同授信业务品种列出所需的申请材料，并能初步辨别客户提交材料的真伪；

4.能根据客户的实际需求为客户制订合理的授信解决方案。

素养目标：

1.能严格遵守银行信贷工作基本准则与操作规范；

2.树立为客户服务的职业意识，强化金融服务经济高质量发展的责任担当；

3.锻炼团队合作能力，培养集体意识。

任务一
了解授信及业务主要规定

活动1 熟悉商业银行授信的基本概念

【知识准备】

当客户向银行提出一笔信贷业务申请时，我们会问：（1）这个客户需要多少钱？（2）他需要钱做什么？事实上，可能有许多借款人会需要在某段时间内为一系列交易融资，他们获得一系列贷款比获得一次性贷款更合适。不管是一笔贷款还是一系列贷款，银行都要问：这个借款人到底最多能承担多少债务？由此，我们引出授信的概念。

授信，可以分为广义的授信和狭义的授信。广义授信是指银行从事客户调查、业务受理、分析评价、授信决策与实施、授信后管理等各项授信活动。狭义授信是指银行对其业务职能部门和分支机构所辖服务区及其客户所规定的内部控制信用最高额度，具体范围包括贷款、贴现、承兑、信用证和担保等信用形式。

在实际工作中，贷款、信贷、授信等用词常常不作严格区别，混而使用。事实上，它们既有联系，又有区别。

贷款是指银行将货币使用权出借给客户，并按约定期限和利率收回本息的经营行为，即以偿还本金和付息为条件的特殊价值运动。

信贷的概念比贷款要广。"信"是指银行提供的信用，主要是表外业务，如开具银行承兑汇票、开具信用证等；"贷"是指银行发放的贷款，主要是表内业务，如流动资金贷款、票据贴现等。

授信是指银行向客户授予信用和贷款的经营行为。从业务品种范围的角度，授信除了包括贷款，还包括其他非贷款方式的授信业务。

1-1微课：
什么是授信

【实践操作】

以下是某银行在其网站上对统一授信业务的介绍。请根据下述内容到网上查找相关资料，分析、归纳统一授信的基本方式。

如果您的企业难以判断何时会有融资需求，而一旦出现需求时又迫在眉睫，需要快速得到融资；或者您的企业是一家下属有多家子公司的集团企业，子公司情况各异，因此希望能将整个集团的融资额度由子公司根据需要自行分割；如果您的业务发展对融资提出了信用证打包、开立银行承兑汇票、流动资金贷款等多元化的需求，那么我行提供的统一授信解决方案一定会是您理想的选择。

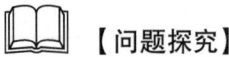【问题探究】

授信及统一授信

一、授信的方式

授信按内容可分为基本授信和特别授信两种方式。

（一）基本授信

基本授信是指银行根据国家信贷政策和每个地区、客户的基本情况所确定的信用额度。基本授信的范围包括：（1）全行对各个地区的最高授信额度；（2）全行对单个客户的最高授信额度；（3）单个分支机构对所辖服务区的最高授信额度；（4）单个营业部门和分支机构对单个客户的最高授信额度；（5）对单个客户分别以不同方式（贷款、贴现、担保、承兑等）授信的额度。

（二）特别授信

特别授信是指银行根据国家政策、市场情况的变化及客户的特殊需要，对特殊项目及超过基本授信额度所给予的授信。特别授信范围包括：（1）因地区、客户情况的变化需要增加的授信；（2）因国家货币信贷政策和市场的变化，超过基本授信所追加的授信；（3）特别项目融资的临时授信。

1-2案例：
持续追加企业
授信，全力支持
新冠疫情防控

二、客户统一授信管理

客户统一授信管理是指银行对单一法人客户或企业集团客户统一确定最高综合授信额度，实施集中统一控制客户信用风险的信贷管理制度，包括贷款、贸易融资、贴现、承兑、信用证、保函和担保等多种形式。

商业银行对每一个法人客户都应确定一个最高综合授信额度。最高综合授信额度也称授信额度上限，是指银行在对单一法人客户的风险和财务状况进行综合评估的基础上，依据自身实力和风险偏好确定的银行在一定期限内能够和愿意承担的信用风险总量，是银行授予客户可使用的银行信用的最高限额，不是必须发生的信用额度。

1-3案例：
专业化综合金融
服务助集团企业
实力更强大

对由多个法人组成的集团公司客户，商业银行应确定一个对该集团客户的总体最高授信额度，银行全系统对该集团各个法人设定的最高授信额度之和不得超过该集团的总体最高授信额度。

综合授信是和单项授信相对应的概念。单项授信是对客户某一方面信用业务核定的信用控制额度，如流动资金贷款授信额度、贴现授信额度、承兑授信额度等。综合授信则包含了各类信用，包括表内授信和表外授信。表内授信包括本外币贷款、项目融资、贸易融资、贴现、透支、保理、拆借和回购等；表外授信包括本外币贷款承诺、保证、信用证、票据承兑等。银行对某一客户提供的各类信用余额之和不得超过该客户的最高综合授信额度。

 【知识链接 1-1】

实行统一授信的"四个统一"

实行统一授信，必须做到"四个统一"。

1. 授信主体的统一。商业银行应确定一个管理部门或委员会统一审核、批准对客户的授信，不能由不同部门分别对同一或不同客户、同一或不同信贷品种进行授信。

2. 授信形式的统一。商业银行对同一客户不同形式的信用发放都应置于该客户的最高授信限额以内，即本外币、表内与表外信用形式的一揽子授信。

3. 授信标准的统一。商业银行按照统一的信用评级标准和授信额度核定标准进行授信。

4. 授信对象的统一。商业银行授信的对象是法人，不允许商业银行在一个营业机构或系统内对不具备法人资格的分支公司客户授信。

1-4 法规：
《商业银行授信
工作尽职指引》

职场小知识

"尽职免责"中的"尽职"怎么界定？

尽职免责，换言之，就是尽职了才能免责；尽职是免责的前提、基础，免责是尽职应达到的目的。

根据银行业的一般定义，所谓"尽职"，可理解为具备相应专业资质和能力的银行从业人员，按照有关法律法规、规章和规范性文件以及银行内部管理制度的规定，恪守职业道德，审慎履行注意义务，勤勉履行岗位职责。根据这个定义，"尽职"的内涵包括三个不可分割的部分：（1）具备专业能力；（2）谨慎履行注意义务；（3）恪守职业道德。一般来说，如果信贷人员具有履行本职岗位职责的专业能力，以勤勉的态度，认真履行各项工作流程和制度要求，遵守信贷操作规范要求，做到应查尽查，并充分利用自己的工作经验作出合理的专业判断，且在工作中不牟取私利，不隐瞒信息，不与借款客户串通合谋，不存在道德风险，那么，信贷人员就是做到了"尽职"。

活动 2　**熟悉贷款产品的基本要素**

 【知识准备】

贷款产品的要素主要包括贷款对象、贷款额度、贷款期限、贷款利率/费率、贷款用途、还款方式、担保方式。它们是贷款产品的基本组成部分，不同贷款要素的设定赋予了贷款产品千差万别的特点。

一、贷款对象

贷款对象即借款人，是指与贷款人建立贷款法律关系的法人、其他组织或自然人。

按照一般商业银行的规定，借款人应是经市场监督管理机关或主管机关核准登记的企事业法人、其他经济组织、个体工商户或具有完全民事行为能力的自然人。

二、贷款额度

贷款额度是指银行向借款人提供的以货币计量的贷款数额。除了中国人民银行、国家金融监督管理总局或国家其他有关部门有明确规定外，贷款的额度可以根据借款人所提供的抵押担保、质押担保和保证担保的额度以及资信等情况确定。

三、贷款期限

贷款期限有广义和狭义两种。广义的贷款期限是指银行承诺向借款人提供以货币计量的贷款产品的整个期间，即从签订合同到合同结束的整个期间。狭义的贷款期限是指从具体贷款产品发放到约定的最后还款或清偿的期限。在广义的定义下，贷款期限通常分为提款期、宽限期和还款期。

提款期是指从借款合同生效之日开始，至合同规定贷款金额全部提款完毕之日为止，或最后一次提款之日为止，其间借款人可按照合同约定分次提款。

宽限期是指从贷款提款完毕之日开始，或最后一次提款之日开始，至第一个还本付息之日为止，介于提款期和还款期之间。宽限期有时也包括提款期，即从借款合同生效日起至合同规定的第一笔还款日为止的期间。在宽限期内银行只收取利息，借款人不用还本；或本息都不用偿还，但是银行仍应按规定计算利息，直至还款期才向借款企业收取。

还款期是指从借款合同规定的第一次还款日起至全部本息清偿日止的期间。

我国现有法律法规对贷款期限的一般规定如下。

固定资产贷款期限一般不超过 10 年。确需办理期限超过 10 年贷款的，应由贷款人总行负责审批，或根据实际情况审慎授权相应层级负责审批。

流动资金贷款期限原则上不超过 3 年。对于经营现金流回收周期较长的，可适当延长贷款期限，最长不超过 5 年。

个人贷款的期限应符合国家相关规定。用于个人消费的贷款期限不得超过 5 年；用于生产经营的贷款期限一般不超过 5 年，对于贷款用途对应的经营现金流回收周期较长的，可适当延长贷款期限，最长不超过 10 年。

不能按期归还贷款的，借款人应当在贷款到期日之前向贷款人申请贷款展期，是否展期由贷款人决定。期限 1 年以内的贷款展期期限累计不得超过原贷款期限；期限超过 1 年的贷款展期期限累计不得超过原贷款期限的一半。

四、贷款利率/费率

贷款利率即借款人使用贷款时支付的价格。利率一般可分为年利率、月利率和日利率。根据资金借贷性质、借贷期限长短等，可把利率划分为不同种类：法定利率和市场利率、短期利率和中长期利率、固定利率和浮动利率、名义利率和实际利率。

一般来说，贷款期限在 1 年以内（含）的实行合同利率，遇法定利率调整不分段计息，执行原合同利率；贷款期限在 1 年以上的，合同期内遇法定利率调整时，可由借贷双方按商业原则确定，可在合同期间按月、按季、按年调整，也可采用固定利率的确定方式。

1-5案例：
"小微快贷"
系列产品

贷款展期，期限累计计算，累计期限达到新的利率档次时，自展期之日起，按展期日挂牌的同档次利率计息；达不到新的期限档次时，按展期日的原档次利率计息。

费率是指利率以外的银行提供信贷服务的价格，一般以信贷产品金额为基数按一定比率计算。费率的类型较多，主要包括担保费、承诺费、承兑费、银团安排费、开证费等。

五、贷款用途

贷款用途是指贷款的具体去向。

借款人使用信贷资金不得用于以下用途：生产、经营或投资国家明令禁止的产品或项目；违反国家有关规定从事股本权益性投资，违反国家规定以贷款作为注册资本金、注册验资或增资扩股；违反国家有关规定从事股票、期货、金融衍生产品投资；财政预算性收支；国家明确规定的其他禁止用途。

六、还款方式

各商业银行的贷款产品有不同的还款方式可供借款人选择，如到期一次还本付息法、等额本息还款法、等额本金还款法、等比累进还款法、等额累进还款法及组合还款法等多种方法。客户可以根据自己的情况与银行协商，采用或转换不同的还款方法。

1. 到期一次还本付息法。到期一次还本付息法又称期末清偿法，是指借款人需在贷款到期日还清贷款本息，利随本清。此种方式一般适用于期限在 1 年以内（含 1 年）的贷款。

2. 等额本息还款法。等额本息还款法是指在贷款期内每月以相等的额度平均偿还贷款本息。每月还款额计算公式为

$$每月还款额 = \frac{月利率 \times (1 + 月利率)^{还款期数}}{(1 + 月利率)^{还款期数} - 1} \times 贷款本金$$

遇到利率调整及提前还款时，应根据未偿还贷款余额和剩余还款期数计算每期还款额。

等额本息还款法是每月以相等的额度偿还贷款本息，其中归还的本金和利息的配给比例是逐月变化的，利息逐月递减，本金逐月递增。

3. 等额本金还款法。等额本金还款法是指在贷款期内每月等额偿还贷款本金，贷款利息随本金逐月递减。每月还款额计算公式为

$$每月还款额 = \frac{贷款本金}{还款期数} + (贷款本金 - 已归还贷款本金累计额) \times 月利率$$

等额本金还款法的特点是定期、定额还本，也就是在贷款后，每期借款人除了缴纳贷款利息外，还需要定额摊还本金。由于等额本金还款法每月还本额固定，因此其贷款余额以定额逐渐减少，每月付款及每月贷款余额也定额减少。

4. 等比累进还款法。借款人每个时间段以一定比例累进的金额（分期还款额）偿还贷款，其中每个时间段归还的金额包括该时间段应还利息和本金，按还款间隔逐期归还，在贷款截止日期前全部还清本息。此种方法又分为等比递增还款法和等比递减还款法，通常比例控制在 0～100% 之间，且经计算后的任意一期还款计划中的本金或利息不得小于零。此种方法通常与借款人对于自身收入状况的预期相关，如果预期未来收入呈递增趋势，则可选择等比递增还款法，减少提前还款的麻烦；如果预期未来收入呈递减趋势，则可选择等比递减还款法，减少利息支出。

1-6 微课：
等额本息还款法
与等额本金还款法

5. 等额累进还款法。等额累进还款法与等比累进还款法类似，不同之处就是将在每个时间段上约定还款的"固定比例"改为"固定额度"。客户在办理贷款业务时，与银行商定还款递增或递减的间隔期和额度。在初始时期，银行会根据客户的贷款总额、期限和资信水平测算出一个首期还款金额，客户按固定额度还款，此后，根据间隔期和相应的递增或递减额度进行还款。此种方法又分为等额递增还款法和等额递减还款法。

思考： 收入变化趋势明显的客户，应如何根据收入选择等额累进还款法和等比累进还款法？扫一扫，看答案。

6. 组合还款法。组合还款法是一种将贷款本金分段偿还，根据资金的实际占用时间计算利息的还款方式，即根据借款人未来的收支情况，首先将整个贷款本金按比例分成若干偿还阶段，然后确定每个阶段的还款年限，还款期间，每个阶段约定偿还的本金在规定的年限中按等额本息的方式计算每月偿还额，未归还的本金部分按月计息，两部分相加即形成每月的还款金额。这种方法可以比较灵活地按照借款人的还款能力规划还款进度，真正满足个性化需求。自身财务规划能力强的客户适用此种方法。

1-7
思考答案

七、担保方式

担保是指借款人无力或未按照约定按时还本付息或支付有关费用时贷款的第二还款来源，是审查贷款项目最主要的因素之一。按照我国担保法律制度的有关规定，担保方式包括保证、抵押、质押、定金和留置五种方式。在授信业务中经常运用的主要是前三种方式。在实践中，当借款人采用一种担保方式不能足额对贷款进行担保时，从控制风险的角度，贷款银行往往要求借款人组合使用不同的担保方式对贷款进行担保。

抵押担保是指借款人或第三人不转移对法定财产的占有，将该财产作为贷款的担保。借款人不履行还款义务时，贷款银行有权依法以该财产折价或者以拍卖、变卖财产的价款优先受偿。

质押担保是指借款人或第三人转移对法定财产的占有，将该财产作为贷款的担保。质押担保分为动产质押和权利质押。

保证担保是指保证人和贷款银行约定，当借款人不履行还款义务

1-8 微课：
贷款产品的
基本要素

时，由保证人按照约定履行或承担还款责任的行为。

【实践操作】

学生分小组收集银行关于企业客户、个人客户授信的业务种类，弄清楚各类业务的要素特点，能对不同的授信业务品种进行比较。

活动3 熟悉商业银行授信业务的基本流程

【知识准备】

一笔授信业务从客户提出申请到银行发放给客户，再到银行安全收回，一般而言，主要经历以下环节（见图1-1）。

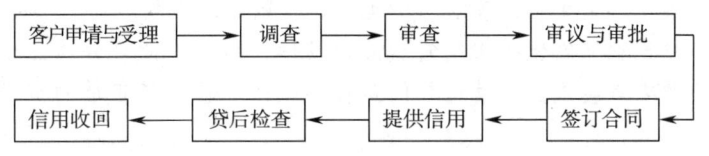

图1-1 授信业务流程简图

（1）客户向银行客户部门提出信贷业务申请。

（2）银行客户部门受理并进行初步认定，对同意受理的信贷业务进行调查评估，调查结束后，将调查材料送信贷管理部门审查。

（3）银行信贷管理部门对客户部门提交的调查材料进行审查，提出审查意见。

（4）信贷管理部门将审查材料和审查意见报贷款审查委员会（简称贷审会）审议，贷审会审议后，有权审批人根据审议结果进行审批。

（5）经有权审批人审批后，权限内的信贷业务由经营行客户部门直接与客户签订信贷合同。超权限的信贷业务在经营行调查、审查和审议的基础上，上报上级行信贷管理部门，再经有权管理行贷审会审议和有权人审批后，逐级批复至经营行并由经营行与客户签订信贷合同。

（6）经营行按合同提供信用，并由经营行客户部门负责信贷业务发生后的经营管理和信用收回。

1-9微课：
信贷业务操作流程1（申请调查审查审批）

1-10微课：
信贷业务操作流程2（发放与支付贷后管理）

【实践操作】

学生分小组收集银行关于企业客户、个人客户授信的业务种类，弄清楚各类业务的基本操作流程，能对不同的授信业务品种进行比较。

【知识链接1-2】

授　权

贷款授权制度是银行控制和管理信用风险的重要手段，银行根据信贷部门有关组织与人员的工作能力、经验、职务、工作实绩以及所负责贷款业务的特点和授信额度，决定每位有权审批贷款的人员或组织的贷款审批品种和最高贷款限额。一般来说，分级授权的主要依据是贷款的金额，因为贷款给银行带来的风险直接反映在贷款金额上，金额越大，风险越大，对贷款专业知识和经验的要求也就越高。授权一般由银行董事会或最高决策层统一批准，自董事会到基层行管理层，权限逐级下放。

一般来说，一家独立的银行机构贷款的分级授权由高到低可分为三个层次：董事会的审批授权；贷款委员会或高级管理层的审批授权；一般信贷官员的审批授权，如部门经理。

从授权形式来看，贷款授权大致可分为以下三种类型：(1)直接授权，是指银行业金融机构总部对总部相关授信业务职能部门或直接管理的经营单位授予全部或部分信贷产品一定期限、一定金额内的授信审批权限。(2)转授权，是指受权的经营单位在总部直接授权的权限内，对本级行各有权审批人、相关授信业务职能部门和所辖分支机构转授一定的授信审批权限。贷款人应建立健全内部审批授权与转授权机制。审批人员应在授权范围内按规定流程审批贷款，不得越权审批。(3)临时授权，是指被授权者因故不能履行业务审批职责时，临时将自己权限范围内的信贷审批权限授予其他符合条件者代为行使，并到期自动收回。

各级行必须在权限范围内办理信贷业务。权限范围内信贷业务的基本流程为：客户部调查→信贷管理部审查→贷审会审议→有权审批人审批→客户部实施经营管理。而超权限信贷业务的基本流程是：经营行客户部调查→信贷管理部初审→行长审核同意→由信贷管理部报有权审批行信贷管理部复审→上级行贷审会审议→有权审批人审批→经营行客户部实施经营管理。

活动4　熟悉商业银行授信管理的原则

【知识准备】

中国银监会于2009年、2010年陆续发布了四个贷款规定：《固定资产贷款管理暂行办法》《项目融资业务指引》《流动资金贷款管理暂行办法》《个人贷款管理暂行办法》（统称"三个办法一个指引"）。"三个办法一个指引"对贷款管理提出了一些指导原则，是对我国银行信贷业务的一次革命性改造和规范。为进一步促进银行业金融机构提升信贷管理能力和金融服务质效，国家金融监督管理总局对"三个办法一个指引"进行了修订，形成了《固定资产贷款管理办法》《流动资金贷款管理办法》《个人贷款管理办法》（统称"三个办法"），于 2024 年 7 月 1 日起正式施行。

1-11 法规：
《固定资产贷款
管理办法》

1-12 法规：
《流动资金贷款
管理办法》

1-13 法规：
《个人贷款管理
办法》

一、全流程管理原则

全流程管理原则强调，要将有效的信贷风险管理行为贯穿到贷款生命周期中的每一个环节。信贷管理不能仅仅粗略地分为贷前管理、贷中管理和贷后管理三个环节，这种划分难以对信贷管理中的具体问题采取有针对性和操作性的措施，也难以对贷款使用实施有效的管控。贷款人要从加强贷款全流程管理的思路出发，将贷款过程管理中的各个环节进行分解，按照有效制衡的原则将各环节职责落实到具体的部门和岗位，并建立明确的问责机制。若详细划分，贷款管理可分为贷款申请、受理与调查、风险评价、贷款审批、合同签订、贷款发放、贷款支付、贷后管理、贷款回收与处置九个环节。

1-14 案例：
"信贷工厂 2.0"
零售普惠信贷
风控策略体系

二、诚信申贷原则

诚信申贷主要包含两层含义：一是借款人恪守诚实守信原则，按照贷款人要求的具体方式和内容提供贷款申请材料，并且承诺所提供材料是真实、完整、有效的；二是借款人应证明其信用记录良好、贷款用途和还款来源明确合法等。

贷款申请是贷款全流程管理与风险控制的第一个环节，对于管理客户关系、开拓业务市场、发现潜在风险具有十分重要的意义。贷款申请人应秉承诚实守信的原则向贷款人提供真实、完整、有效的申贷材料，这有助于从立法的角度保护贷款人的权益，从而使贷款人能够更有效地识别风险、分析风险，做好贷款准入工作，在贷款的第一环节防范潜在风险。

三、协议承诺原则

协议承诺原则要求银行业金融机构作为贷款人，应与借款人乃至其他相关各方通过签订完备的贷款合同等协议文件，规范各方有关行为，明确各方权利和义务，调整各方法律关系，明确各方法律责任。

协议承诺原则通过强调合同的完备性、承诺的法制化乃至管理的系统化，弥补过去贷款合同的不足。协议承诺原则一方面要求贷款人在合同等协议文件中清晰规定自身的权利义务；另一方面要求客户签订并承诺一系列事项，依靠法律来约束客户的行为。一旦违约事项发生，则协议承诺能够切实保护贷款人的权益。

四、审贷分离原则

审贷分离是指银行业金融机构将贷款审批与贷款发放作为两个独立的业务环节，分别管理和控制，以达到降低信贷业务操作风险的目的。审贷分离的要义是贷款审批通过不等于放款。

1-15 案例：
信贷员以权谋私
引发贷款风险

推行贷放分控，一方面可以加强商业银行的内部控制，防范操作风险；另一方面可以践行全流程管理的理念，建设流程银行，提高专业化操作，强调各部门和岗位之间的有效制约，避免前台部门权力过于集中。贷款人应设立独立的贷款发放部门或岗位，负责审核各项放款前提条件及确认贷款资金用途。

五、实贷实付原则

实贷实付是指银行业金融机构根据借款人的有效贷款需求，主要通过贷款人受托支付的方式，将贷款资金支付给符合合同约定的借款人交易对象的过程。实贷实付原则的关键是让借款人按照贷款合同的约定用途使用贷款资金，减少贷款被挪用的风险。

推行实贷实付，有利于确保信贷资金进入实体经济，在满足有效信贷需求的同时，严防贷款资金被挪用；有助于贷款人提高贷款的精细化管理水平，加强对贷款资金使用的管理和跟踪。实贷实付为全流程管理和协议承诺提供了操作的抓手与依据，有助于贷款人防范信用风险和法律风险。

六、贷后管理原则

贷后管理是指商业银行在贷款发放以后所开展的信贷风险管理工作。贷后管理原则的主要内容是：监督贷款资金按用途使用；对借款人账户进行监控；强调借款合同的相关约定对贷后管理工作的指导性和约束性；明确贷款人按照监管要求进行贷后管理的法律责任。长期以来，我国银行业金融机构一直存在"重贷轻管"的现象。一个有效的贷后管理机制，要求商业银行针对借款人所属行业

1-16 微课：
商业银行授信
管理的原则

及经营特点，通过定期和不定期的现场检查与非现场监测，分析借款人经营财务等变化状况，监测贷款资金的用途及流向，适时掌握各种影响借款人偿债能力的风险因素以及有可能导致贷款资金出现违约的因素，及时发现潜在风险因素，并迅速采取措施，防范信贷损失。有效的贷后管理工作有助于银行业金融机构提高风险管理水平，防范风险于未然，控制信贷资产质量，是银行业金融机构建立长期、长效发展机制的基石。

【实践操作】

除以上授信管理原则外，还有哪些原则是商业银行在授信业务经营中需要遵守的？分小组进行资料收集，并在课上进行交流。

【知识链接1-3】

商业银行信贷业务经营管理组织架构

商业银行信贷业务经营管理组织架构包括董事会及其专门委员会、监事会、高级管理层和信贷业务前、中、后台部门。

一、董事会及其专门委员会

董事会是商业银行的最高风险管理和决策机构，承担商业银行风险管理的最终责任，负责审批风险管理的战略政策，确定商业银行可以承受的总体风险水平，确保商业银行能够有效识别、计量、监测和控制各项业务所承担的各种风险。董事会通常下设风险政策委员会，审定风险管理战略，审查重大风险活动，对管理层和职能部门履行风险管理和内部控制职责的情况进行定期评估，并提出改进要求。

二、监事会

监事会是我国商业银行所特有的监督部门，对股东大会负责，从事商业银行内部尽职监督、财务监督、内部控制监督等工作。监事会通过加强与董事会及内部审计、风险管理等相关委员会和有关职能部门的工作联系，全面了解商业银行的风险管理状况，监督董事会和高级管理层做好相关工作。

三、高级管理层

高级管理层的主要职责是执行风险管理政策，制定风险管理的程序和操作规程，及时了解风险水平及其管理状况，并确保商业银行具备足够的人力、物力和恰当的组织结构、管理信息系统及技术水平，以有效地识别、计量、监测和控制各项业务所承担的各项风险。

四、信贷业务前、中、后台部门

一般而言，信贷前台部门负责客户营销和维护，也是银行的"利润中心"，如公司业务部门、个人贷款业务部门；信贷中台部门负责贷款风险的管理和控制，如信贷管理部门、风险管理部门、合规部门、授信执行部门等；信贷后台部门负责信贷业务的配套支持和保障，如财务会计部门、稽核部门、IT部门等。按照贷款新规的要求，商业银行应确保其前、中、后各部门的独立性，前、中、后台均应设立"防火墙"，确保操作过程的独立性。

任务二 商业银行授信业务的申请受理

活动1 客户提出授信业务申请

【知识准备】

一、法人客户授信业务申请

借款人为法人或其他组织的，应具备以下基本条件：

（1）从事的生产经营活动合法合规，符合国家产业政策和社会发展规划要求；

（2）依法办理工商登记的法人已经向市场监督管理部门登记并连续办理了网上工商年度报告公示，事业法人依照《事业单位登记管理暂行条例》的规定已经向事业单位登记管理机关办理了登记或备案，特殊行业须持有有权机关颁发的营业许可证；

1—17 动画：企业流动资金贷款的申请与受理

（3）借款人具有合法稳定的收入或收入来源，具备按期还本付息的能力，已发放贷款的到期本息均如数清偿，没有清偿的，已做出银行认可的还款计划；

（4）已在贷款行开立基本账户或一般账户；

> 客户在银行开立账户表示合作关系的建立，但客户基本账户的开立更有利于银行对客户的维护和管理。对客户账户的监管，有利于银行及时掌握客户的资金流向和使用情况，避免贷款资金被挪用，确保信贷资金的及时回收。

（5）有限责任公司和股份有限公司对外股本权益性投资符合国家有关规定的比例，实行公司制的企业法人申请信用必须符合公司章程，具有董事会授权和决议；

（6）借款人的财务和资信状况以及经营管理情况符合银行要求；

（7）借款人能如实提供银行所要求的资料，自愿接受银行信贷监督、财务监督和结算监督，能落实有关贷款条件，按借款合同约定的用途和进度使用贷款，并按期足额还本付息；

（8）银行规定的其他条件。

法人客户申请办理授信业务需提供以下资料：

（1）营业执照；

（2）法定代表人身份证明；

（3）信贷业务由授权委托人办理的，需提供企业法定代表人授权委托书（原件）；

（4）机构信用代码证；

1-18 资料：营业执照打印标准　　1-19 图片：机构信用代码证　　1-20 资料：机构信用代码

（5）公司合同或章程；

（6）企业董事会（股东会）成员和主要负责人、财务负责人名单与签字样本等；

（7）若借款人为有限责任公司、股份有限公司、合资合作公司或承包经营企业，要求提供董事会（股东会）或发包人同意申请信贷业务的决议、文件或具有同等法律效力的文件或证明；

（8）经财政部门或会计（审计）师事务所核准的前三个年度及上个月财务报表和审计报告（成立不足 3 年的企业，提交自成立以来的年度和近期报表）；

（9）特殊行业的企业还须提供有权批准部门颁发的特殊行业生产经营许可证或企业资质等级证书；

（10）根据信贷业务品种、信用方式需提供的其他资料。

1-21 资料：特种行业　　　　　1-22 资料：常见的企业基本信息查询平台

二、自然人客户授信业务申请

借款人为自然人的，办理授信业务应具备以下基本条件：

（1）具有合法身份证件或境内有效居住证明；

（2）具有完全民事行为能力；

（3）信用良好，有稳定的收入或资产，具备按期还本付息的能力；

（4）银行规定的其他条件。

自然人客户申请办理授信业务需提供以下资料：

（1）个人身份有效证明；

（2）个人及家庭收入证明；

（3）个人及家庭资产证明；

（4）贷款的用途证明；

（5）根据信贷业务品种、信用方式需提供的其他资料。

1-23 动画：　　　　　　1-24 案例：　　　　　　1-25 资料：

个人住房贷款的　　　　　"新一贷"　　　　　　　个人住房

申请与受理　　　　　　　　　　　　　　　　贷款申请表

　【实践操作】

1. 学生 4~5 人组成一个信贷小组，寻找一家企业，收集其相关的信贷资料。

2. 学生 4~5 人组成一个信贷小组，寻找一个自然人客户，收集其相关的信贷资料。

活动 2　分析客户授信业务的具体需求

　【知识准备】

商业银行授信业务有很多种分类方法。商业银行应该根据客户的实际需求和银行的资金供给情况给客户制订适合的授信解决方案。按不同标准的授信业务分类如下。

一、按贷款用途划分

公司贷款可分为固定资产贷款和流动资金贷款。

固定资产贷款也称固定资金贷款，是用于借款人建设、安装、维修、更新改造固定资产的贷款，包括基本建设贷款和技术改造贷款。其中，基本建设贷款是银行对实行独立核算并具有偿还能力的各类企业和国家批准的建设单位在当地经营性的建筑、安装、工程建设进程中，因自筹资金不足而发放的贷款。它主要适用于在新建、改建和扩建工程中发生的建筑安装工程费用以及设备、工程器具购置费和其他所有费用。技术改造贷款是对符合贷款条件的企事业单位进行技术改造、设备更新和与之关联的少量土建工程所需资金不足而发放的贷款。

流动资金贷款是银行对在生产经营过程中的周转资金需要而发放的贷款。根据贷款期限的不同，流动资金贷款可分为短期流动资金贷款和中期流动资金贷款。

个人贷款可分为个人消费类贷款和个人经营类贷款。

个人消费类贷款是指银行向申请购买"合理用途的消费品或服务"的借款人发放的个人贷款，包括个人住房贷款、个人汽车贷款、个人教育贷款、个人住房装修贷款、个人耐用消费品贷款、个人旅游消费贷款和个人医疗贷款等。

个人经营类贷款是指银行向从事合法生产经营的自然人发放的，用于定向购买商用房以及用于满足个人控制的企业（包括个体工商户）生产经营流动资金需求和其他合理资金需求的贷款。个人经营类贷款包括个人商用房贷款、个人经营贷款、农户贷款和下岗失业小额担保贷款等。

1-26 案例：
特定群体贷款

二、按贷款期限划分

1. 临时贷款，是指贷款期限在 3 个月以内，主要用于满足企业生产经营周期内临时发生的资金需要或临时支付性资金的不足。

2. 短期贷款，是指贷款期限在 3 个月以上 1 年以内（含 1 年）的贷款，主要用于满足企业正常生产经营周转的流动资金需要。

3. 中期贷款，是指贷款期限在 1 年以上（不含 1 年）5 年以下的贷款，分为中期流动资金贷款和中期固定资产贷款。中期流动资金贷款主要用于满足企业经营过程中经常占用的合理资金需求，一般为借款人铺底流动资金的需要；中期固定资产贷款主要用于满足企业购置大型设备等固定资产或进行技术更新改造所需要的资金。

4. 长期贷款，是指贷款期限在 5 年以上（不含 5 年）的贷款，主要用于满足企业大型技术改造、固定资产投资以及企事业单位大型基本建设项目（高速路、机场、大型工程等）的资金需要。

三、按贷款方式划分

1. 信用贷款，是指没有担保，仅依据借款人的信用状况发放的贷款。

2. 担保贷款，是指由借款人或第三方依法提供担保而发放的贷款，具体按照担保方式又可以分为保证贷款、抵押贷款和质押贷款。

四、按贷款人承担的经济责任划分

1. 自营贷款，是指贷款人以合法方式筹集的资金自主发放的贷款，其风险由贷款人承担，并由贷款人收回本金和利息。

2. 委托贷款，是指由政府部门、企事业单位及个人等委托人提供资金，由贷款人（即受托人）根据委托人确定的贷款对象、用途、金额、期限、利率等代为发放、监督使用并协助收回的贷款。贷款人（受托人）只收取手续费，不承担贷款风险。

3. 特定贷款，是指经国务院批准并对贷款可能造成的损失采取相应补救措施后责成国有商业银行发放的贷款。

1-27 案例：银行精准帮扶，
高质量建设共同
富裕示范区

1-28 文件：《关于支持浙江
高质量发展建设共同
富裕示范区的意见》

1-29 文件：《关于金融支持
浙江高质量发展建设
共同富裕示范区的意见》

政策解读

> 共同富裕是社会主义的本质要求，是人民群众的共同期盼。商业银行要把共同富裕作为工作的出发点和着力点，在有力支持实体经济高质量发展的同时，提升金融服务的普惠性、适配性和均衡性。

五、按照授信业务核算的归属划分

1. 表内业务，主要包括各种本外币贷款和商业汇票贴现。

商业汇票贴现，是指商业汇票的持票人将未到期的商业汇票转让给银行，银行按票面金额扣除贴现利息后，将余额付给持票人的一种融资行为。

2. 表外业务，主要包括商业汇票承兑、信用证和担保等或有资产业务。

商业汇票承兑，是指银行作为付款人，根据出票人的申请，承诺在汇票到期日对收款人或持票人无条件支付汇票金额的票据行为。

信用证，是指银行应申请人的要求向受益人开立的、凭规定的单据支付一定金额的书面保证，是银行有条件的付款承诺。

担保，是指银行根据申请人的请求，以出具保函、备用信用证等方式向申请人的债权人（受益人）承诺，当申请人不履行其债务时，由银行按照约定履行债务或承担责任。

1-30 案例：
小本贷款产品

 **【实践操作】**

1. 请对以下案例中企业的授信需求进行分析。

琼力钢铁是一家以生产板材为主的钢铁生产企业，需要采购大量的煤炭用于生产，其产品主要通过遍布全国的 10 家一级经销商对外销售。由于煤炭价格上涨及经销商资金短缺，该钢铁公司承受着上下游客户的双重挤压。该企业的价值在于市场知名度高，拥有一批稳定的客户群，加之整个市场需求处于上升周期，产品能够维持一定的市场份额。

2. 分小组对本小组所寻找的企业客户或个人客户进行授信需求分析。

 【问题探究】

其他授信业务品种

一、流动资金循环贷款

流动资金循环贷款是指借款人与银行一次性签订借款合同，在合同规定的有效期内，允许借款人多次提取贷款、逐笔归还贷款、循环使用贷款的流动资金贷款业务。其特点有：（1）方便快捷。额度内提款时，无须逐笔办理抵押担保等重复操作，大大地提高了效率。（2）灵活主动。能灵活主动地调节借贷资金的使用周期：资金紧缺时，可随时提款；资金宽松时，可随时还款。（3）降低财务费用。提高信贷资金使用效率，有效降低企业财务费用，降低财务成本。

二、银团贷款

银团贷款是指由多家商业银行基于同一贷款协议，向同一家企业或一个项目提供一笔融资额度的贷款方式。银团贷款一般数额较大，贷款对象多为国家或地方重点支持的交通、基础设施建设、高科技工业或重点工程。银团贷款的参与银行可分为牵头行、安排行、参加行或代理行等多个角色，一般由牵头行进行组织，向参加行发出邀请函并确定参加行名单和各行的贷款额度，所有贷款申请文件及法律文件需要由各参加行分别审议，借款人最终需要与多家商业银行组成的银团签订贷款合同。

三、项目融资

项目融资是指项目的承办人（即股东）为经营项目成立一家项目公司，以该项目公司作为借款人筹借贷款，并以项目公司本身的现金流量和收益作为还款来源，以项目公司的资产作为贷款的担保物。项目融资一般应用于现金流量稳定的发电、道路、铁路、机场、桥梁等大型基建项目。

四、农户小额信用贷款

农户小额信用贷款是指为解决农户贷款"担保难"问题，凭借农户的自身信用，不需要提供任何担保，采用"一次核定、随用随贷、余额控制、周转使用"的一种贷款方式。根据贷款用途，其可分为种植业、养殖业方面的农业生产费用贷款，小型农机具贷款，围绕农业生产的产前、产中、产后服务等贷款，购置生活用品、建房、治病、子女上学等消费类贷款。

五、农户联保贷款

农户联保贷款是指没有直系亲属关系的农户在自愿基础上组成联保小组，银行对联保小组成员提供的贷款实行"个人申请、多户联保、周转使用、责任连带、分期还款"的管理办法。根据贷款用途，其可分为种植业、养殖业等农业生产费用贷款，加工业、手工业、商业等个体工商户贷款，其他贷款。

☞ 【案例解析】

客户经理通过对琼力钢铁的情况进行分析，认为该企业目前需要解决的问题是提高产品的市场销售速度和稳定煤炭供应。从这一切入点出发，客户经理设计出帮助经销商融资和给煤炭供应商让利的服务方案。具体如下：

1. 建立包括琼力钢铁、10 家经销商和银行在内的金融服务网络，经销商签发银行承兑汇票，客户经理所服务的银行协调经销商所在地的该银行分支机构予以承兑，定向用于支付购买琼力钢铁所产钢材的货款。为确保银行权益，用经销商购买的钢材作质押，必要时引入专业仓储公司进行钢材的出入库管理。

2. 利用买方付息票据贴现产品，使煤炭销售企业得到全款，实际上是保障了煤炭销售企业的利益。

1-31 微课：
授信解决方案（买方付息票据贴现）

1-32 案例：
南京某电器有限公司票据金融安排

【知识链接 1-4】

国际贸易融资

1. 打包放款。打包放款是指银行凭出口企业与国外进口商签订的出口销售合同和国外银行开立的有效信用证正本，向出口商发放的备料、生产、订货和装运等生产经营活动所需的短期贷款。

2. 出口押汇。出口押汇是指银行在收到开证行支付的货款前，凭出口商提供的完备、正确的货运单据，向出口商有追索权地购买货权单据的融资行为。

3. 进口押汇。进口押汇是贸易融资中的主要形式之一，它是由开立信用证的银行对作为开证申请人的进口商提供的一种资金融通，其实质是银行对进口商的一种短期放款。

4. 国际保理。国际保理是指由从事国际保理业务的保理商向出口商提供的包括收汇风险担保、资信调查、货款催收、资金融通等在内的一系列综合性财务服务。

5. 出口信贷。出口信贷是一种银行信用，也是一种国际信贷方式。它是一个国家为促进本国商品特别是大中型机电设备或成套设备等资本类及其相关的技术性劳务的出口贸易，加强本国产品在国际市场上的竞争能力，以对本国的出口给予利息补贴并提供信贷担保的方法，鼓励本国银行或其他金融机构对本国出口商或外国进口商（或银行）提供各种中长期优惠性贸易专项贷款。出口信贷分为出口买方信贷和出口卖方信贷。出口买方信贷是出口方银行或出口信贷机构向进口方（进口商或进口方银行）提供的贷款，以便进口方得以用现汇支付进口的资本性货物或技术性劳务。出口卖方信贷是指出口商同意进口方延期支付商务合同融资金额款项的一种信贷安排，是出口商从出口方银行取得中、长期贷款（属银行信用）后向进口方提供的一种信用。

6. 福费廷。福费廷也称包买票据或票据买断，是指银行作为包买商从出口商那里无追索权地购买由银行承兑/承付或保付的远期汇票，而向出口商提供融资的业务。

思考：你能弄清楚它们各自的特点、要求和流程吗？

【课后练习】

一、单项选择题

1. 商业银行应确定一个管理部门或委员会统一审核批准对客户的授信，不能由不同部门分别对同一或不同客户进行授信，这是指授信要做到（　　）。

  A. 授信主体的统一　　　　　　　B. 授信形式的统一

  C. 授信对象的统一　　　　　　　D. 不同币种授信的统一

2. 某客户在银行的授信额度为 20 万元，已申请使用贷款 8 万元，后又归还了 3 万元。问该客户在银行的贷款余额是多少？（　　）

  A. 5 万元　　　　B. 15 万元　　　　C. 12 万元　　　　D. 20 万元

3. 期限在（　　）的贷款大多采用到期一次还本付息法。

  A. 半年以内（含半年）　　　　　B. 1 年以内（含 1 年）

  C. 2 年以内（含 2 年）　　　　　D. 3 年以内（含 3 年）

4. 某人于某年 1 月 1 日向银行贷款 100 万元，年利率为 4%，贷款期限是 5 年，约定按照季度以等额本金还款法偿还，则他在第二年第四季度末应该偿还的贷款本息额为（　　）元。

  A. 65 000　　　　B. 56 500　　　　C. 56 000　　　　D. 50 000

5. 下列哪项不是个人住房贷款申请必须提交的资料？（　　）

  A. 身份证明　　　B. 收入证明　　　C. 购房合同　　　D. 父母工作证明

6. 法人客户申请办理授信业务必须提供的资料不包括（　　）。

  A. 法人营业执照　　　　　　　　B. 财务报表

  C. 法定代表人身份证明　　　　　D. 法定代表人婚姻证明

7. 中期流动资金贷款期限为（　　）。

  A. 3 个月以内　　　　　　　　　B. 3 个月至 1 年

  C. 1 年至 3 年　　　　　　　　　D. 1 年至 5 年

8. 贷款期限是根据（　　）确定的。

  A. 借款人生产经营周期和银行头寸情况

  B. 借款人还款能力和保证人还款能力

  C. 借款人生产经营周期、还款能力和贷款人资金供给能力

  D. 保证人的保证能力

9. 出口国银行对本国出口商提供贷款，进口商购买商品后延期支付给出口商，这种融资方式是（　　）。

  A. 进口押汇　　　B. 出口押汇　　　C. 出口买方信贷　　　D. 出口卖方信贷

10. 银团贷款的组织者或安排者称为（　　）。

  A. 代理行　　　　B. 参加行　　　　C. 牵头行　　　　D. 经理行

二、多项选择题

1. 下列业务中属于表外业务的有（　　）。

  A. 企业流动资金贷款　　　　　　B. 保函

  C. 贴现　　　　　　　　　　　　D. 承兑

2. 下列关于等额本息还款法的说法，正确的有（　　）。

  A. 贷款期内每月还款额度相等　　B. 贷款期内还款额度逐月递增

C. 贷款期内偿还的本金逐月递减　　　D. 贷款期内偿还的利息逐月递减

3. 对客户实施授信管理，必须做到（　　）。

A. 授信主体的统一　　　　　　　　　B. 授信形式的统一

C. 授信对象的统一　　　　　　　　　D. 不同币种授信的统一

4. 下列属于短期进出口贸易融资的是（　　）。

A. 出口押汇　　　　B. 打包放款　　　C. 国际保理　　　D. 福费廷

5. 对于到期一次性还本付息法的说法中，正确的有（　　）。

A. 到期一次还本付息法又称期末清偿法

B. 借款人需在贷款到期日还清贷款本息

C. 利随本清

D. 各种期限的固定利率贷款均可适用

三、判断题

1. 委托贷款的资金由委托人提供，但贷款人须负责贷款的发放、收回等事宜，也要承担部分风险。　　　　　　　　　　　　　　　　　　　　　　　　　　　（　　）

2. 根据贷款方式，贷款可以分为保证贷款、担保贷款和质押贷款。　（　　）

3. 商业银行授信的对象是法人，不允许商业银行在一个营业机构或系统内对不具备法人资格的分支公司客户授信。　　　　　　　　　　　　　　　　　　　　（　　）

4. 协议付息商业汇票贴现是指卖方企业在销售商品后持买方企业交付的商业汇票到银行申请办理贴现，由买卖双方按照贴现付息协议约定的比例向银行支付贴现利息后银行为卖方提供的票据融资业务。　　　　　　　　　　　　　　　　　　　　（　　）

5. 若利率处于上升趋势，等额本息还款法比等额本金还款法对借款人更为有利。

（　　）

四、名词解释

1. 客户统一授信管理

2. 等额本金还款法

3. 等额本息还款法

4. 实贷实付原则

5. 表外业务

五、思考题

1. 贷款产品的要素包括哪些？

2. 商业银行信贷业务的一般流程是什么？

3. 一般法人客户申请贷款需要提交哪些资料？

1-33 项目一
课后练习答案

 **项目二　授信业务调查**

【学习目标】

知识目标：

1. 了解商业银行企业客户授信调查的基本内容；

2. 掌握企业客户财务因素、非财务因素调查的基本内容与方法；

3. 掌握有关担保贷款的法律法规；

4. 掌握个人客户和小微客户调查的信息收集渠道与基本分析方法；

5. 了解客户信用评级的方法与指标体系。

能力目标：

1. 能通过不同方式收集企业客户基本情况信息并进行准确分析；

2. 能综合财务因素分析与非财务因素分析来判断企业的偿债能力；

3. 能对保证人的资格和能力进行合规审查，能对抵押和质押的有效性进行正确判断；

4. 能准确分析、判断个人客户和小微客户的还款能力；

5. 能准确评定企业客户、个人客户的信用等级；

6. 能按规范要求撰写贷款调查报告。

素养目标：

1. 能严格遵守客观公正的调查原则，明确为客户保守商业秘密的工作纪律；

2. 强化合法合规意识，培养严谨求实、精益求精的工匠精神；

3. 能正确认识风险，了解国家新发展理念下的经济金融政策，多角度分析问题；

4. 关心国家发展战略，关注民众的现实金融需求，践行普惠金融服务理念；

5. 深刻理解信用的价值，弘扬社会主义核心价值观。

说明：本项目企业客户的授信以企业流动资金贷款为例。

任务一
调查企业客户的基本情况

活动 **调查企业客户的基本情况**

【知识准备】

调查一般采用借款人提供资料与信贷员（客户经理）实地考察相结合的方式。

2-1 资料：
贷前调查的原则与方式

2-2 案例：
碍于所谓的"情面"，不做信贷调查

企业客户基本情况调查的内容包括以下几个方面。

1. 客户自身基本情况，包括客户类型、单位名称、地域位置、行业属性、存款账号、开户时间、企业代码、单位地址、成立日期、法定代表人、财务负责人、邮政编码、统一社会信用代码、注册资本、注册资金、经济性质、经营方式、自营进出口证号码、经营范围（主营、兼营）、发照机关、发照日期、存续状态、特种行业许可证名称及号码、环境保护许可证号码、国际互联网网址、机构信用代码证、大专以上学历的工人数、工程师以上职称人数、企业档次、当年累计出口创汇额度、有无自营进出口权、本单位贷款余额、"三废"治理情况（已达标、未达标）、本行账户性质（一般户、基本户）、股东标志（是、否）。

2. 联系人情况，包括联系人姓名、性别、任职部门、职务、办公电话、手机。

3. 客户二级核算部门及内部机构设置情况，包括二级核算部门或内部机构名称、划拨运营资金数额、负责人、地址、联系电话、邮政编码、核算方式、财务独立程度等。

4. 客户关系企业网，包括关系企业名称、法定代表人、关系类别、注册资本、地址、联系电话、邮政编码、财务独立程度等。

5. 客户对外投资情况，包括对外投资单位名称、投资额、法定代表人、注册资本、地址、联系电话、邮政编码、投资收益方式、财务独立程度等。

6. 客户重大事项记录，包括事件说明、是否向法院起诉等。

7. 客户主要生产产品目录，包括产品名称、规格、型号、月产量、月产值、主要原材料名称、主要原材料产地、主要原材料月耗量、主要辅材料名称、主要辅材料产地、主要辅材料月耗量、销售价格、主要销售对象等。

8. 客户主要经营商品目录，包括经营商品名称、规格、型号、月销售数量、销售价格、主要供货单位、主要销售对象。

9. 客户不动产情况，包括不动产名称、单位、数量、坐落地、购建日期、结构、层数、使用情况、财产所有权证类型、权证号码、抵押权人、抵押值、登记证号码、有无保险等。

10. 客户主要设备情况，包括设备名称、购置日期、产地、型号、单位、增减、原值、净值、所有权人、所有权证号码、抵押权人、抵押值、登记证号码、有无保险等。

11. 在建工程情况，包括在建工程名称、单位、数量、坐落地、购建日期、结构、层数、抵押权人、抵押值、登记证号码、有无保险、建筑规划许可证、施工许可证等。

12. 企业法定代表人和主要负责人情况，包括姓名、性别、出生年月、年龄、学历、任职、职称、身份证号码、个人信誉、工作作风、生活作风、主要经历等。

2-3微课：
调查企业客户
的基本情况

13. 保险情况，包括保险标的、保险公司名称、保单号码、保险金额、保险费、保险开始日期、保险结束日期、赔偿原因、赔偿金额等。

14. 主要股东情况，包括股东代码、股东名称、入股金额、占比等。

 【实践操作】

学生4~5人组成一个信贷小组，根据项目一的活动中寻找到的企业资料，参考表2-1格式对企业的基本情况进行整理，并分小组阐述交流。

表2-1　　　　　　　　　　借款人基本情况

一、概况			
申请企业全称			
成立时间		统一社会信用代码	
注册资本		机构信用代码证	
法定代表人		所有制类别	
客户组织类别	有限责任公司、有限责任公司（联营）、国有独资公司、股份有限公司（上市）、股份有限公司（未上市）（请选择其一）		
办公地址			
法定住所			
主管部门			
主营业务			
其他			

二、股东情况及组织结构			
股东	投资金额（万元）	出资方式	出资占比（％）
合计			

三、管理情况
1. 内部组织结构简介（简单介绍企业管理体系、决策机构及人员、职能部门设置、人员结构等）

2. 主要管理人员

<table>
<tr><td rowspan="10">法定代表人</td><td colspan="2">姓　名</td><td></td><td>性　别</td><td></td></tr>
<tr><td colspan="2">出生年月</td><td></td><td>身份证号</td><td></td></tr>
<tr><td colspan="2">文化程度</td><td></td><td>户口所在地</td><td></td></tr>
<tr><td>家庭住址</td><td colspan="4"></td></tr>
<tr><td>联系方式</td><td colspan="4"></td></tr>
<tr><td>学习工作简历及主要业绩</td><td colspan="4"></td></tr>
<tr><td>有无从事违法活动的记录</td><td colspan="4"></td></tr>
<tr><td>其他说明事项</td><td colspan="4"></td></tr>
</table>

其他管理人员（格式如上表，请复制）
3. 管理水平评价：简单评价管理层的知识水平、工作经验、团队精神、人力资源管理、激励机制等，着重从其历史上的重要决策及其效果方面进行分析。

四、关联企业或关联人物
关联企业，包括母公司、子公司、参股公司及其他关联企业的名称、注册资金、关联关系、主要经营管理情况等。 关联人物，包括姓名、性别、年龄、关联关系、学习工作简历、主要情况介绍等。

五、经营活动基本情况
简单介绍借款人经营活动的历史发展、经营发展规划、策略和目标。

六、重大事项揭示（或其他需说明的情况）
简单介绍对公司的经营和信用产生重要影响的事件，包括公司高层变动、资本变动、组织结构变动、经营业务范围变动、法律诉讼等。

【问题探究】

基本资料审查要点

信贷员收到客户的申请材料后，先清点材料是否齐全，对材料的完整性、合法性、规范性、真实性和有效性进行初步调查，具体审查内容包括以下几个方面。

1. 商业银行授信业务申请书。加盖的公章清晰，且与营业执照和机构信用代码证上的企业名称三者一致。

2. 财务报表。（1）加盖的公章清晰，且与营业执照和机构信用代码证上的企业名称三者一致；（2）有财政部门的核准意见或会计（审计）师事务所的审计报告。

3. 股东会或董事会决议。（1）内容应包括申请信贷业务的用途、期限、金额、担保方式及委托代理人等；（2）达到公司合同章程或组织文件规定的有效签字人数。

4. 营业执照及其有效期。

2-4案例：
信贷调查没做到
实处惹的祸

【知识链接 2-1】

中国人民银行征信系统

一、征信系统简介

中国人民银行征信系统即金融信用信息基础数据库，包括企业征信系统和个人征信系统，是国家金融基础设施的重要组成部分，由中国人民银行征信中心负责建设、运行和维护。一代征信系统于 2006 年正式运行，通过采集、整理、保存、加工企业和个人的基本信息、信贷信息与反映其信用状况的其他信息，建立企业和个人信用信息共享机制，加快解决金融交易中的信息不对称问题，在促进金融交易、降低金融风险、帮助公众节约融资成本、创造融资机会、提升社会信用意识等方面发挥了重要作用。征信系统的主要使用者是金融机构，其通过专线与商业银行等金融机构的总部相连，并通过商业银行的内联网系统将终端延伸到商业银行分支机构信贷人员的业务柜台。目前，征信系统的信息来源主要也是商业银行等金融机构。

近年来，我国经济社会发展对增加征信有效供给、提升征信服务水平提出了新要求，金融科技的发展也为进一步提升征信系统服务能力提供了技术支撑。为更好地满足金融机构和社会各界的征信需求，适应金融科技发展趋势，中国人民银行征信中心适时启动二代征信系统建设工作，对征信系统进行优化升级。自 2020 年 1 月 19 日起，中国人民银行征信中心开始面向社会公众和金融机构提供二代格式信用报告查询服务。

二、一代征信系统信用报告

（一）企业信用报告

企业信用报告是全面记录企业各类经济活动，反映企业信用状况的文书，是企业征信系统的基础产品。企业信用报告客观地记录企业的基本信息、信贷信息以及反映其信用状况的其他信息，全面、准确、及时地反映其信用状况，是信息主体的"经济身份证"。

企业信用报告主要包括四部分内容：基本信息、信贷信息、公共信息和声明信息。基本信息展示企业的身份信息、主要出资人信息和高管人员信息等。信贷信息展示企业在金融机构的当前负债和已还清债务信息，是信用报告的核心部分。公共信息展示企业在社会管理方

2-5资料：
企业信用
报告样本

面的信息，如欠税信息、行政处罚信息、法院判决和执行信息等。声明信息展示企业项下的报数机构说明、中国人民银行征信中心标注和信息主体声明等。

企业信用报告主要用于商业银行信贷审批和贷后管理，也用于政府部门评奖、评优、招标或审计机构进行财务审计等许多活动中。在经过企业的授权同意后，商业银行、政府部门等可以查询该企业的信用报告，了解其信用状况。

若企业认为信用报告中的信息存在错误、遗漏，可以向中国人民银行征信中心或商业银行等数据提供机构提出异议。

（二）个人信用报告

个人信用报告是个人征信系统提供的最基础产品，它记录了客户与银行之间发生的信贷交易的历史信息，只要客户在银行办理过信用卡、贷款、为他人贷款担保等信贷业务，他在银行登记过的基本信息和账户信息就会通过商业银行的数据报送而进入个人征信系统，从而形成客户的信用报告。

个人信用报告中的信息主要有六个方面：公安部身份信息核查结果、个人基本信息、银行信贷交易信息、非银行信用信息、本人声明及异议标注和查询历史信息。

公安部身份信息核查结果实时来自公安部公民信息共享平台。个人基本信息表示客户本人的一些基本信息，包括身份信息、婚姻信息、居住信息、职业信息等内容。银行信贷交易信息是客户在各商业银行或者其他授信机构办理的贷款或信用卡账户的明细和汇总信息。非银行信用信息是个人征信系统从其他部门采集的，可以反映客户收入、缴欠费或其他资产状况的信息。本人声明是客户本人对信用报告中某些无法核实的异议所做的说明。异议标注是中国人民银行征信中心异议处理人员针对信用报告中异议信息所做的标注或因技术原因无法及时对异议事项进行更正时所做的特别说明。查询历史展示何机构或何人在何时以何种理由查询过该人的信用报告。

2-6 资料：
个人信用
报告样本

个人信用报告的使用目前仅限于商业银行、依法办理信贷的金融机构（主要是住房公积金管理中心、财务公司、汽车金融公司、小额信贷公司等）和中国人民银行，消费者也可以在中国人民银行获取自己的信用报告。根据使用对象的不同，个人征信系统提供不同版式的个人信用报告，包括银行版、个人查询版和征信中心内部版三种版式，分别服务于商业银行类金融机构、消费者和中国人民银行。

三、二代征信系统信用报告的变化

与一代征信系统提供的信用报告相比，二代征信系统提供的信用报告主要是丰富了基本信息和信贷信息内容，改进了信息展示形式，提升了信息更新效率。二代格式信用报告新增的相关数据项格式主要包括：个人增加了"共同借款""循环贷款""信用卡大额专项分期""授信协议信息"等信息；企业增加了"循环透支""企业为个人提供担保""逾期总额、本金和月数等逾期指标"等信息。还有部分数据是新增展示：个人信息增加展示了"个人为企业提供担保""就业状况""国籍""联系电话"等，直观展示个人"5年还款记录"；企业信息增加展示了"上级机构""企业规模""所属行业"等。

鉴于二代格式信用报告进一步丰富了个人和企业的信用信息，信息更新效率提高，更为全面、及时地反映了个人和企业的信用状况，建议个人和企业及时关注自身信用状况变化，切勿过度负债，按时足额还款，维护良好信用记录。

做一做： 进入中国人民银行征信中心网站（网址：http：//www.pbccrc.org.cn），自主学习查看企业信用报告和个人信用报告样本，会对企业信用报告和个人信用报告进行解读。

2-7资料：

个人信用报告解读

2-8资料：

个人信用报告等级划分标准

任务二
企业财务因素分析

| 活动1 | 认识财务报表 |

2-9微课：

认识财务报表

【知识准备】

财务报表是对企业财务状况、经营成果和现金流量的结构性表述。财务报表至少应当包括下列组成部分：（1）资产负债表；（2）利润表；（3）现金流量表；（4）所有者权益（或股东权益）变动表；（5）附注。各部分之间的关系如图2-1所示。

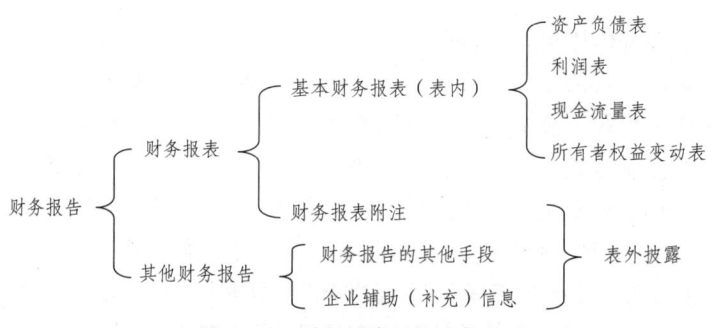

图2-1 财务报告的内容和构成

下面我们通过实践操作相应地说明财务报表的内容和构成。

【实践操作】

以下面生活实例为素材，要求学生按照4～5人分组完成以下活动任务：

1. 初步认识财务报表中的资产负债表、利润表和现金流量表；
2. 根据实例，编制相应的资产负债表；
3. 根据实例，编制相应的利润表；
4. 根据实例，编制相应的现金流量表。

案例：模拟人物老王，是一个大家庭中四个兄弟姐妹里的老大，他和他的兄弟姐妹都各自成家，相互住的有点远。某天，老母亲说，你是老大，你帮我在家组织大家吃个饭，这个钱我出，也不知道会花多少，我先给你100元，剩下的你自己想办法，最后花了多少我们再算，厨房用具一般的都有，你直接用就好。然后，她把饭菜规格、几个凉菜、几个热菜一说，扔下100元钱就回自己屋了。

这顿饭后，老王要给老母亲一个交代：花了多少钱，除了老母亲给的100元钱以外其余的钱都是怎么筹备的，做了哪几个菜，大家吃饱了没有，老母亲是否满意等。这就引出来财务报表。

老王做饭前要筹款，除了老母亲给的那100元，家里只有60元，他还向弟弟借了30元，向借贷公司借了40元，大米是自家产的等。以上这些就是财务状况，可以用资产负债表来反映。

老王买了鸡、鸭、鱼肉等，请了村里的厨子大胖，在向借贷公司借款时就付了利息，由于吃饭的人太多，家里的厨具和餐具不够，于是便租了赵四家的锅碗瓢盆，租金花了12元。大家吃饭时，对这顿饭的评价很好，觉得这顿饭有280元的档次，老王的母亲听后很高兴，认为老王两口子辛苦了，便给了他们280元，多出来的当作他们的工钱。老王推辞不掉便收下了，事后他算了账，刨去本钱、利息、工钱，还赚了20元。老王所列的这个账单就是利润表。

最后，再仔细清点一下，他们还剩下些鱼和鸭，是卖了收回现金，还是留着自己吃呢？老王想反正也要买，但这样可能就还不上借贷公司的欠款了。老王的这些统计，就是现金流量表。

【问题探究】

一、认识资产负债表

资产负债表是反映企业某一特定日期资产、负债、所有者权益等财务状况的会计报表，它的作用主要有以下几个方面。

1. 能够体现企业特定时点（比如20××年12月31日当天就是一个时点）拥有的资产及其分布状况。即表明企业在特定时点所拥有的资产总量是多少，资产是什么，这些资产的构成等。

2. 能够表明企业在特定时点所承担的债务、偿还时间及偿还对象。如果是流动负债，就必须在 1 年内偿还；如果是长期负债，偿还期限就超过 1 年。因此，从资产负债表可以清楚地知道，在特定时点上企业欠了谁多少钱，该什么时候还。

3. 能够反映在特定时点投资人拥有的净资产及其形成的原因。依据复式记账法的平衡公式，资产等于负债加所有者权益，也就是说，企业的所有资产，除了用来偿还债务外，剩下的不管多少，都归投资人所有。

二、认识利润表

利润表是反映企业在一定期间经营成果的会计报表，它的作用主要有如下几个方面。

1. 可以反映企业一定期间内收入的实现情况，如实现的营业收入、投资收益、营业外收入等。

2. 可以反映企业一定期间内的各种耗费情况，如耗费的营业成本、营业税金及附加、营业费用、管理费用、财务费用以及营业外支出等。

3. 可以反映企业在一定期间内获得的利润或发生亏损的数额，从而衡量企业收入与产出之间的关系。

三、认识现金流量表

现金流量表是以现金为基础编制的，反映企业一定会计期间内经营活动、投资活动及筹资活动等对现金等价物产生影响的会计报表。通俗地讲，现金流量表就是关于企业现金流出和流入的信息表。它的作用主要体现在如下几个方面。

1. 可以体现出企业的现金净流量信息，从而能够对企业整体财务状况作出评价。

2. 能够说明企业在一定期间内现金的来源和去向、现金流入和流出的原因，从而全面地说明企业的偿债能力和支付能力。

3. 由于它区分了不同经济活动的现金净流量，现金流量表能分析和评价企业经济活动是否有效，对其效率作出评价。

☞ 【案例解析】

本活动案例中老王的餐厅，我们暂且叫它为"老王餐厅"，在聚餐前编制的报表如表 2 - 2 和表 2 - 3 所示。

表 2 - 2　　　　　　　　　老王餐厅聚餐前资产负债表

编制单位：老王餐厅　　　　　　　20××年12月1日　　　　　　　单位：元

资产	聚餐前	负债及所有者权益	聚餐前
流动资产		流动负债	
货币资金	230	短期借款	60
存货商品	0	短期借款——老王弟弟	30
		应付账款	0

续表

资产	聚餐前	负债及所有者权益	聚餐前
流动资产合计	230	流动负债合计	90
固定资产		长期负债	
固定资产原值	200	长期借款——借贷公司	40
减：累计折旧	0	长期负债合计	40
固定资产净值	200	负债合计	130
无形资产	0	股东权益	
		股本	300
		股东权益合计	300
资产合计	430	负债及所有者权益合计	430

注：将老母亲提供的"一般厨房用具"全部折现，金额为200元，这样老母亲共投资了300元（其中100元为现金）。

表2-3 老王餐厅费用支出表

编制单位：老王餐厅　　　　20××年12月1日至12月31日　　　　单位：元

费用项目明细	支出金额	结转利润表科目
购买菜、水果等原材料（共花170元，剩余大约20元没用完）	150.00	主营业务成本
请厨师支付的工钱	20.00	主营业务成本
协助厨师的帮工	15.00	主营业务成本
厨房磨损	10.00	主营业务成本
支付的税金	4.00	营业税金及附加
租用碗筷	12.00	经营费用
老王的工资	25.00	管理费用
各类借款及借贷公司的利息支出	1.70	财务费用
老王亲戚从自家带来大米一袋	2.00	营业外支出

注：①准备聚餐中个别物品是老王直接从家里取的，假设每一样东西都需付钱买。

②为了成本核算，对于老王及老王妻子的劳动都计划支付工资，对于所有借款，不管是老王垫付的资金还是他弟弟暂时借的，都计算利息。

③厨房磨损费为10元。

④老王亲戚送来的大米，坚决不收钱。

基于上面的费用汇总，得出的利润表如表2-4所示。

表 2 - 4　　　　　　　　　　　　　**老王餐厅经营后利润表**

编制单位：老王餐厅　　　　　　　　20××年12月31日　　　　　　　　单位：元

项　目	本期金额	数据来源说明
一、主营业务收入	280.00	消费者同意支付的金额
减：折扣与折让	—	
二、主营业务收入净额	280.00	
减：主营业务成本	195.00	表2-3第1~4行合计
主营业务税金及附加	4.00	表2-3第5行
三、主营业务利润（毛利润）	81.00	
加：其他业务利润	—	
减：存货跌价准备	—	
营业费用（销售费用）	12.00	表2-3第6行
管理费用	25.00	表2-3第7行
财务费用	1.70	表2-3第8行
四、营业利润	42.30	
加：投资收益		
补贴收入		
营业外收入	2.00	表2-3第9行
减：营业外支出		
加：以前年度损益调整		
五、利润总额	44.30	
减：所得税	—	
六、净利润	44.30	

　　从表2-4我们可以很直观地看出，经历聚餐经营后，老王餐厅的收入即主营业务收入是280元，而为了实现这个收入（做好这顿饭），老王花了195元，即主营业务成本为195元，最后，实现营业利润是42.3元（本次赚的钱）。

　　从表2-5可以看出，由于消费者（老母亲）只支付了一半的餐费，目前餐厅现金流量状况不好，如果老王想要承接其他客户的家庭聚餐，必须要客户预付款进行采购。更为糟糕的是，由于目前只有32.3元的现金，老王不够支付借贷公司的欠款。这个案例告诉我们现金流量表可以很明白地反映一个企业的现金储备状况。对于债权人来说，应该重视企业的现金流量，因为只有有足够的现金，才能归还欠款。关于现金流量表的详细分析，将在活动6中专门展开。

表 2-5　　　　　　　　　　　　**老王餐厅现金流量表**

编制单位：老王餐厅　　　　　　　　20××年12月31日　　　　　　　　单位：元

项目	金额	数据来源说明
一、经营活动产生的现金流量		
销售商品、提供劳务收到的现金	140.00	注①
收到的税费返还		
收到的其他与经营活动有关的现金		
现金流入小计	140.00	
购买商品接受劳务支付的现金	170.00	表2-3第1行，注②
支付给职工以及为职工支付的现金	60.00	表2-3第2、3、第7行合计
支付的各项税费	4.00	表2-3第5行
支付的其他与经营活动有关的现金	12.00	表2-3第6行
现金流出小计	246.00	
经营活动产生的现金流量净额	-106.00	
二、投资活动产生的现金流量		
收回投资所收到的现金		
取得投资收益所收到的现金		
处置固定资产、无形资产和其他长期资产所收回的现金净额		
收到的其他与投资活动有关的现金		
现金流入小计		
购建固定资产、无形资产和其他长期资产所支付的现金		
投资所支付的现金		
支付的其他与投资活动有关的现金		
现金流出小计		
投资活动产生的现金流量净额		
三、筹资活动产生的现金流量		
吸收投资所收到的现金	100.00	老母亲初始投入
取得借款所收到的现金	130.00	注③
收到的其他与筹资活动有关的现金	—	
现金流入小计	230.00	
偿还债务所支付的现金	90.00	注④
分配股利、利润和偿付利息所支付的现金	1.70	表2-3第8行
支付的其他与筹资活动有关的现金		
现金流出小计	91.70	
筹资活动产生的现金流量净额	138.30	
四、汇率变动对现金的影响	—	
五、现金及现金等价物净增加额	32.30	

注：①在这个例子中，老母亲同时是消费者，假设这顿饭值280元，但是聚餐后只付了140元，剩下的140元需要过些日子，等有钱了再付。

②虽然计入成本的材料费只有150元，但是因为备料时共花了170元。

③为了组织聚餐，老王直接垫了60元，向弟弟借了30元，向借贷公司借了40元。

④假设老王本人及弟弟的借款在聚餐当天就归还。

⑤对于本表的具体项目解释，将在活动6中作出具体的阐述。

活动2　探究财务报表

【知识准备】

　　财务报表是对企业经营结果的反映，也就是说企业编制财务报表的过程是把企业经济业务转变成符合规范的财务语言和财务数据。而财务分析正好相反，它需要我们从财务信息中找到企业经济活动的规律，从而来判断企业的整体状况。所以在分析企业财务报表时，首先要搞清企业经营活动和财务报表之间的关系，尤其对于银行客户经理来说更为重要。

一、企业的经营活动与财务报表的关系

　　我们可以把企业最基本的经济活动简单概括如图2-2所示。

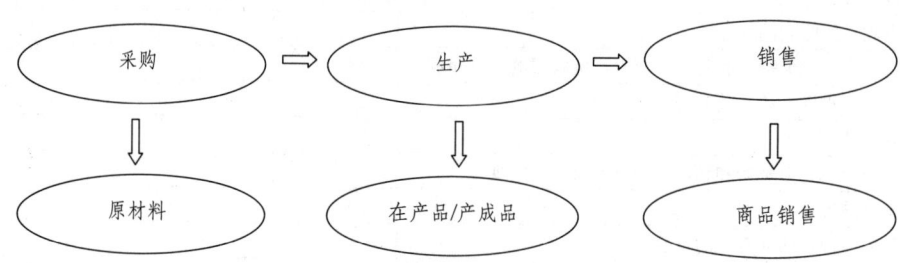

图2-2　企业经济业务流程图-1

　　从图2-2中我们能清楚地看到，任何一个简单的生产企业都会经历材料采购、产品加工生产以及商品销售三个最基本的经济业务；如果是流通企业，我们则可以把生产理解成"包装"。在本活动中，我们以生产型企业为例进行说明。

　　把这三个经济业务转换成会计语言，我们可以得到相应的原材料（企业采购得来）、在产品或产成品（企业生产加工后得到的产品，在入库前），最后所有的产品都会被企业进行销售，形成商品销售。结合会计基础知识，我们就不难发现，这些业务以存货和销售收入的形式被确认下来，其中存货包括原材料、在产品、产成品等。

　　另外，企业的经济活动一定会伴随着资金的流动，而不同的业务模式又会给我们带来不同的资金流。为了更清楚地解释这个问题，我们继续以图例的形式进行展示（见图2-3）。

　　从图2-3中我们可以看出，引起企业资金流的主要因素就是企业采购原材料和销售商品，分别对应着资金的流出和流入。但是由于存在不同的采购和销售模式，资金的流动并不一定同时伴随着经济业务的发生，有时候会晚于经济业务，如图2-3中的先拿货后付款、先发货后收款的情况；而有时又会早于经济业务，如图2-3中的先付款后拿货、先收钱后给货的情况。我们把这些情况用会计知识展现出来就形成了我们最常见的会计科目，如图2-4所示。

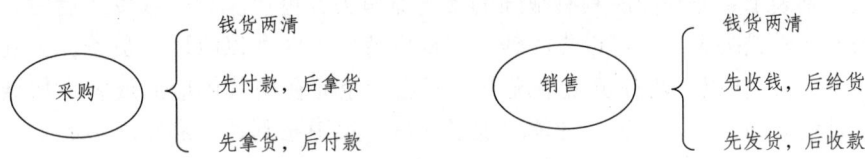

图 2-3　企业经济业务流程图-2

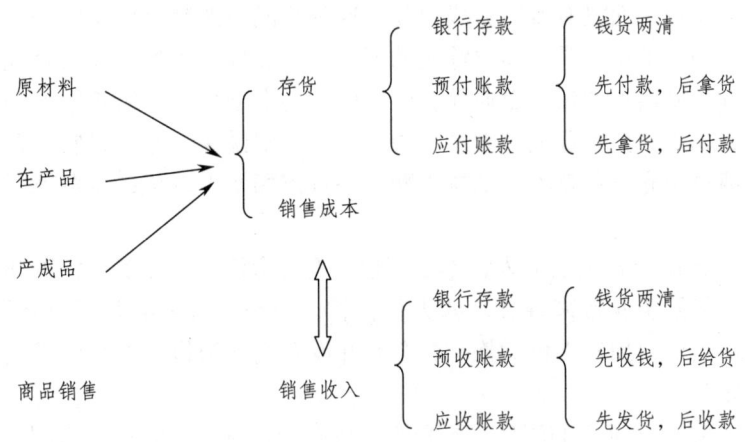

图 2-4　企业经济业务流程图-3

上述三个流程图清晰地展示了企业的经济业务是怎么一步步转化成为我们在财务报表中看到的一个个科目，以及每个科目所包含的经济活动的含义。如果再进一步探究，我们可以发现，在现实的经济活动中每个企业都有其固有的特性，而这个特性一定也会展现在相应的财务报表中。例如，各类大卖场，当我们作为消费者去卖场消费，不会出现先把货拿走后付款的情况，只可能出现钱货两清，或者先付款的情况（用消费卡销售的情况），所以这样的企业一般不会出现应收账款的大量余额；反之，各类供应商在向大卖场供货时一般也不太能够拿到现钱，而是需要有一个较长的账期。因此大卖场企业往往其应付账款或是应付票据都会表现出比较大的期末余额，而大卖场的各类供应商的应收账款或应收票据也会表现出相当大的期末余额。

二、财务报表的分析原则

1. 分析报表需要先分析企业的经营模式及其特点。由图 2-2 至图 2-4 财务报表与企业经营活动的内在联系可以看出，我们在分析财务报表时，首先需要从最基本的企业经济业务入手。也就是拿到一份财务报表时，首先要考虑报表是否和企业的基本业务特性相符。

2. 负债多并不是问题，要看对谁负债。一般来说，预收账款和应付账款，都是很重要的负债类科目。结合上述分析，我们发现一个企业如果拥有一定量的应付账款，表示它有负债采购的能力，或者说在采购方面有很强的控制能力；而企业如果拥有一定量的预收账款，则表示企业的商品具有很强的市场竞争力，可以实现先收款，后发货，或者说企业的商业模式决定了其可以先收钱，后提供劳务等（如以收取会员费，为其会员提供服务的企业）。在以上两种负债情况下，相当于企业在向其供应商或客户借钱，而且这个借款是免息的。如果一家企业能够通过这两个渠道融到钱，那它就不需要或是很少需要向银行融资了，能够大大减少财务费用的压力。

3. 资产多并不一定就是好事，要看状态。一般来说，应收账款和预付账款都是很重要的资产类科目。结合上述分析，我们发现一个企业如果拥有大量的应收账款，说明企业只做到了商品销售，而没有及时完成收款，这种情况一般都可以认为企业的商品在市场竞争中处于不利的地位，需要通过赊销的形式来完成促销。如果随着企业销售的大幅增长，应收账款急剧增长的话，企业就会面临巨大的资金压力，给正常的经营带来不利的影响。同样，如果一个企业拥有大量的预付账款，则说明企业在材料采购中处于不利的地位，必须通过预先支付款项来维持采购，一旦市场发生变化，企业就很有可能处于危险的境地。

4. 销售不一定引起资金的流入，不销售也可有资金流入。从资金流的角度去看，企业实现了销售可能给企业带来现金，如银行存款，但是也有可能并不会立即带来现金，如应收账款。而当客户预先支付货款时，企业并没有实现销售，但是已经实现了现金的流入，如预收账款。

5. 采购不一定引起资金的流出，不采购也可有资金流出。同样的道理，企业实现了采购可能会引起现金的流出，如银行存款，但是也有可能并没有立即造成企业现金的流出，如应付账款。而当企业不得不预先支付货款时，企业还没有实现采购，但已经引起了现金的流出，如预付账款。

三、财务报表分析的主要方法

1. 比较分析法。比较分析法是指通过两个或几个有关的经济指标的对比，揭示差异和矛盾。可以是本期指标与上期指标相比、实际指标同计划指标相比、本企业与同行业企业相比，等等。具体的比较可采用绝对数比较分析、绝对数增减变动比较分析和百分比增减变动比较分析。

2. 结构分析法。结构分析法是根据会计报表资料，计算出报表各构成项目占总体的比重，以反映所研究项目的内部构成状况。它以会计报表中的某个总体指标作为100%，再计算其各组成项目占总体指标的百分比，以此判断各组成项目的相对地位以及与总体的结构关系。

3. 因素分析法。因素分析法是依据分析指标与其影响因素之间的关系，按照一定的程序和方法，确定各因素对分析指标影响方向和影响程度的一种技术方法。

4. 趋势分析法。趋势分析法又称水平分析法，它是将连续数期的财务报表中的某重要项目进行比较，判断该项目前后期的增减方向，计算其增减幅度，以说明客户信用状况变动趋势的方法。其中，以计算定期发展速度和环比发展速度进行趋势分析最为常见。

【实践操作】

一、以下是中瑞实业有限公司的资产负债表和利润表，要求学生完成以下活动：

1. 熟悉财务报表，分析报表中各个财务项目的含义，明确各个项目分析的要点。

2. 结合财务报表分析原则对财务报表作出整体分析。

3. 运用财务分析方法对财务报表进行初步分析。

（1）运用比较分析法和结构分析法分析企业的资产、负债和所有者权益的构成及变动状况。

（2）运用比较分析法和结构分析法分析企业的净利润、利润总额和主营业务利润的构成及变动状况。

（3）运用因素分析法分析以上项目变动的原因。

表 2－6　　　　　　　中瑞实业有限公司资产负债表　　　　　　单位：万元

项　目	2024 年	2023 年	2022 年	项　目	2024 年	2023 年	2022 年
流动资产：				流动负债：			
货币资金	110.56	181.01	167.62	短期借款	178.38	9.35	31.35
短期投资	125.00	118.14	124.87	应付票据	259.15	267.97	82.52
应收票据	129.95	121.47	105.17	应付账款	228.18	227.02	198.76
应收股利	0.00	0.00	0.00	预收账款	51.56	62.67	63.42
应收利息	0.00	0.00	0.00	应付工资	0.00	0.11	0.00
应收账款	505.71	478.68	284.50	应付福利费	2.64	3.75	4.35
其他应收款	0.00	0.00	0.00	应交税金	−130.31	−56.41	−27.16
预付账款	13.84	13.79	5.03	其他应交款	5.67	6.86	5.73
应收补贴款	2.06	0.00	0.00	其他应付款	26.88	14.08	17.18
存货	791.22	653.54	710.27	预提费用	7.62	0.79	7.98
待摊费用	0.15	0.50	0.22	一年内到期的长期负债	0.00	0.00	1.10
一年内到期的长期债权投资	0.00	0.00	0.00	其他流动负债	0.00	0.00	0.00
其他流动资产	0.00	0.00	1.01	流动负债合计	629.77	536.20	385.22
流动资产合计	1 678.50	1 567.13	1 398.69				
长期投资：				长期负债：			
长期股权投资	15.30	17.59	16.83	长期借款	0.00	0.00	0.66
长期债权投资	0.00	0.00	0.00	应付债券	0.00	0.00	0.00
长期投资合计	15.30	17.59	16.83	长期应付款	0.00	0.00	0.00
固定资产：				其他长期负债	0.00	0.00	−10.27
固定资产原价	452.53	406.10	420.06	长期负债合计	0.00	0.00	−9.61
减：累计折旧	175.93	146.52	118.98				
固定资产净值	276.60	259.58	301.08	递延税项：			
工程物资	0.00	0.00	0.06	递延税款贷项	0.66	0.95	1.08

续表

项　目	2024 年	2023 年	2022 年	项　目	2024 年	2023 年	2022 年
在建工程	30.24	42.20	45.79	负债合计	630.43	537.14	376.68
固定资产合计	306.83	301.77	346.93				
无形资产及其他资产：				所有者权益：			
无形资产	49.69	49.59	49.01	股本	238.06	238.06	238.06
长期待摊费用	1.99	2.62	14.43	资本公积	448.89	447.17	447.10
其他长期资产	0.00	0.00	0.00	盈余公积	534.60	531.27	538.87
无形及其他资产合计	51.68	52.21	63.44	其中：法定公益金	105.84	104.17	107.98
递延税项：				未分配利润	200.33	185.05	225.18
递延税款借项	0.00	0.00	0.00	所有者权益合计	1 421.88	1 401.55	1 449.21
资产总计	2 052.31	1 938.70	1 825.89	负债及所有者权益总计	2 052.31	1 938.70	1 825.89

表 2-7　　　　　　　　　　　中瑞实业有限公司利润表　　　　　　　　单位：万元

项目	2024 年	2023 年	2022 年
一、主营业务收入	1 384.35	1 046.61	1 177.79
减：折扣与折让	0.00	0.00	0.00
二、主营业务收入净额	1 384.35	1 046.61	1 177.79
减：主营业务成本	1 178.21	915.32	1 001.87
主营业务税金及附加	2.86	6.37	5.64
三、主营业务利润（毛利润）	203.28	124.92	170.28
加：其他业务利润	7.23	9.56	9.78
减：存货跌价准备	0.00	0.00	7.01
营业费用（销售费用）	155.57	113.69	123.99
管理费用	39.16	27.01	20.93
财务费用	1.82	-8.61	-5.76
四、营业利润	13.96	2.40	33.89
加：投资收益	8.54	13.23	1.80
补贴收入	0.08	0.39	0.06
营业外收入	0.34	0.97	0.86
减：营业外支出	0.25	4.69	0.64
加：以前年度损益调整	0.00	0.00	0.00
五、利润总额	22.67	12.30	35.97
减：所得税	3.39	2.39	7.49
少数股东损益	-0.04	0.15	-1.68
六、净利润	19.32	9.76	30.16

二、各小组利用项目一中收集的企业资料,根据其财务报表对其进行财务项目分析,了解该企业的总体财务状况。

📖 【问题探究】

资产负债表与利润表的分析内容

一、资产负债表的分析内容

资产负债表分析的主要内容一般包括三个方面。

1. 分析企业经营资源的配置与经营风险的状况。通过资产负债表,可以分析企业各类资产在总资产中及各种资产在各类资产中所占的份额和比重,并通过观察前后几期的变化,以及与同行业相同规模企业的比较,可以了解企业经营资源配置的合理与否。

2. 分析企业的资金来源与财务风险状况。通过资产负债表,可以分析企业各类资金总量及其结构状况的变化,并与同行业相同规模企业比较,从而了解企业资金来源的构成,尤其是财务风险的状况。

3. 分析企业的资产和资本结构与偿债能力状况。资产和资本结构是指企业以何种方式为资产提供资金来源,尤其是通过两者期限的对应关系,可直接判断企业的短期和长期偿债能力。我们要分析资金从何处来,投资在哪些方面,是在流动资产上,还是在固定资产与其他投资上,资金来源的期限与所投资资产的期限是否一致。一般来说,长期资产的投资一般应来源于长期资本,到底主要来源于长期负债,还是主要来源于过去年份中的利润留存或新吸收的股东投资,会影响到企业的长期偿债能力和盈利能力。流动资产的资金可来源于流动负债,也可来源于长期资本,这同样会影响企业的短期偿债能力。将企业负债的前后两期进行比较,可直接判断该企业的长、短期偿债能力,长、短期财务风险的高低变化。

二、利润表的分析内容

利润表分析的主要内容一般也包括三个方面。

1. 分析企业的经营成果和盈利能力。通过分析企业利润表的主营业务利润、营业利润、利润总额和净利润中各项目的数据及其前后增减变化,可直接判断企业的经营业绩与盈利能力的变化。其中,主营业务利润是重点分析内容,因为它是企业最基本的盈利能力,主营业务利润占利润总额的比重的变动将会影响企业盈利能力的质量。

2. 分析企业的销售规模与增长能力。通过分析主营业务收入,结合其他业务收入的前后期变化,判断企业销售规模和收入能力的变动情况。重点分析的是主营业务的增长能力。这一能力越强,说明企业的市场前景越好,企业生存的基础越稳固。

3. 分析企业成本与费用的消耗状况。通过分析主营业务成本、营业费用、管理费用与财务费用等项目前后期的变化,以及各项目在总成本费用中的比重变动,来分析总体成本费用的消耗状况。尤其要注意与收入变动配比的分析,因为销售收入增长,成本费用不可能不增加,但两者增长要有合适的比例。例如,主营业务收入的增长超过了主营业务成本增长的比例，就说明企业成本控制是有进步的，从而必然引起企业主营业务利润更大幅度的提高，反之则营业利润或利润总额会以更高的比例下降。

☞ 【案例解析】

针对中瑞实业有限公司的资产负债表和利润表，我们分析如下。

一、资产负债表的分析

（一）资产结构分析

流动资产比例高，而且呈不断上升趋势。2024 年该公司流动资产总额占总资产的81.79%，比 2022 年上升了 5.19 个百分点，增加的流动资产主要集中在应收账款和存货两方面，但货币资金占总资产的比重与 2023 年相比，下降了 3.95 个百分点。

长期资产比例呈下降趋势，但固定资产 2024 年有较大幅度增加。这时我们有必要关注在公司盈利水平下降的情况下固定资产为何上升，是原有的设备不适应生产的需要，还是闲置了大量设备等。经了解，因为公司原产品在市场上面临的竞争日趋激烈，产品利润不断下降，为此，公司逐步对原有的生产线进行技术改造，在降低生产成本的同时推出新的高附加值的产品。

应收账款比例偏高，而且不断上升。2024 年应收账款占总资产的 24.64%，超过同行业水平，比 2022 年上升了 9.06 个百分点，分析其原因，主要是 2024 年下半年出口快速增长，由于国际结算问题，年末货款还没有回笼，海外应收账款大幅上升。我们也看到，与 2022 年相比，2024 年应收账款的增加额为 221.21 万元，而同期毛利润只有203.28 万元，营业利润为 13.96 万元，正是因为应收账款占用了大量的流动资金，使公司下半年的流动资金缺口增大，被迫向外借款。

存货占比上升。2024 年公司存货比例为 38.55%，比 2023 年上升了 4.84 个百分点，余额上升了 137.68 万元，与 2022 年的水平基本一致。经过分析得知，存货增长结构中主要以原材料增长为主，主要原因是企业 2024 年产销两旺，企业加大了原材料的储备。

（二）资金结构（负债与所有者权益）分析

流动负债比例逐年上升，但总体水平不高。2024 年底，公司流动负债占负债及所有者权益总额的 30.69%，比 2023 年上升了 3.03 个百分点，比 2022 年上升了 9.59 个百分点，其中 2023 年流动负债中应付票据的增长最快，占负债及所有者权益总额的比例比 2022 年上升了 9.3 个百分点，主要是 2023 年公司采购政策变动，大量使用银行承兑汇票所致；2024 年则主要是短期借款增加较大，由公司生产经营规模扩大所需流动资金增加所致。

所有者权益比例有所下降，但总体水平较高，债务承受能力强。2024 年，公司所有者权益占负债及所有者权益总额的 69.28%，比 2022 年下降了 10.09 个百分点，但负债水平仍远低于行业平均水平，公司 2024 年负债与所有者权益的比例为 1:2.26，说明公司债务承受能力较强。

二、利润表的分析

企业净利润占主营业务收入的比重由 2022 年的 2.56% 下降到 2023 年的 0.93%，在企业采取扩大销售、压缩成本等一系列措施的情况下，2024 年净利润占主营业务收入比重有所回升，为 1.4%。

主营业务利润（毛利润）比例 2023 年曾大幅下滑，从 2022 年的 14.46% 降至 2023 年的 11.94%，主要原因是 2023 年市场竞争激烈，产品价格大幅下降，虽然基本能维持原有的产品销售量，但产品销售收入比 2022 年有较大幅度下降，而同时产品成本未降反增，2023 年主营业务成本所占比重由 2022 年的 85.06% 上升到 87.46%。2024 年，企业采取了大量新的举措，一方面通过开发新产品，获取新产品的超额利润；另一方面加大产品销售力度，拓展新的销售渠道，特别是加大了产品出口的力度。2024 年该公司产品销售收入明显回升，较 2023 年增长了 32.27%；同时，新技术的运用也使产品成本得到一定压缩，占主营业务收入比重下降到 85.11%，带动 2024 年的主营业务利润（毛利润）占主营业务收入比重由 2023 年的 11.94% 回升至 14.68%。

营业利润占主营业务收入比重逐步下降，由 2022 年的 2.88% 下降到 2024 年的 1.01%，主要原因是：一方面企业利润获取途径较为单一，主要还是依靠主营业务收入，企业其他业务利润收入较以往有所减少，由 2022 年的 0.83% 降至 2024 年的 0.52%；另一方面由于市场竞争激烈和企业产品向外拓展的需要，企业营业费用（销售费用）、管理费用、财务费用等费用支出所占比例不断加大。特别是 2024 年，企业加大新产品销售力度，营业费用再创新高，同时短期借款由 9.35 万元增加到 178.38 万元，企业财务费用大幅增加，企业三项费用占主营业务收入比重由 2022 年的 11.82% 上升到 2023 年的 12.62%，再上升到 2024 年的 14.20%。

综合分析，我们得出结论：该企业目前处于行业成熟期，盈利水平处于行业中等水平，随着新产品的投入，盈利能力较 2023 年有所提高，但由于费用增长过快，总体评价盈利状况一般。

【知识链接 2－2】

资产负债表和利润表的财务项目分析要点

一、资产负债表项目分析

（一）流动资产

流动资产是指 1 年内或在超过 1 年的一个营业周期内变现或者耗用的资产。它包括货币资金、短期投资、应收票据、应收账款、预付账款、存货、待摊费用等。分析时应重点关注以下几个项目。

货币资金：包括企业的库存现金、银行存款以及其他货币资金。货币资金是企业流动性最强的资产，反映了企业即刻的偿债能力。银行通常可通过核对企业的银行对账单或查询开户行存款余额验证其货币资金的真实性。

短期投资：反映企业购入的各项能随时变现、持有时间不超过 1 年的有价证券以及不超过 1 年的其他投资，减去已计提跌价准备后的净额。分析时应注意企业是否为了增加流动比率而把本应该计入长期投资的计入了短期投资；企业计提短期投资跌价准备的方法是否恰当，是否存在不提或少提跌价准备以虚增资产的情况。

应收账款：反映企业因销售商品、产品和提供劳务等应向购货单位收取或接受劳务单位的款项，减去已计提坏账准备后的净额。应收账款是借款人偿还短期债务的主要资金来源之一，是信用分析的重点。分析时不仅要关注总量，还要了解应收账款的账龄分布、对象结构、抵押状况以及其真实性。

预付账款：它是指企业按照购货合同的规定预付给供应单位的货款。分析时，将预付账款上的数据与有关合同对照即可看出真伪，但应注意企业为获取贷款有意提高流动比率时，会虚构此项目。

存货：反映企业期末在库、在途和在加工的各项存货的可变现净值。存货是企业重要的流动资产，一般占流动资产比重的50%。分析时应关注存货的质量，有无已霉烂变质、已过期且无转让价值的存货；存货是否抵押；存货的计价及计提跌价准备的方法是否正确；存货结构及周转时间是否合理等。

待摊费用：反映企业已经支出但应由以后各期分期摊销的费用。分析时主要看其数据与以前月份、年份有无较大变动，如有较大变动则须进一步查明原因。如待摊费用数大于本年利润数，有可能隐藏着明盈实亏的情况。

（二）长期资产

长期资产是指企业除流动资产以外的所有资产，包括长期投资、固定资产、无形资产及其他资产等。分析时重点关注长期投资和固定资产项目。

长期投资：反映企业不准备在1年内（含1年）变现的各种股权和债权性质的投资的可收回金额。分析时主要考察长期投资的核算方法是否正确，是否存在通过调整核算方法而虚增利润的行为；是否考虑了投资的风险大小，并计提了相应的减值准备；长期投资减值准备的计提方法是否正确等。

固定资产：它是企业生产经营的重要物质条件。银行对借款人发放中长期贷款，特别是发放以其固定资产作担保的贷款时，需要分析固定资产。分析包括：通过考察固定资产的新旧程度，以衡量其质量状况；固定资产的折旧方法是否正确，有没有提足折旧；固定资产减值准备的计提方法是否恰当；固定资产的投保情况等。

（三）负债

负债是指过去的交易、事项形成的现时义务，履行该义务预期会导致经济利益流出企业。在资产负债表上，负债按其到期日由近至远的顺序排列。负债包括流动负债和长期负债。

流动负债：它是指借款人将在1年内或超过1年的一个营业周期内偿还的债务，包括短期借款、应付票据、应付账款、预收账款、应付工资、应付福利费、应付股利、应交税金、其他应交款等项目。分析时应注意借款企业流动负债的数额和期限，防止少计负债导致高估借款企业偿债能力的现象。

长期负债：它是指偿还期在1年或超过1年的一个营业周期以上的债务，包括长期借款、应付债券、长期应付款、其他长期负债等项目。银行应重点关注借款企业长期负债项目的规模及到期日，以及偿还长期负债的计划和安排，以便对借款企业的偿债能力作出正确的评价。

（四）所有者权益

所有者权益是指所有者在企业资产中享有的经济利益，其金额为资产减去负债后的余额，又称净资产。在资产负债表上，所有者权益内部各项目按稳定性依次排列，包括实收资本（或者股本）、资本公积、盈余公积、未分配利润等项目。应重点分析该项目的真实性，特别应注意企业为了得到贷款是否有虚增所有者权益的现象。对集团型企业汇总的资产负债表，应注意所有者权益有无重复计算及虚假构成的情况。

二、利润表项目分析

主营业务收入：该项目反映了企业主营业务销售产品的销售收入和提供劳务业务的收入。应着重分析企业有无隐瞒销售收入，变盈利为微利，甚至亏损的现象，或者反之，虚构销售收入，变亏损为盈利的现象。可将企业一定时期开出的增值税发票（或销售发票）数据与该项目数据进行核对，或者根据企业所交的产品税金倒套产品税率，看本期销售收入是否有虚构因素，如果数据相差甚大，应进一步查明原因。

主营业务成本：该项目反映了企业销售产品和提供劳务等主要经营业务的实际成本。应分析其内容是否真实，前后期计算方法是否一致，特别要注意本期销售成本同上期或前几期相比，是否存在突增或突减的情况。发生突增的现象，很可能是企业虚增成本开支，降低利润，以达到拖欠税款或贷款的目的；突减成本，是为了虚增利润，使信贷人员误认为该企业经营状况良好，可以贷款。所以，信贷人员要调阅企业销售成本明细账，逐项审查，发现问题及时反映，并采取相应措施。

管理费用、财务费用：管理费用是指企业行政管理部门为管理和组织生产所发生的费用。财务费用是指企业为筹集资金而发生的各项费用。这两项费用均属于期间费用，主要分析其总量变化情况，与前期相比，有无很大差异，若有则要进一步查明各项目有无虚假情况，并逐项审阅明细账。

活动 3　财务比率分析

【知识准备】

财务比率分析是利用两个指标的某种关联关系，通过计算比率来计量和评价财务状况的一种分析方法。运用财务比率分析可以使财务报表的分析更为全面和深刻，将这些比率与历史或同行业平均数进行比较，能充分揭示企业财务状况的发展变化趋势及在行业中所处的地位。财务比率分析主要包括四类比率：短期偿债能力比率、长期偿债能力比率、营运能力比率和盈利能力比率。

一、短期偿债能力比率

短期偿债能力一般也称支付能力，是指企业支付 1 年内随时可能到期债务的能力。企业短期偿债能力的强弱，意味着银行短期贷款的本金与利息能否按时收回，也是衡量即将到期的长期债务能否收回的指标。一个企业的短期偿债能力大小，要看其流动资产和流动负债的数量多少以及流动资产的质量状况。

判断企业短期偿债能力强弱的指标有四个。

1. 营运资本。营运资本指流动资产总额减流动负债总额后的剩余部分，也称净营运资本。其计算公式为

$$营运资本 = 流动资产 - 流动负债$$

2-11 微课：
短期偿债能力
比率分析

2. 流动比率。流动比率是流动资产与流动负债之比，表示每1元的流动负债究竟有多少流动资产可用于清偿。它是考察企业短期偿债能力的一个最基本、最通用的指标。其计算公式为

$$流动比率 = 流动资产 \div 流动负债$$

3. 速动比率。速动比率是速动资产与流动负债之比，表明每1元流动负债有多少元速动资产作保障。其计算公式为

$$速动比率 = 速动资产 \div 流动负债$$

其中：

$$速动资产 = 流动资产 - 存货 - 预付账款 - 待摊费用 - 待处理流动资产损失$$

4. 现金比率。现金比率是现金类资产与流动负债的比值。现金类资产是指货币资金和短期投资净额。现金比率的计算公式为

$$现金比率 = （货币资金 + 短期投资净额）\div 流动负债$$

二、长期偿债能力比率

长期偿债能力是指企业偿还长期债务的能力，它表明企业对债务的承受能力和偿还债务的保障程度。长期偿债能力是反映企业财务稳定状况与安全程度的重要标志。

分析一个企业的长期偿债能力，主要是为了确定该企业偿还债务本金和支付债务利息的能力。从偿还债务的资金来源来看，应是企业的经营利润，可通过资产负债表和利润表提供的数据进行分析。

衡量企业长期偿债能力的比率称为杠杆性比率，又称偿付能力比率，具体包括以下五个指标。

2-12 微课：
长期偿债能力
比率分析

1. 资产负债率。资产负债率又称负债比率，是负债总额与资产总额之比。其计算公式为

$$资产负债率 = （负债总额 \div 资产总额）\times 100\%$$

2. 债务股权比率。债务股权比率是负债总额与股东权益总额的比率，也称产权比率或负债权益比率，用来表示股东权益对债权人利益的保障程度。其计算公式为

$$债务股权比率 = （负债总额 \div 股东权益总额）\times 100\%$$

3. 有形净值债务率。有形净值债务率是企业负债总额与有形净值之比。有形净值是股东权益减去无形资产净值后的净值，即股东具有所有权的有形资产的净值。其计算公式为

$$有形净值债务率 = 负债总额 \div （股东权益 - 无形资产净值）\times 100\%$$

4. 股东权益比率与权益乘数。股东权益比率是企业的股东权益总额与资产总额对比

所确定的比率。其计算公式为

$$股东权益比率 = （股东权益总额 ÷ 资产总额） × 100\%$$

权益乘数是资产总额与股东权益总额之比，其计算公式为

$$权益乘数 = 资产总额 ÷ 股东权益总额$$

5. 已获利息倍数。已获利息倍数又称利息保障倍数，是指企业经营业务收益与利息费用的比率，用于衡量企业偿付债务利息的能力。其计算公式为

$$已获利息倍数 = 息税前利润 ÷ 利息费用$$

公式中的分子息税前利润是指利润表中未扣除利息费用和所得税之前的利润，它可以用利润总额加利息费用来测算。

公式中的分母利息费用是指本期发生的全部应付利息，不仅包括财务费用中的利息费用，还应包括计入固定资产成本中的资本化利息。

三、营运能力比率

营运能力也称资产运用效率，是指企业各项资产周转速度所反映出来的企业资产利用效率。资产周转越快，说明资产利用效率越高，企业的经营管理水平越好。运用资产利用效率分析，有助于商业银行判断其债权的物质保障程度或其安全性，从而进行相应的信用决策。

衡量企业营运能力的指标有六个。

1. 应收账款周转率。应收账款周转率是指企业一定时期的主营业务收入与应收账款平均余额的比值，也就是年度内应收账款转为现金的平均次数，它说明企业应收账款变现的速度。其计算公式为

$$应收账款周转率（次数） = 主营业务收入 ÷ 应收账款平均余额$$

其中：

$$应收账款平均余额 = （期初应收账款 + 期末应收账款） ÷ 2$$

用时间表示的周转速度是应收账款周转天数，也叫应收账款平均回收期。其计算公式为

$$应收账款周转天数 = 360 ÷ 应收账款周转率$$
$$= （应收账款平均余额 × 360） ÷ 主营业务收入$$

2. 存货周转率。存货周转率是主营业务成本与平均存货净额的比率，也称存货周转次数。其计算公式为

$$存货周转率 = 主营业务成本 ÷ 平均存货净额$$

其中：

$$平均存货净额 = （期初存货净额 + 期末存货净额） ÷ 2$$

用时间表示的存货周转速度就是存货周转天数，其计算公式为

$$存货周转天数 = 360 ÷ 存货周转率$$

3. 营业周期。营业周期是指从取得存货开始到销售存货并收回现金为止的这段时间。营业周期的长短取决于存货周转天数和应收账款周转天数。其计算公式为

$$营业周期 = 存货周转天数 + 应收账款周转天数$$

2-13 微课：营运能力比率分析

4. 流动资产周转率。流动资产周转率是一定时期的主营业务收入与流动资产平均余额的比值。其计算公式为

$$流动资产周转率 = 主营业务收入 \div 流动资产平均余额$$

其中：

$$流动资产平均余额 = （期初流动资产 + 期末流动资产）\div 2$$

5. 固定资产周转率。固定资产周转率是指企业一定时期的主营业务收入与固定资产平均净值的比值。其计算公式为

$$固定资产周转率 = 主营业务收入 \div 固定资产平均净值$$

其中：

$$固定资产平均净值 = （期初固定资产净值 + 期末固定资产净值）\div 2$$

6. 总资产周转率。总资产周转率是指企业一定时期的主营业务收入与总资产平均余额的比值，是反映企业总资产使用效率的指标。其计算公式为

$$总资产周转率 = 主营业务收入 \div 总资产平均余额$$

其中：

$$总资产平均余额 = （期初总资产 + 期末总资产）\div 2$$

四、盈利能力比率

盈利能力是指企业获取利润的能力。企业盈利能力越强，还本付息的资金来源就越有保障。通常可以从两个角度分析企业的盈利能力：一是销售剩余，即从销售收入剩余额的角度分析企业各种形式的销售利润，如毛利、营业利润、净利润等，这种分析集中于利润表项目本身；二是资产报酬，即从资产利用效率的角度，将资产负债表和利润表项目联系起来分析。

一般来说，企业的盈利能力只涉及正常的营业状况。非正常的营业状况也会给企业带来收益或损失，但它只是特殊状况下的个别结果，不能说明企业的盈利水平及盈利的稳定性与持久性。因此，在进行盈利能力分析时，诸如会计准则及会计制度变更带来的累计影响、已经或将要停止的营业项目等应当加以剔除。

2-14 微课：盈利能力、投资回报率与发展前景指标分析

通常反映盈利能力的指标有六个。

1. 销售毛利率。销售毛利率是毛利占销售收入的百分比，其中毛利是主营业务收入与主营业务成本之差。其计算公式为

$$销售毛利率 = ［（主营业务收入 - 主营业务成本）\div 主营业务收入］\times 100\%$$

2. 营业利润率。营业利润率反映企业主要经营活动的盈利能力，是企业盈利能力的重要标志。其计算公式为

$$营业利润率 = （营业利润 \div 主营业务收入）\times 100\%$$

3. 销售净利润率。销售净利润率是净利润占主营业务收入的百分比。其计算公式为

$$销售净利润率 = （净利润 \div 主营业务收入）\times 100\%$$

4. 成本费用利润率。企业的盈利能力，也可以用投入与产出的比例关系来评价。成本费用利润率是利润总额与当期成本费用总额的比率，是全面考核企业各项耗费所取得

收益的指标，反映企业控制成本的能力。其计算公式为

$$成本费用利润率 = （利润总额 \div 成本费用总额）\times 100\%$$

其中：

$$成本费用总额 = 主营业务成本 + 营业（销售）费用 + 管理费用 + 财务费用$$

5. 总资产报酬率。总资产报酬率是企业净利润占平均资产总额的百分比，表明企业资产利用的综合效果。其计算公式为

$$总资产报酬率 = （净利润 \div 平均资产总额）\times 100\%$$

其中：

$$平均资产总额 = （期初资产 + 期末资产）\div 2$$

6. 净资产收益率。净资产收益率是净利润占平均净资产的百分比，其计算公式为

$$净资产收益率 = （净利润 \div 平均净资产）\times 100\%$$

其中：

$$平均净资产 = （期初所有者权益 + 期末所有者权益）\div 2$$

 【实践操作】

1. 请根据活动 2 中中瑞实业有限公司的财务报表计算上述财务指标，分析该公司的短期偿债能力、长期偿债能力、营运能力和盈利能力。

2. 各小组利用项目一中收集的企业资料，根据其财务报表及其他相关材料对其进行财务比率分析，重点了解该企业的偿债能力。

 【问题探究】

财务比率分析要点

一、短期偿债能力比率分析

1. 营运资本。营运资本意味着企业的流动资产在偿还全部流动负债后还有多少剩余。很明显，流动资产超过流动负债越多，企业短期偿债能力越强。

在分析时要注意以下几点：

（1）该指标只适宜考察企业一定时点的短期偿债能力。

（2）企业营运资本的多少与企业所处的行业以及企业的规模大小有关。

（3）通常，企业的营运资本相当于一到三个月的营业额时，才比较合理、安全。若低于这个标准值，企业就可能要筹资；高于这个标准值，企业就可能会投资。

思考：
零售企业和餐饮企业相比，谁的营运资金多？

2. 流动比率。流动比率越高，说明企业的偿债能力越强，债权人利益的安全程度也越高。

一般认为，生产性企业合理的最低流动比率是2。这是因为流动资产中变现能力最差的存货金额约占流动资产总额的一半，剩下的流动资产至少要等于流动负债，企业的短期偿债能力才会有保证。但实际上流动比率因企业的经营规模和经营性质不同，要求也不一样，不可一概而论。如商业和流通领域的企业流动性较高，而机器制造业及电力业流动性则较差。因此，根据不同行业分别研究流动比率的标准更为合理。

> 一般情况下，营业周期、应收账款和存货的周转速度是影响流动比率的主要因素。

3. 速动比率。速动资产是流动资产扣除存货后的数额。为什么计算速动比率时要把存货从流动资产中剔除呢？这是因为：（1）在流动资产中，存货的变现速度最慢；（2）由于某种原因，部分存货已损失报废还没作处理，不能再变现；（3）部分存货已抵押给某债权人；（4）存货估价还存在成本与市价相差悬殊的问题。

按信贷审慎原则，速动资产不仅要剔除存货，还要去掉与当期现金流量无关的预付费用（待摊费用和预付账款），最后速动资产只包括货币资金、短期有价证券及应收款项。由此计算出来的速动比率，称为超速动比率，它反映企业可迅速变现的资产所构成的现实偿债能力。

速动比率是流动比率的主要辅助指标，它能更准确地评价企业资产的流动性，是一个相对保守的比率。国际上通常认为，正常的速动比率值为1。但我国多数企业资金有限，财力单薄，因此应根据企业所在的行业特征、企业的生产周期、产品类别、应收账款周转速度等进行具体分析。

表2－8是部分行业的流动比率和速动比率，供参考。

表2－8　　　　　　　　　　部分行业流动比率和速动比率参考指标

行业	汽车	房地产	制药	建材	化工	家电	啤酒	计算机	电子	商业	机械	玻璃	食品	饭店
流动比率	1.1	1.2	1.3	1.25	1.2	1.5	1.75	2	1.45	1.65	1.8	1.3	>2	>2
速动比率	0.85	0.65	0.9	0.9	0.9	0.9	0.9	1.25	0.95	0.45	0.9	0.45	>1.5	>2

4. 现金比率。现金比率反映企业随时可以还债的能力。现金比率越高，表明企业直接支付能力越强。对于商业银行来说，现金比率总是越高越好。如果现金比率达到1，即现金余额等于或大于流动负债总额，这意味着，企业即使不动用其他资产如存货、应收账款等，仅凭手中的现金就足以偿还流动负债了。

但是，一般情况下企业不可能也没必要保留过多的现金类资产。这是因为资产的流动性与其盈利性成反比，流动性越好的资产其盈利性越差。现金类资产的流动性较好，盈利能力却较低。保持过高的现金比率，会使资产过多地停留在现金上，虽然提高了企业的偿债能力，却增加了企业资金的机会成本，并使企业未来的盈利能力受到影响。所以，保持合理的现金比率对企业来说至关重要。

现金比率的作用是表明在最差的状态下企业的清偿能力。对现金比率的分析应与流动比率、速动比率结合起来，孤立地分析这一指标意义不大。

营运资本、流动比率、速动比率和现金比率指标都可以从会计报表资料中获得数据并计算出来，但还有一些影响企业短期偿债能力的因素无法从报表中获知，需要我们关注企业财务状况说明书、会计报表附注等方面的信息，如准备很快出售的长期资产、偿债能力的声誉、或有负债等。这些因素有些会增强企业的短期偿债能力，有些则会减弱企业的短期偿债能力，这有待我们做进一步深入的分析。

二、长期偿债能力比率分析

1. 资产负债率。为了使评估的客户偿债能力更接近于其实际的偿债能力，在评估资产总额时应当扣除不良资产（如3年以上的应收账款，积压、贬值的存货等）、虚拟资产（如待摊费用、长期待摊费用、待处理流动资产和固定资产损失）和资产减值损失（如投资、固定资产、无形资产贬值、损失等），同时还应加上或有资产和表外资产（如提足折旧后还有价值的固定资产、已研制开发并投入使用却未申请专利的无形资产等）。与此相对应，真实的负债应在账面负债的基础上，加上或有负债和预计负债。

资产负债率是衡量企业负债水平及风险暴露程度的重要标志。在分析资产负债率时，从企业和投资人的角度来看，当全部资本的利润率超过借款利息率时，负债比率越高越好。但从商业银行的角度来看，企业的资产负债率越低越好。因为商业银行作为债权人，如果其提供的资金在企业全部资本总额中只占较小的比例，则企业的风险将主要由投资人承担，这对银行的债权是较为安全的。

国际上一般认为资产负债率的适宜水平是40%～60%。从我国目前情况来看，新客户信贷准入的条件是资产负债率低于70%，上市公司的资产负债率在50%以下为宜。其实，评价一家企业的资产负债率过高或过低，必须与企业盈利的稳定性、经济周期、利率大小、资产的流动状况及企业规模等诸多因素结合起来，才能得出一个较为客观的评价。

2. 债务股权比率。债务股权比率反映了债权人提供的资金与股东所提供的资金的相对关系，反映企业基本的财务结构是否稳健。该比率高，是高风险、高报酬的财务结构；该比率低，是低风险、低报酬的财务结构。

债务股权比率是资产负债率的另一种表现形式，也是用来评价长期偿债能力的重要指标。两个指标可以互相补充，但侧重点不同：资产负债率侧重于分析债务偿付安全性的物质保障程度，产权比率侧重于揭示企业的财务风险及股东权益对债务的保障程度。

对商业银行而言，债务股权比率越低，企业的偿债能力越强，商业银行的权益越能得到保障，贷款越安全。反之，则表明企业的偿债能力越差。

按一般的判断标准，该指标以不超过100%为好，即负债必须少于股东权益。如果该比率大于100%，则表示企业借入的资金超过股东投入的资金，一旦企业破产，债权人的损失会比较大，这是任何债权人都不愿意看到的。

3. 有形净值债务率。有形净值债务率实质上是产权比率的延伸，是在评价企业长期偿债能力时更为保守的指标。因为并不是企业所有的资产都能用来偿付债务，像无形资产中的商誉、商标、专利权以及非专利技术等，很难作为偿还债务的资源。为稳妥起见，这些一律被视为不能偿债，并将其从分母中扣除。

该指标主要用于衡量企业在清算时对债权人利益的保障程度。该指标值越低越好，越低银行的债权越有保障。有形净值债务率的分析与债务股权比率相同，若有形净值债务率能维持在100%左右最为理想。

4. 股东权益比率与权益乘数。股东权益比率反映了在企业全部资金中，企业投资者提供了多少资金。该比率越高，说明投资者投入的资金在全部资金中所占的比例越大，企业偿债能力越强，财务风险越小。因此，从偿债能力的角度来看，该比率越高越好。

权益乘数反映了资产总额是股东权益的多少倍，它与股东权益比率互为倒数关系。权益乘数越大，说明股东投入的资本占全部资本的份额越小，企业负债比率越高，债权人利益的保障程度越低；反之，说明总资产中股东投入的资本份额越大，负债比率越小，债权人利益越有保障。

上述两指标是对资产负债率的必要补充。

5. 已获利息倍数。已获利息倍数反映的是企业经营收益为所需支付的债务利息的多少倍。它不仅反映了企业获利能力的大小，而且反映了获利能力对到期债务利息的保证程度。该指标越高，企业就越有能力偿付利息。

已获利息倍数究竟多大为宜，这需要将该企业的这一指标与其他企业特别是本行业平均水平进行对比。一般公认的已获利息倍数为3。根据稳健原则，可选择几年中最低的已获利息倍数作为基本的评判标准。因为，无论企业经营的好坏，每年需要偿还的债务大致相当。当某一年经营较好时，已获利息倍数相应也就较高，但不会年年如此。采用指标最低年度的数据，可保证最低的偿债能力。但无论如何，已获利息倍数不能低于1，因为一旦低于1，意味着企业连利息都保障不了，更谈不上偿还本金了。

> 在通过上述指标评价和分析企业的长期偿债能力时，还有一些会计报表以外的因素也会影响企业的长期偿债能力，如长期租赁、担保责任、或有项目等，对此我们必须给予足够的重视，充分考虑其潜在的影响。

三、营运能力比率分析

1. 应收账款周转率。应收账款周转率公式中的分子一般应为赊销净额，不应包括现销额，这样可以保持该比率分子分母口径的一致性。但通常在利润表中，赊销与现销并不加以区分，因此实务中可把现金销售视为收账时间为零的赊销，并用主营业务收入代替赊销净额。

> 应收账款周转率一般以年为计算基础，如果是季节性生产和销售的企业，也可按月、按季计算。

应收账款数额应包括资产负债表中的"应收账款"与"应收票据"等全部数额；但如果应收票据已向银行办理了贴现手续，这些应收票据就不应包括在应收账款平均余额之内了。另外，应收账款余额应是扣除减值准备后的净额。

一般而言，企业应收账款周转率越高，平均收现期越短，说明企业的应收账款回收得越快。否则，企业的营运资金过多地呆滞在应收账款上，资金不能及时回流，影响资金的正常周转，并可能影响企业还本付息的能力。但应收账款周转速度并不是越快越好，过快的应收账款周转速度可能是由于企业奉行严格的信用政策。其结果会限制企业销售的增长，损害企业的市场占有率，并危及企业的盈利能力。

2. 存货周转率。一般来说，存货周转速度越快，存货的占用水平越低，流动性越强，存货转换为现金、应收账款的速度越快。提高存货周转率，可以提高企业的变现能力，进而提高企业现金还款的可能，降低企业无法还债的风险。但也要注意，存货周转率过快，有可能是因为存货储备不足，这样一来就会影响生产或销售业务的进一步发展，尤其是对那些供应较紧张的存货。有时，企业为推销商品而大幅度降价处理存货，此举虽使存货周转率上升，但销售收入却会减少，最终会削弱企业的偿债能力。所以，分析该指标时，必须弄清其背后的原因。

> 采用不同的存货计价方法，对存货的周转率有较大影响。将不同时期的存货周转率进行对比时，要注意存货的计价方法。

3. 营业周期。营业周期意指需要多长时间才能将期末存货全部变为现金。一般情况下，营业周期短，说明资金周转速度快；营业周期长，说明资金周转速度慢。

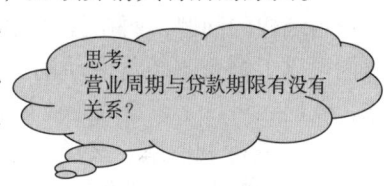

思考：营业周期与贷款期限有没有关系？

4. 流动资产周转率。流动资产周转率反映流动资产的周转速度。周转速度越快，周转次数越多，表明企业以相同的流动资产实现了更多的主营业务收入，相对而言节约了流动资产，增强了企业的盈利能力，进而增强了企业的还贷能力。

5. 固定资产周转率。固定资产周转率越高，表明企业对固定资产的利用越充分，同时也表明企业固定资产投资得当，固定资产结构分布合理，能够充分发挥固定资产的使用效率。反之，则表明固定资产使用效率不高，提供的生产成果不多，固定资产的营运能力不强。

分析固定资产周转率时，需要剔除一些不可比因素，如固定资产净值因计提折旧逐年减少或因更新重置而突然增加等影响因素。

6. 总资产周转率。总资产周转率反映企业总资产的周转速度。周转速度越快，表明企业的销售能力越强。影响企业总资产周转速度的主要因素是资产总额和主营业务收入水平，增加收入或减少资产都可以提高总资产周转速度。企业可以通过薄利多销的办法加速资产的周转，带来利润绝对额的增加，提高企业的偿债能力。

四、盈利能力比率分析

1. 销售毛利率。销售毛利率表示每1元主营业务收入扣除主营业务成本后，有多少钱可以用于各项期间费用和形成盈利。销售毛利率是销售净利率的最初基础，没有足够大的毛利率便不能盈利。

影响毛利变动的因素可分为外部因素和内部因素两大方面。（1）外部因素，主要是指市场供求变动而导致的销售数量和销售价格的升降以及购买价格的升降。销售数量和销售价格的上升会导致毛利额和毛利率的上升。但销售数量和销售价格通常是此消彼长的关系，尤其是对于价格弹性大的产品。购买价格的上升则会导致毛利额和毛利率的下降；反之则相反。（2）内部因素，通常包括企业管理层开拓市场的意识和能力、成本管理水平、产品构成决策以及企业战略要求等。

一般来说，营业周期短、固定成本低的行业毛利率比较低，如商业零售业；而营业周期长、固定成本高的行业毛利率较高，如重工业企业。所以在分析时，应将该指标与同行业平均水平对比，才能对该指标作出较为客观的评价。

2. 营业利润率。影响营业利润率的关键因素是营业利润额。从营业利润率的计算公式可以看出，营业利润同方向影响营业利润率，营业利润越大，营业利润率越高。主营业务收入则从反方向影响营业利润率，即当营业利润额一定时，主营业务收入越高，营业利润率越低，说明主营业务的获利能力越弱。这说明，欲提高营业利润率，必须是同等的主营业务收入实现更多的营业利润额。

企业可能因为战略的选择而具有比较高的销售毛利率，但却由于管理效率的问题或者资本结构的问题，而在营业利润率上失去了已有的优势。因此，从营业利润率本身，我们可以了解企业经营活动的总体盈利水平，而且通过营业利润率与销售毛利率的对比，我们还可以了解造成企业盈利高低的原因。

3. 销售净利润率。该指标反映每1元销售收入能带来多少净利润，表示销售收入的收益水平。净利润与销售净利润率成正比，而主营业务收入与销售净利润率成反比。企业在增加销售收入的同时，只有相应地获得更多的净利润，才能使销售净利润率不变或有所上升，企业的盈利水平才有所提高，偿债能力才得以增强。

【知识链接 2－3】

销售毛利率、营业利润率、销售净利润率三个指标都是以销售收入最终实现利润的百分比来衡量企业的盈利能力，三个指标之间的区别在于所衡量的阶段不同。

销售毛利率：它是从企业生产产品的过程来衡量其盈利能力。因为在销售毛利中考虑了销售成本，而所谓销售成本实际上只是指企业将产品生产出来所花费的成本，因而销售毛利率体现的是生产环节的盈利水平。

营业利润率：它与销售毛利率的差异在于考虑了企业经营过程中的各项期间费用。因此，销售毛利水平反映了一个企业的基本盈利水平，若销售毛利低，不足以抵偿期间费用，将导致企业经营活动的亏损，表现为营业利润是负数。

销售净利润率：它与其他指标的区别在于，在整个业务环节中，它不仅涉及经营活动，而且包括投资活动和融资活动带来的盈利，而经营活动与投资活动在某些情况下并没有本质的区别，而仅仅是组织形式的差别，所以从某种程度上说，销售净利润率才是企业业务环节整体盈利水平的体现。

对于多数获得盈利的企业而言，销售毛利率＞营业利润率＞销售净利润率。如果销售毛利率≤营业利润率，必定是受到其他业务利润的影响；如果营业利润率≤销售净利润率，那么或者是受到投资收益的影响，或者是受到营业外收支净额的影响。

4. 成本费用利润率。成本费用利润率指标反映每 1 元成本费用支出所能带来的利润。该指标值越大，表明同样的成本费用取得的利润越多，或取得同样的利润只需花较少的成本费用。

5. 总资产报酬率。总资产报酬率是指一定时期内获得的报酬总额与平均资产总额的比率，它表示企业包括净资产和负债在内的全部资产的获利能力。该比率越高，表明资产利用的效率越高，企业的获利能力越强，经营管理水平越高，反之则相反。

从总资产报酬率的概念可知，影响总资产报酬率的因素主要是净利润和资产平均占用额。其中资产平均占用额是总资产报酬率的负影响因素，即在净利润一定的前提下，资产平均占用额越大，总资产报酬率越低。资产是盈利的物质基础，没有资产的运动，盈利就无从谈起。但是，从某一个特定时点来看，资产占有实际上是资金运动的停滞。无论是资产占用数额还是资产占用结构状况均会对企业的经营产生非常重要的影响。占用数额的多少直接影响资产的运用效率，而占用结构状况则更具有广泛的影响，不仅影响收益，而且影响企业的经营风险、资产流动性强弱及其弹性大小等。

6. 净资产收益率。净资产收益率反映了企业所有者权益的投资报酬率，具有很强的综合性。该指标立足于投资者的角度来考虑其盈利能力，因此是最被投资者关注且对企业具有重大影响的指标。

 【案例解析】

对中瑞实业有限公司的主要财务比率进行计算，结果如表 2－9 所示。

表 2－9　　　　　　　　　中瑞实业有限公司的财务比率

比率指标	2024 年	2023 年	2022 年	行业平均值
一、短期偿债能力比率				
流动比率	2.67	2.92	3.63	1.50
速动比率	1.39	1.68	1.77	0.75
现金比率	0.37	0.56	0.76	0.40
二、长期偿债能力比率				
资产负债率（%）	30.72	27.71	20.63	51.75
权益乘数	1.44	1.38	1.26	2.07
负债与所有者权益比率（%）	44.34	38.32	26.00	169.71
负债与有形净资产比率（%）	45.94	39.73	26.90	194.53

比率指标	2024 年	2023 年	2022 年	行业平均值
三、营运能力比率				
总资产周转率（次数）	0.69	0.56	0.65 *	0.61
固定资产周转率（次数）	5.16	3.73	3.91 *	3.63
应收账款周转率（次数）	2.81	2.74	4.14 *	3.2
存货周转率（次数）	1.63	1.34	1.41 *	3.56
四、盈利能力比率				
销售毛利润率（%）	14.89	12.54	14.94	20.05
营业利润率（%）	1.01	0.23	2.88	
销售净利润率（%）	1.4	0.93	2.56	−9.51
成本费用利润率（%）	1.65	1.17	3.15	−5.38
总资产报酬率（%）	0.97	0.52	1.65 *	−2.08
净资产收益率（%）	1.37	0.68	2.08 *	−12

注：带"＊"的数据计算时分母直接采用当年数据，未采用平均值计算。

对以上比率进行分析：

1. 从流动比率来看，企业资产的流动性较强，流动比率、速动比率均高于同行业平均水平，现金比率 2024 年略低于同行业平均水平，2022 年、2023 年均高于同行业平均水平，基本能够保证短期债务的偿付。但同时，企业流动资产中存货和应收账款所占比重较大，而且部分应收账款账龄过长，回收难度较大，影响了资产流动性和短期债务的偿还能力。我们仍需关注该企业在未来发展中能否有效改善其流动资产结构。

2. 从长期偿债能力比率来看，该企业的资产负债结构较为合理，偿债能力处于同行业领先水平，债权人权益能够得到充分的保障。在资产报酬率低于债务成本的情况下，企业应该继续采取低负债的稳步经营策略；同时，我们应关注企业能否寻求新的高回报项目，提高企业的整体盈利能力。

3. 从营运能力比率来看，一方面，企业连续 2 年的应收账款周转率和存货周转率均低于同行业平均水平，正是因为企业资金的低效率运营，应收账款和存货占用了企业大量的流动资金，削弱了企业的实际支付能力；另一方面，该企业的固定资产周转率高于同行业平均水平，说明该企业能够充分运用现有的固定资产。在企业以后的发展中，我们应该关注企业管理层能否进一步提高资金的结算效率和生产调度能力。

4. 从盈利能力比率来看，一方面，从企业连续 3 年的盈利情况可知，2024 年盈利状况虽有所好转，但总体来说该企业的盈利水平仍处于下降趋势；另一方面，企业在激烈的市场竞争中运用低价策略，致使企业的销售毛利润率远低于同行业平均水平，但由于其成本费用控制能力强于同行业其他企业，因此销售净利润率和成本费用利润率指标反而遥遥领先于同行业平均水平。

在进行盈利指标分析时，我们看到2024年企业新产品开发以及大力拓展海外市场的举措取得了一定的效果，销售毛利润率、营业利润率、销售净利润率等各项指标较2023年有一定程度的回升，但企业为开发新的市场支付的营业费用等费用支出却大幅上升，因此盈利能力并不理想。在市场竞争不断升级的情况下，我们还需要关注公司的利润增长点能否保持以及管理水平能否进一步提高。

结论：该企业财务状况较2023年有所好转，资产负债管理能力和现金能力依然保持在较强的水平，盈利能力和营运能力仍有待增强。

活动4 财务报表重要项目分析

【知识准备】

财务报表作为企业对外发布经营信息的载体，很多时候都能"一叶落而知天下秋"，即使只关注会计报表的其中一些项目，也能分析出企业财务状况和经营形势的很多"小秘密"，在本活动中我们将主要以存货和应收账款等几个报表项目为切入点，通过实例来对企业报表的奥秘进行剖析。

一、存货的秘密

存货作为企业资产的重要组成部分，能保证企业的生产和经营正常、连续、均衡地进行。正因为它与企业生产和经营的密切关系，即使不做专业的指标分析，只关注它的基本变化，也可以了解企业的经营状况。本活动将从存货结构变化分析存货中的秘密。

2-15 案例：
存货盘点与检查

二、应收账款的秘密

应收账款是企业因销售产品、材料、提供劳务等经济活动而应向购货方——接受劳务的单位或个人收取的款项。形成应收账款的直接原因是赊销。因为应收账款直接与企业的现金流量相关，会影响到企业的偿还能力和持续经营的进行，所以，除了按正常指标分析应收账款对企业营运能力的影响外，还需额外关注应收账款。本活动将主要通过应收账款的周转率、应收账款账龄等方面着手去探究应收账款的秘密。

【实践操作】

1. 以表2-10、表2-11的资料为基础，分析该企业存货项目存在的问题。

2. 以表2-12、表2-13的资料为基础，分析该企业应收账款项目存在的问题。

2-16 案例：
忽视应收账款细节
引起的贷款逾期

表 2－10 某铸造企业存货资料表 单位：万元

年份	2021 年	2022 年	2023 年	2024 年
存货总额	872.00	1 121.00	1 500.00	1 426.00
其中：原材料	350.00	450.00	580.00	300.00
委托加工物资	60.00	110.00	140.00	280.00
库存商品	420.00	510.00	710.00	820.00
低值易耗品	80.00	92.00	115.00	106.00
存货减值准备	−38.00	−41.00	−45.00	−80.00

表 2－11 某铸造企业存货结构比例表

年份	2021 年	2022 年	2023 年	2024 年
存货/万元	872.00	1 121.00	1 500.00	1 426.00
存货/%	100	100	100	100
其中：原材料	40	40	39	21
委托加工物资	7	10	9	20
库存商品	48	45	47	58
低值易耗品	9	8	8	7
存货减值准备	−4	−4	−3	−6

注：这组数据是一家铸造类工业企业 4 年来的存货金额。该企业从事铸件生产和加工，部分产品出口韩国和德国，由于技术水平有限，部分铸件的精加工需要外协单位来做。该企业目前处于成长期，故存货总量也随着企业经营扩大而增加。

表 2－12 A 公司 2022—2024 年应收账款账龄分布

年份	2022 年		2023 年		2024 年	
账龄	余额/万元	占比/%	余额/万元	占比/%	余额/万元	占比/%
1 年以内	230.00	19.38	220.00	18.61	208.00	16.68
1～2 年	364.00	30.67	153.00	12.94	172.00	13.79
2～3 年	247.00	20.81	302.00	25.55	112.00	8.98
3 年以上	346.00	29.15	507.00	42.89	755.00	60.55
合计	1 187.00	100.00	1 182.00	100.00	1 247.00	100.00
当年坏账准备	59.35	5.00	59.10	5.00	62.35	5.00
当年销售收入	2 000.00		2 109.00		2 254.00	

表 2－13 A 公司 2022—2024 年应收账款周转率资料表

项目名称	2022 年	2023 年	2024 年
销售收入/万元	2 000.00	2 109.00	2 254.00
期初应收账款余额/万元	1 142.00	1 187.00	1 182.00
期末应收账款余额/万元	1 187.00	1 182.00	1 247.00
应收账款平均余额/万元	1 164.50	1 184.50	1 214.50
应收账款周转率/次	1.72	1.78	1.86
应收账款周转天数/天	212.52	205.00	196.67

☞ 【案例解析】

一、存货分析

从表 2 - 10、表 2 - 11 可以看出,该企业的存货存在以下问题。

2 - 17 微课:
库存商品分析

1. 2024 年,原材料占存货的比例急剧下降了 18 个百分点(由 2023 年的 39% 下降到 2024 年的 21%)。根据对铸造类工业企业的了解,该类企业作为原材料消耗型企业,原材料占整个存货的 40% 左右才能保证企业的正常运转(因为需要大量的铁、煤炭等),如果一个铸造企业存在过低比例的原材料,势必有较高比例的库存商品。这样的存货结构可能反映企业一方面有大量库存产品积压,市场占有率差;另一方面原材料过少,可能开工不足。

2. 同往年比较,2024 年公司委托加工物资占整个存货的比例由原来的 10% 左右提高到了 20%,提高了一倍,这说明什么?作为一个加工企业,委托加工物资增加,表明该企业有更多的加工劳务外包,自身加工能力不足或者萎缩,若进一步发展,则表明公司可能失去了核心竞争力的相关技术,发展成为"买原料—找人加工—卖产品"的服务模式。

3. 2021—2024 年,该企业的库存商品一直占到存货总量的 50% 左右,对于铸造类企业来说,由于铸件来源于模具规格型号,故销售方式为"以销定产",即使有较多的存货,也是客户预订好的,一般不会成为呆滞品,跌价概率非常小。2024 年,库存商品比例提高到 58%,提高了近 10 个百分点,是不是企业仍然保留有"以销定产"的无跌价风险呢?这就需要我们去探究。通过数据我们发现,"存货跌价准备"的比重提高了,这就说明存货的跌价风险在增加。如果这个时候我们能再去探究一下财务报表中的其他科目,如"应收账款"等及财务报表附注,我们可以从中发现更多的秘密。

二、应收账款分析

从表 2 - 12、表 2 - 13 可以看出,该企业的应收账款存在以下问题。

2 - 18 微课:
应收账款分析

1. 从表 2 - 13 关于应收账款周转率及周转天数的计算结果来看,该企业应收账款的周转率在连年提高,回收应收账款的速度在提高。但事实是否如此呢?从表 2 - 12 企业应收账款的账龄分布可以看出,从 2022 年到 2024 年,企业的应收账款总额没有大幅波动,但各年中 3 年以上应收账款占整个应收账款的比例却连年攀升,比率分别为 29.15%、42.89% 和 60.55%,从 3 年以上应收账款"雪球"的不断增大,我们可以看出,企业的应收账款回款状态非常差,从 3 年的数据来看,应收账款成为坏账的概率非常高。

2. 如果大胆地假设 2024 年时,该企业有 80% 的 3 年以上应收账款发生了坏账,那么这一"定时炸弹"的"引爆"将直接使企业净利润减少 604 万元,达到了当年销售收入的 26.79%。

2 - 19 案例:
隐藏在应收
账款中的秘密

总之,单纯的应收账款总额大,未必是大问题,有可能是由于企业的销售收入提高了，因为应收账款的增幅与销售收入的增加有必然的联系。但如果当年应收账款增长率高于销售收入增长率，则至少说明企业回笼资金较慢。如果连续数年账龄较长的应收账款逐渐增多，而销售收入的增长有限，则说明问题正在恶化。

活动5　财务报表综合分析

【知识准备】

　　财务比率只是分析财务报表的工具，而不是分析的本身。就像医生看病一样，这些比率好比是血压、脉搏、心跳、体温等，是医生检查身体及诊断疾病的参考。医生在诊断时，不能简单地认为体温升高就是感冒，血压升高就是得了高血压，而是要考虑整个身体的状况，综合分析才能作出正确的判断。同样，分析企业偿债能力时，仅仅依靠几张财务报表和计算几个财务比率，是不可能得出一个合理的综合性结论的。利用财务比率分析财务报表时，不能以单一数据的好坏就妄下结论，而要考虑企业的整体状况，让数据变得富有逻辑。选择一些关联比率，把它们纳入一个有机的整体之中，进行相互关联的分析，从而对企业经济效益的优劣作出准确的评价和判断。综合财务分析的方法很多，这里介绍杜邦财务分析法。

　　杜邦财务分析法是利用多种财务比率指标间内在的联系，对企业财务状况及财务业绩进行综合分析评价的一种方法。该方法是以净资产收益率为龙头，以总资产报酬率为核心，重点揭示企业的获利能力及其原因。杜邦财务分析法因其最初由美国杜邦公司创立并成功运用而得名。利用这种方法进行综合分析时，可以把各项财务指标的关系绘成杜邦分析图，如图2－5所示。

【实践操作】

　　1. 请根据活动3中计算出的财务指标，按照杜邦财务分析法对中瑞实业有限公司的财务状况和经营情况进行综合分析。

　　2. 各小组利用项目一中收集的企业资料，根据前面活动中的分析结果，按照杜邦财务分析法对其财务状况和经营情况进行综合分析，评价企业的偿债能力。

【问题探究】

杜邦财务分析法

　　杜邦财务分析法是对企业财务状况的综合分析。通过它可以全面、系统、直观地反映企业的财务状况，从而大大节约分析人员的时间。杜邦财务分析图可以说明以下几个问题。

　　1. 净资产收益率。净资产收益率是一个综合性最强的财务比率，是杜邦体系的核心。其他各项指标都是围绕这一核心，通过研究彼此间的依存制约关系来揭示企业的获

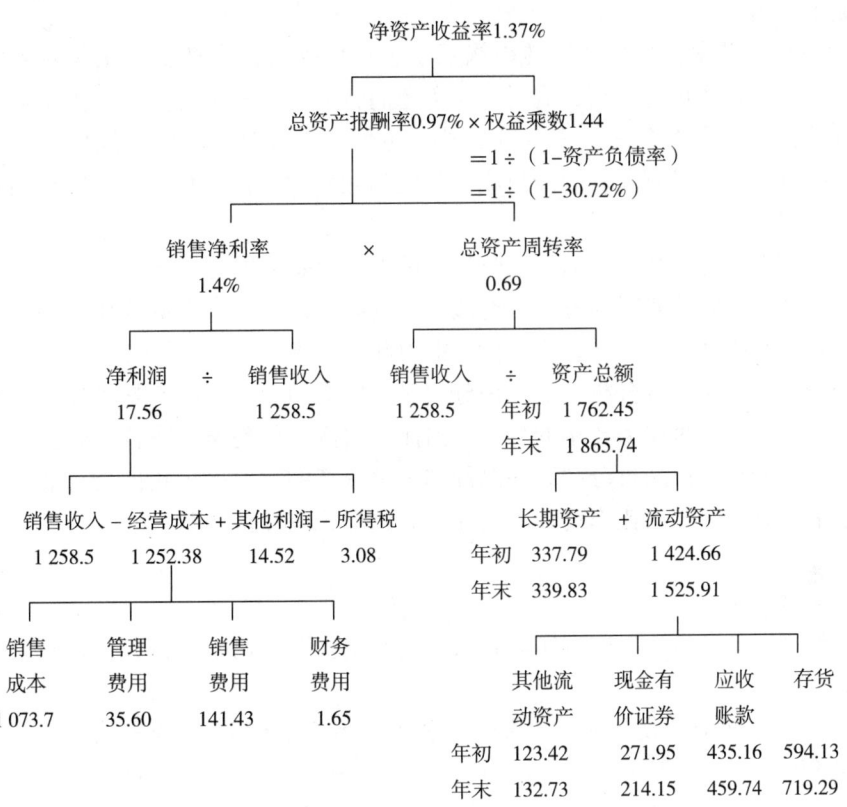

图2-5 杜邦财务分析法示例

利能力及其前因后果。

因为：净资产收益率＝总资产报酬率×权益乘数

而且：总资产报酬率＝销售净利率×总资产周转率

所以：净资产收益率＝销售净利率×总资产周转率×权益乘数

从公式上看，净资产收益率取决于三个因素：销售净利率、总资产周转率和权益乘数。这样分解之后，可以把净资产收益率这样一项综合指标发生增减变化的原因具体化，比只用一项综合性指标更能说明问题。

2. 权益乘数。权益乘数表示企业的负债程度，其受资产负债率的影响，负债比例大，权益乘数就高。在资产总额不变的情况下，适当开展负债经营，可以相应减少所有者权益所占的份额，提高权益乘数，给企业带来较大的财务杠杆利益；在权益总额及资金结构相对稳定的情况下，加速资产周转，也可以提高企业的偿债能力和盈利能力。

3. 总资产报酬率。总资产报酬率是影响净资产收益率的重要指标，具有很强的综合性，而总资产报酬率又取决于销售净利润率和总资产周转率。因此，要进一步从销售成果和资产运营两个方面来分析总资产报酬率。

4. 销售净利率。销售净利率反映了企业净利润与销售收入的关系。提高销售净利率是提高企业盈利的关键，而提高这个比率有两个主要途径：一是扩大主营业务收入，二是降低成本费用。

5. 总资产周转率。总资产周转率揭示了企业所拥有的资产实现销售收入的综合能力。对总资产周转率进行分析，需对影响资产周转的各因素进行分析。除了对资产的各构成部分从占用量是否合理上进行分析外，还可以通过对流动资产周转率、存货周转率、应收账款周转率等有关各资产组成部分使用效率的分析，判明影响资产周转的主要问题出在哪里。

通过杜邦财务分析法自上而下的分析，可以了解企业财务状况的全貌，以及各项财务指标间的关系，查明各项财务指标增减变动的影响因素及存在的问题，为优化企业经营结构、资产结构和资金结构，提高偿债能力和盈利能力奠定了基础。

应当指出，杜邦财务分析法是一种分解财务比率的方法，而不是另外建立新的财务比率，它可以用于各种财务比率的分解。前面的举例，仅是通过净资产收益率的分解来说明问题，我们也可以通过分解利润总额和全部资产的比率来分析问题。总之，杜邦财务分析法的关键不在于对比率的计算而在于对比率的理解和运用。

👉 【案例解析】

按照杜邦财务分析法对中瑞实业有限公司的主要财务比率进行分析，有关财务比率值计算如下：

净资产收益率 =	销售净利率 ×	总资产周转率 ×	权益乘数
2024 年	1.37%	1.40%	69.3%	1.44
2023 年	0.68%	0.93%	55.6%	1.38
2022 年	2.08%	2.56%	64.6%	1.26
行业	−12%	−9.51%	61%	2.07

该公司的净资产收益率 2022 年为 2.08%，2023 年下降到 0.68%，2024 年回升到 1.37%。从销售净利率、总资产周转率和权益乘数三个方面分析原因。

1. 销售净利率。销售净利率 2022 年为 2.56%，2023 年为 0.93%，下降幅度很大，反映了企业盈利能力下降成为影响净资产收益率的最不利因素。销售净利率的高低要考虑销售利润率（毛利率）与销售成本两个因素。该企业 2022 年与 2023 年的销售利润率分别为 14.94%、12.54%，而销售利润率下降的原因可能是售价降低或者生产成本提高。实际上，该企业正是在激烈竞争中实施了低价策略，严重影响了盈利水平。2024 年，该企业销售净利率回升到 1.40%，未恢复到 2022 年的水平，但销售利润率回升到 14.89%，接近 2022 年的水平。该企业 2024 年销售毛利润率高而销售净利率低，可以推导出该企业销售利润的提高是基于高额的营业费用投入。因此，判断该企业的经营状况能否好转，关键是判断其销售势头能否维持、销售费用是否能够得到有效控制。

2. 总资产周转率。该企业的总资产周转、应收账款周转率与存货周转率也对净资产收益率产生影响。2023 年总资产周转率为 55.6%，与 2022 年的 64.6% 相差较大，2024 年回升到 69.3%，超过 2022 年的水平，反映该企业资产的经营效率已经较好地恢复了。

3. 权益乘数。该企业三年的权益乘数分别为 1.26、1.38 和 1.44，持续上升。对企业而言，权益乘数有放大净资产收益率的作用，同样的销售净利率，权益乘数越大（即负债越多），则净资产收益率越高。对银行而言，权益乘数越高意味着企业的自有资本越少，银行风险越大。该企业的权益乘数逐年提高，应引起银行重视。

将该企业与行业平均值对比，其净资产收益率、盈利能力和资产运营效率好于行业平均水平，同时偿债风险（权益乘数）低于行业平均水平。该企业在同行业中属于较好的企业。但应该注意，该行业全行业严重亏损，应加紧对行业风险的评估。

【知识链接 2 - 4】

财务比率综合评分法

在进行财务指标分析时，人们遇到的一个主要困难就是计算出财务比率之后，无法判断它是偏高还是偏低。与本企业的历史比较，也只能看出其自身的变化，却难以评价其在市场竞争中的优劣地位。为了弥补这些缺陷，亚历山大·沃尔在其于 20 世纪初出版的《信用晴雨表研究》和《财务报表比率分析》等著作中提出了信用能力指数的概念，将流动比率、产权比率、固定资产比率、存货周转率、应收账款周转率、固定资产周转率、自有资金周转率七项财务比率用线性关系结合起来，并分别给定了其在总评价中所占的分数比重，总和为 100 分。然后通过与标准比率进行比较，确定各项指标的得分及总体指标的累计分数，从而对企业的信用水平作出评价。

沃尔比重评分法从理论上讲有一个明显问题，就是没有证明为什么要选择这七个指标，而不是更多或者更少，或者选择别的财务比率，以及未能证明每个指标所占比重的合理性。

从技术上讲沃尔比重评分法也有一个问题，就是某一个指标严重异常时，会对总评分产生不合逻辑的重大影响。这个问题是由财务比率与其比重相乘引起的。财务比率提高 1 倍，评分增加 100%；而缩小 1 倍，其评分只减少 50%。尽管如此，沃尔比重评分法还是在实践中被广泛应用。表 2 - 14 是采用沃尔比重评分法对某公司财务状况的评分结果。

表 2 - 14　　　　　　　　　　沃尔比重评分法

财务比率	比重 ①	标准比率 ②	实际比率 ③	相对比率 ④ = ③/②	得分 ⑤ = ①×④
流动比率	25	2	2.33	1.17	29.25
净资产/负债	25	1.5	0.88	0.59	14.75
资产/固定资产	15	20.5	27.33	1.33	19.95
销售成本/存货	10	8	12	1.50	15.00
销售额/应收账款	10	6	10	1.67	16.70
销售额/固定资产	10	4	2.66	0.67	6.70
销售额/净资产	5	3	1.63	0.54	2.70
合　计	100				105.05

受沃尔比重评分法的启发，后来有许多人研究将多个指标综合起来进行评价的方法，即通过将企业财务比率按照一定的权重，确定各项指标的得分及总体指标的累计得分，从而对企业的财务状况作出总体评价。

综合评价的主要问题是指标的选取、权重的分配、标准比率的确定以及评价指标的综合。

1. 指标的选取。综合评价的首要问题是确定选择指标。现代社会与沃尔的时代相比，已有很大变化。当时的财务分析主要是为银行家服务，偿债能力被放在首位。现在人们更重视盈利能力，盈利能力决定了偿债能力，尤其是长期偿债能力。因此，在综合评价时盈利能力是最重要的，其次才是偿债能力。

（1）反映盈利能力的指标。反映盈利能力的财务比率有很多，选择哪个或哪几个比率参加评价，是一个尚未很好解决的问题。不过，好在对盈利的表达只有三种基本形式，在评价时都应给予一定的地位。

产品盈利能力：营业收益/销售收入，它与资产的周转无关；

总资产盈利能力：息税前收益/总资产，它与资产周转有关，但与资本结构无关；

股权投资的盈利能力：税后利润/所有者权益，它综合了企业的全部盈利能力。

（2）反映偿债能力的指标。

流动比率：反映短期偿债能力；

已获利息倍数：反映长期偿债能力；

资本结构：净权益/总资产，反映长期偿债能力。

（3）反映资产周转能力的指标。资产的周转情况既影响盈利能力，也影响偿债能力，应当纳入评价范围。其中，最重要的是应收账款和存货的周转情况。

（4）反映成长能力的指标。

销售增长率：（本期销售 – 基期销售）／基期销售；

净利增长率：（本期净利 – 基期净利）／基期净利；

人均净利增长率：（本期人均净利 – 基期人均净利）／基期人均净利。

2. 权重的分配。已经纳入评价范围的指标，如何分配权重，也会影响评价结果。通常，在四类指标间按4:2:2:2来分配比重。盈利能力最重要，分配比较大的比重；其他指标相对的重要性较差，占的比重较小。分配的权重可以根据评价目的调整，特别关心偿债能力的人可以加大偿债能力指标的权重。这种分配是主观判断的结果。

3. 标准比率的确定。标准比率通常应以本行业的平均数为基础，适当进行理论修正。行业的平均财务指标可以通过政府机构、行业协会或专业评价机构获得。

4. 评价指标的综合。评价指标的综合主要是解决从差异到评分的换算问题。为了克服沃尔比重评分法个别指标异常变动过大的缺点，可以采取两个办法：一是为差异规定上限和下限，以减少个别指标对总分的不合理影响，上限可规定为正常值的1.5倍，下限为正常值的1/2；二是给分时不采用乘的关系，而采用加的关系处理。

例如，总资产净利率的行业平均值为10%，标准评分为20分；行业最高比率为20%，最高得分为30分，则每分值的财务比率差额为1%。即

$$（20\% - 10\%）÷（30分 - 20分）=1\%$$

活动6　现金流量分析

【知识准备】

> 为什么要分析客户的现金流量？为什么利润不能直接偿还银行贷款？为什么权责发生制导致利润与现金流量产生差异？

　　客户信用分析的核心是判断借款人偿还贷款的可能性有多大，还款能力如何。有的企业虽然利润表上反映的经营业绩很可观，但财务困难，不能偿还到期债务；而另一些企业虽然利润表上反映的经营成果并不理想，但却有足够的偿付能力。因此，利润是偿还贷款的来源，但不能直接用来偿还贷款，偿还贷款最可靠的是现金。资产负债表能够反映企业某一特定日期的财务状况，但无法解释财务状况形成的原因。利润表通过反映企业的经营成果，能够解释财务状况形成的原因，但利润不等于现金。现金流量表则能够反映企业在一定期间内从哪些方面取得现金，在哪些方面使用现金。人们常说"现金为王"，现金流量表能够说明企业有多大的"为王"能力。

　　现金流量是指企业某一时期现金流入和流出的数量。这里的现金是广义的现金概念，包括企业的库存现金、可随时用于支付的存款以及现金等价物。其中，库存现金是指企业持有可随时用于支付的现金限额；现金等价物是指企业持有的期限短、流动性高、易于转换为已知金额的现金并且价值变动风险很小的短期投资，通常是指购买的在3个月或更短时间内即到期或可转换为现金的投资；企业存在金融企业的随时可以用于支付的存款属于现金的范畴，但不能随时支取的定期存款和已办理质押的活期存款，不包括在现金范围之内。

　　现金流量一般可以分为三类：经营活动产生的现金流量、投资活动产生的现金流量和筹资活动产生的现金流量。

　　表2-15、表2-16和表2-17分别反映了企业的经营活动、投资活动和筹资活动与现金流量的对应关系。

表2-15　　　　　　　　经营活动与现金流入、现金流出的对应关系

经营活动	现金流入	现金流出
购销	销售商品、提供劳务收到的现金及增值税销项税额	购买商品、接受劳务支付的现金及增值税进项税额
工资		支付给职工以及为职工支付的现金
租赁	收到的租金	经营租赁支付的租金
所得税		支付的所得税
其他税	收到的除增值税以外的其他税费返还	支付的除增值税、所得税以外的其他税费
其他	收到的其他与经营活动有关的现金	支付的其他与经营活动有关的现金

表 2 – 16　　　　投资活动与现金流入、现金流出的对应关系

投资活动	现金流入	现金流出
购建、处置	处置固定资产、无形资产和其他长期资产收到的现金净额	购建固定资产、无形资产和其他长期资产支付的现金
	收回投资收到的现金	
权益性投资	分得股利或利润收到的现金	权益性投资支付的现金
债权投资	取得债券利息收入收到的现金	债权性投资支付的现金
其他	收到的其他与投资活动有关的现金	支付的其他与投资活动有关的现金

表 2 – 17　　　　筹资活动与现金流入、现金流出的对应关系

筹资活动	现金流入	现金流出
权益性投资	吸收权益性投资收到的现金	减少注册资本所支付的现金
投资		分配股利或利润所支付的现金
		筹资费用①所支付的现金
发债或借款	发行债券收到的现金	偿还利息②所支付的现金
	借款收到的现金	偿还债务③所支付的现金
		融资租赁支付的现金
其他	收到的其他与筹资活动有关的现金	支付的其他与筹资活动有关的现金

注：①筹资费用既包括发行股票引起的费用，也包括发行债券引起的费用。
②偿还利息包括债券和借款利息。
③偿还债务包括借款和债券的本金。

 【实践操作】

　　各小组利用项目一中收集的企业资料，根据其现金流量表，结合资产负债表和利润表及其他相关材料对其进行现金流量分析，进一步了解该企业的偿债能力。

2–20 微课：
现金流量表分析

 【问题探究】

现金流量表的分析内容

　　现金流量表分析的内容概括起来主要是回答三个问题：（1）企业现金从何而来？（2）企业现金用于何方？（3）现金余额发生了什么变化？

　　在现金流量表中，现金流入就是所有能增加现金资产的交易。现金流出就是所有会减少现金资产的交易。任何负债的增加或非现金资产的减少都是现金流入。任何负债的减少或非现金资产的增加都是现金流出。由于企业编制的资产负债表和利润表是按应计额而不是按现金基础编制的财务报表，收入和支出是按权责发生制记账，而不是按收付实现制记账，这就需要把原来的资产负债表和利润表的数据合并到以现金为基础的收益

表中，通过调整计算，最后得出业务中的现金流量，用于说明企业能否偿付其债务。

所以，信贷人员拿到企业的现金流量表后，要仔细阅读，分析其各个项目的现金流入量、流出量是否正常，现金净流量的正负值与资产负债表中相关项目的增减是否一致，如有疑问应查明原因，首先应重点审查以下内容。

一、经营活动产生的现金流量

审查其当期销售商品、提供劳务收到的现金以及购买商品、接受劳务支付的现金是否全额入账。

如果经营活动现金流量的稳定性、再生性好，可由经营活动现金流量的规模大小推测融资策略：经营活动现金流量一般情况应占较大比例，说明企业从生产经营中获得现金的能力较大，是属于利润型融资策略；经营活动现金流量所占比例小说明企业资金主要依赖增加资本或对外借款，是属于金融型融资策略。

2-21 案例：
通过企业
现金流分析，
发现经营风险

通过流入与流出的对比，推测现金适应能力。在正常情况下，当期经营活动现金流入首先应满足生产经营的基本支出，如购买原材料与商品，支付经营费用、工资、福利费，缴纳税金等，然后才用于偿付债务或扩大投资。流入远远大于流出反映企业成长和支付能力较强；流入远远小于流出说明企业经营活动的现金适应能力差，财务困难。

通过与收入、利润对比，了解收入与利润的质量。销售所获现金流入与当期销售收入之比高，说明回款及时，企业经营质量高；反之，说明企业经营质量差，坏账发生的可能性大，必须关注其资产质量。经营活动的现金流量与净利润之比高，说明企业经营质量高。通过购货现金与销货成本对比，判断企业的付现成本情况：购货现金与销货成本之比大于1，说明不仅支付了本期全部账款，而且还了以前的欠款，虽现金流出多，但树立了信誉；购货现金与销货成本之比小于1，表明赊购多，虽节约了现金，但形成了偿债压力。

二、投资活动产生的现金流量

审查其是否按计划和规定用途购建固定资产，收到的投资返利是否按规定入账。

若流入大于流出：或者是由于企业变现了大量的固定资产，如果这些资产是闲置或多余的，这种变现对企业的经营是有利的，否则说明企业的经营或偿债可能出现了困难，不得不靠处理固定资产来维持经营和偿还债务；或者是由于企业经营困难或环境变化，不得不开始收缩投资战线，集中资金克服经营困难或解决其他问题；或者是二者的结合。

若流出大于流入：或者是由于企业实施了投资扩张的政策，这是企业获得新的投资、获利和发展机会的表示，但要与投资效益结合起来考察；或者是由于企业前期投资收益的品质较差；或者是二者的结合。

判断投资收益质量：看投资现金收益占投资收益的比重来推测企业投资政策的变化。投资活动的现金净流出量大，反映企业实施了投资与经营扩张政策，说明企业可能面临新的投资和发展机遇；投资活动和现金净流入量大，反映企业实施了投资与经营收缩政策，说明企业内部经营可能出现困难或企业调整经营政策或企业对外投资出现问题等。

三、筹资活动产生的现金流量

审查其筹措的资金对企业资本及债务规模和构成产生的影响，筹资成本是否适中。

一般情况下，如果企业筹资活动的现金流入明显地大于现金流出，说明企业吸收资本或举债的步伐加快，联系投资的净现金流量，如果投资的净现金流出也非常明显的话，则意味着企业加快了投资和经营扩张的步伐，这说明企业有了扩大获利的机会；联系经营活动的现金净流量，如果经营活动的现金净流出也明显的话，则说明企业吸收资本或举债的资金部分补充了经营活动的现金支出。

从三种活动的现金流量综合来看，我们可以对不同的现金净流量构成情况做一个概括性的分析。表2-18给出了基本的8种现金流量构成情况，表中的"＋"号表示该类现金流量为正，并且数额较大，"－"号表示该类现金流量为负，并且数额较大。我们在这里不讨论现金流量接近于零的情况。

表2-18　　　　　　　　　　　现金净流量构成分析

序号	经营活动产生的现金流量	投资活动产生的现金流量	筹资活动产生的现金流量	原因分析
1	＋	＋	＋	如果投资活动的现金主要来自投资收益，则企业经营和投资效益状况良好。这时仍然进行融资，如果没有好的投资机会，可能造成资金的浪费。如果投资活动的现金流量主要来自投资项目的处置、收回，则另当别论。
2		＋	－	如果投资活动的现金主要来自投资收益，则企业的经营和投资活动进入良性循环阶段。融资活动虽然进入偿还期，但财务状况尚比较安全，一般不会发生债务危机。如果投资活动的现金流量主要来自投资项目的处置、收回，则另当别论。
3	＋	－	＋	企业经营状况良好。在内部经营稳定进行的前提下，通过筹集资金进行投资，企业往往是处于扩张时期，应注意分析投资项目的盈利能力及可行性。
4		－	－	企业经营状况良好。一方面在偿还以前债务，另一方面又要继续投资。应关注企业经营状况的变化，防止经营状况恶化导致财务状况恶化。
5		＋	＋	经营活动创造现金的能力较差，主要靠借债维持生产经营的需要。应着重分析投资活动现金净流入是来自投资收益还是来自收回投资，如果是后者则形势严峻。
6	－	＋	－	经营活动已经发出危险信号，如果投资活动的现金流入主要来自收回投资，则企业已经处于破产的边缘，需要高度警惕。
7		－	＋	企业靠借债维持日常经营和生产规模的扩大，财务状况很不稳定。假如是处于投入期的企业，一旦渡过难关，还有可能发展；如果是处于成长期或稳定期的企业，则非常危险。
8		－	－	企业财务状况非常危险。这种情况往往发生在高速扩张时期，由于市场变化导致经营状况恶化，加上扩张时投入了大量资金，企业陷入进退两难的境地。

【知识链接 2 - 5】

<h3 style="text-align:center">如何计算现金流量</h3>

利润表是按照权责发生制核算的。权责发生制的核心是"两个凡是"：凡是属于本期的收入和支出，不论款项是否在本期收支，都应当作为本期的收入和支出；凡是不属于本期的收入和支出，即使款项在本期收支，也不应作为本期的收入和支出。这样，本年度利润表中列示的项目比如销售收入可能大于、等于或小于现金流量表中列示的销售商品收到的现金。事实上，权责发生制准确地核算了利润，但使利润产生了风险，因为其中有的收入还没有收到现金，同时有的支出未支付现金。所以，为了更准确地判断企业的还款能力，需要将企业的利润调整为现金。

一、调整步骤

1. 计算资产负债表各科目期初数与期末数的变动情况，即变动数 = 期末余额 - 期初余额。

2. 确定科目变动引起的是现金流入还是现金流出。一般而言，以下规则成立：非现金资产的增加意味着现金减少，如用现金购买存货或固定资产；非现金资产的减少意味着现金增加，如收回应收账款或长期投资。负债增加会发生现金增加，如取得借款或发行债券；负债的减少则引起现金减少，如偿还应付账款或银行贷款。所有者权益的增加意味着现金增加，如发行股票；所有者权益的减少则引起现金减少，如减少注册资本。概括如表 2 - 19 所示。

表 2 - 19　　　　资产、负债和所有者权益与现金流入、现金流出的关系

项目	变动	
	增加	减少
资产	现金流出	现金流入
负债和所有者权益	现金流入	现金流出

3. 调整损益科目。在确定资产负债表中的科目变动是引起了现金增加还是减少后，调整利润表中的科目，即

$$收入 - 资产增加额 = 现金流入$$

（如：销售收入 - 应收账款增加额 = 销售商品所收到的现金）

$$成本 - 负债增加额 = 现金流出$$

（如：销售成本 - 应付账款增加额 = 购买商品所支付的现金）

二、方法

一般地，投资活动与筹资活动的现金流量计算比较简单，较为复杂的是经营活动现金流量的计算。它有两种方法：直接法和间接法。

（一）经营活动产生的现金流量

1. 直接法。又称为"自上而下"法，即以销售收入为起点，将利润表中的项目与

资产负债表中的有关科目逐一核对，逐项调整，得出相应的现金流量。在利润表中，第一项是销售收入，依次为销售成本、销售费用等，因此运用直接法就是将销售收入与应收账款对应调整得出销售商品、提供劳务所收到的现金，将销售成本与应付账款、存货对应调整得出购买商品、接受劳务支付的现金等，如表 2−20 所示。

表 2−20　　　　　　　　　　直接法下经营活动现金流量的计算

利润表	资产负债表	现金流量表
销售收入	应收账款、预收账款	销售商品收到的现金
−销货成本	存货、应付账款、预付账款	购买商品支付的现金
=销售利润		
+其他业务利润		收到的其他与经营活动有关的现金
−销售费用、管理费用		支付的其他与经营活动有关的现金
−财务费用		
=营业利润		
+投资收益		
+营业外收支净额		
−所得税	应交所得税	支付的所得税
=净利润		=经营活动现金流量

2. 间接法。又称为"自下而上"法，即以利润表中的最末一项净利润为起点，加上没有引起现金流出的费用和引起现金流入的资产负债表项目的变动值，减去没有引起现金流入的收入和引起现金流出的资产负债表项目的变动值，计算如表 2−21 所示。

表 2−21　　　　　　　　　　间接法下经营活动现金流量的计算

净利润
+固定资产折旧
无形资产摊销
计提的坏账准备或转销的坏账
财务费用
△应付账款
△应付税金
−投资收益
处置固定资产、无形资产和其他长期资产的收益
△应收账款
△存货
=经营活动产生的现金流量净额

在表 2−21 中，之所以要加上固定资产折旧、无形资产摊销和计提的坏账准备或转销的坏账，是因为这些项目属于费用在计算净利润时进行了扣除，但是它们尚未引起实

际的现金流出；之所以要加上财务费用，是因为它作为费用在计算净利润时进行了扣除，但是它引起的现金流出属于筹资活动的现金流出而不属于经营活动的现金流出；应付账款和应付税金的调整则是因为它们减少了由销售成本和缴纳税金引起的现金流出；之所以要扣除投资收益及处置固定资产、无形资产和其他长期资产的收益，是因为它们作为投资收益和营业外收入在计算净利润时是加项，但实际上它们引起的现金流入属于投资活动的现金流入而不属于经营活动的现金流入；应收账款的调整是因为它的增加使销售商品收到的现金（流入）减少，存货的调整是因为它的增加引起了购买商品支付的现金（流出）增加。

我们看到，直接法给出了企业经营活动中现金流入的具体来源及其金额和现金流出的具体去向及其金额；间接法则显示了以权责发生制为基础的净利润与经营活动现金净流量之间的差别。前者有利于报表使用者预测企业未来的现金流量，后者则使报表的编制较为简单。

（二）投资活动产生的现金流量

投资活动产生的现金流量采用直接法填列。这部分现金流量来源于固定资产、无形资产、长期投资等资产账户的变化和分得股利、利润以及取得债券利息的收入。收回投资、处置资产和得到股利及利息等形成现金流入，购建资产和对外进行权益性、债权性投资引起现金流出。例如，某一企业 2023 年分得股利 100 万元，这使得其投资活动的现金流入增加 100 万元；同时，该企业在本年度内新购置固定资产 120 万元，其投资活动的现金流出增加 120 万元。

（三）筹资活动产生的现金流量

筹资活动产生的现金流量采用直接法填列。企业筹资活动的现金流量来源于短期借款、长期负债、资本金等的变化和对外进行融资租赁等。借款、发行股票和债券形成现金流入，而还款、付息、减少资本、分配利润和支付筹资费用则引起现金流出。例如，某公司在 2022 年发行了股票 10 000 万元，这使得其本年度的现金流入增加 10 000 万元，同时，它偿还了银行贷款 1 500 万元，这使得其本年度的现金流出增加 1 500 万元。

从以上看出，现金流量来源于经营活动、投资活动和筹资活动，但要注意的是并不是所有的这些活动都会引起现金流入和现金流出。具体讨论如下：

（1）经营活动一般会引起现金的流入或流出。

（2）不涉及现金流入和现金流出的投资和筹资活动主要包括以固定资产偿还债务、以投资偿还债务、以固定资产进行投资、以存货偿还债务等。虽然这些活动不涉及当期的现金收支，但是会影响未来的现金流量。

三、案例分析：A 公司的现金流量计算

（一）经营活动产生的现金流量

让我们首先用直接法来计算该公司经营活动的现金流量。

1. 销售商品收到的现金。A 公司 2024 年底的应收账款余额为 40 000 万元，2023 年底的余额是 25 500 万元，因此应收账款的增加额是 14 500 万元。该公司 2024 年度的销售收入是 160 000 万元，则有：

销售收入	160 000
－应收账款的增加	14 500
＝销售商品收到的现金	145 500

在上式中，应收账款的增加是扣除项，因为它意味着销售收入中有一部分尚未收回现金。

2. 购买商品支付的现金。比较该公司 2024 年底与 2023 年底的应付账款和存货的余额，其应付账款和存货分别增加了 7 500 万元和 9 000 万元。该公司 2024 年度的销售成本是 64 000 万元，购买商品支付的现金计算如下：

销售成本	64 000
－应付账款的增加	7 500
＋存货的增加	9 000
＝购买商品支付的现金	65 500

在上式中，应付账款的增加减少了购买商品支付的现金，而存货的增加则增加了购买商品支付的现金，因此前者是减项，后者是加项。

3. 支付的所得税。在该案例中，没有应计税金，因此支付的所得税就是利润表中的 13 000 万元。

4. 支付的其他现金。在现金流量项目归并中，销售费用、管理费用属于支付的其他现金，这样该公司支付的其他现金为 66 000 万元。

（二）投资活动产生的现金流量

1. 收回投资收到的现金。该公司 2024 年底的长期投资余额为 4 000 万元，2023 年底为 6 000 万元，投资收益中长期投资收益为零，因此收回投资所收到的现金为 2 000 万元。

2. 处置固定资产和其他长期资产收到的现金净额。在利润表中，A 公司的营业外净收入为 5 000 万元，全部为处置固定资产收到的现金净额。处置其他长期资产收到的现金为 8 000 万元。

3. 处置固定资产支付的现金。该公司 2024 年初固定资产净值为 16 000 万元，本年度提取折旧 2 000 万元，2024 年底固定资产净值为 15 000 万元，因此购置固定资产所支付的现金计算如下：

2024 年初固定资产净值	16 000
减：2024 年度提取折旧	2 000
得：剩余固定资产净值	14 000
2024 年底实际固定资产净值	15 000
得：2024 年新购置固定资产	1 000

4. 支付的其他现金。该公司 2024 年底的其他负债余额比 2023 年底少 4 500 万元，因此支付的其他现金为 4 500 万元。

（三）筹资活动产生的现金流量

1. 借款收到的现金。A公司短期借款余额从2023年底的7 800万元增加至2024年底的12 400万元，因此借款收到的现金为4 600万元。

2. 分配股利支付的现金。该公司2024年初所有者权益为20 700万元，本年度实现的净利润为20 000万元，2024年底所有者权益为26 100万元，因此，分配的股利为

2024年初所有者权益	20 700
加：2024年度净利润	20 000
小计	40 700
减：2024年底所有者权益	26 100
得：分配股利所支付的现金	14 600

综合以上得出2024年度该公司的现金流量表（见表2-22）。

表2-22　　　　　　　　　　A公司现金流量表
2024年度　　　　　　　　　　　　　单位：万元

项　　目	金　　额
一、经营活动产生的现金流量：	
销售商品收到的现金	145 500
现金流入小计	145 500
购买商品支付的现金	65 500
支付的所得税	13 000
支付的其他与经营活动有关的现金	66 000
现金流出小计	144 500
经营活动产生的现金流量净额	1 000
二、投资活动产生的现金流量：	
收回投资所收到的现金	2 000
处置固定资产、其他长期资产而收到的现金净额	13 000
现金流入小计	15 000
购建固定资产支付的现金净额	1 000
支付的其他与投资活动有关的现金	4 500
现金流出小计	5 500
投资活动产生的现金流量净额	9 500
三、筹资活动产生的现金流量：	
借款所收到的现金	4 600
现金流入小计	4 600
分配股利所支付的现金	14 600
现金流出小计	14 600
筹资活动产生的现金流量净额	-10 000
四、现金及现金等价物净增加额	500

（四）用间接法计算经营活动的现金流量

对于 A 公司，2024 年实现的净利润为 20 000 万元，提取折旧为 2 000 万元，处置固定资产得到的收益为 5 000 万元；与 2023 年相比，应付账款增加了 7 500 万元，应收账款增加了 14 500 万元，存货增加了 9 000 万元，因此：

净利润	20 000
+折旧	2 000
应付账款的增加	7 500
−应收账款的增加	14 500
存货的增加	9 000
处置固定资产得到的收益	5 000
=经营活动产生的现金流量净额	1 000

我们看到，用间接法计算的经营活动现金流量净额等于直接法计算下的结果。

（五）计算结果的简要分析

该公司 2024 年度实现的净利润为 20 000 万元，是盈利的；同时，现金流量净额为 500 万元，是正的。

但是，为什么最终剩余的现金远远小于净利润呢？从现金流量表看，A 公司 2024 年从经营活动中得到了现金 1 000 万元，从投资活动中得到现金 9 500 万元，但是在筹资活动中净支付了 10 000 万元，说明筹资活动中的现金流出太多。

进一步分析我们发现，在筹资活动的现金流出中，股利分配 14 600 万元引起了现金流量不足。

现金流量的预测

经过计算和分析过去的现金流量，我们可以得出关于企业历史的现金流量状况及还款情况的一些结论。但是，与企业有关的内外部因素都在变化，都是变量，最终都会影响其未来的现金流量。比如，销售增长 5%，扩大费用开支 3%，其现金流量会如何变化呢？所以，我们在预测现金流量时要考虑内外部因素的变化。

影响企业未来现金流量的因素有以下两个方面。

1. 内部经营管理。我们知道，企业的现金流量主要来源于经营活动、投资活动和筹资活动三个部分，因此经营管理战略、目标以及销售、成本、费用、对内对外投资和借款的变化都会直接影响其未来的现金流量。

2. 外部因素。经济周期、市场供求、新竞争对手的出现、新管理条例的实施及自然灾害的爆发等外部因素都会影响企业的经营、投资和筹资活动，最终影响其现金流量。

因此，分析影响企业未来现金流量的因素要从内、外部两个层次考虑。当然，由于所在行业、生产经营的安排、受宏观经济的影响及其自身管理哲学等方面存在差异，不同企业影响现金流量的因素也不尽相同。

现金流量预测需要在研究有关历史数据的基础上，结合新获取的信息得出，具体步骤如下。

一、根据历史数据，得出影响企业以前期现金流量的主要因素及其影响的程度

（一）定量分析

举例说明如下。

例1：历史数据表明，应收账款的增加导致了现金流出，那么分析人员要分析其中有多少是扩大销售引起的，有多少是应收账款周转率下降引起的。

例2：历史数据表明，存货的增加导致了现金流出，那么分析人员要分析其中有多少是销售成本增加引起的，有多少是存货周转率下降引起的。

（二）定性分析

在定量分析的基础上，我们要进一步分析这些变化的原因。比如，在例1中，要分析销售量增加是行业增长率上升引起的还是企业市场份额增加引起的，应收账款周转率下降是企业为客户提供了更长的信用期引起的还是应收账款催收不力引起的。

二、分析影响企业以前期现金流量的因素的发展变化，进一步调查、研究，以确定影响企业未来现金流量的因素

在上面的两例中，我们要进一步确定哪些因素是长期存在的，哪些因素是短期的，哪些因素是企业可控制的，哪些因素是企业不可控制的，从而预测这些变量对企业未来现金流量的影响。一般而言，长期存在的因素对未来现金流量的影响与以前期基本相同，短期因素的影响则要进一步研究；可控制的因素对未来现金流量的影响取决于企业，不可控制因素的影响则有更大的不确定性。然后，要调阅企业的有关资料，与企业交谈，调查市场和行业，一方面确定曾经影响企业现金流量的因素将如何变化，另一方面得出影响企业未来现金流量的其他因素。

三、确定各因素对企业未来现金流量的影响程度到底有多大

（一）方法之一：按项目预测，即按照影响现金流量的项目逐一预测

1. 直线法（单变量法），即假设其他因素不变，只考虑单一变量。因此，该方法适用于经营和发展稳定的企业，如地区性批发零售企业和服务型企业。

例3：在近几年里，一家企业销售收入的年增长率持续在10%左右，如果市场份额和行业增长率不变，那么我们可以预测在未来一年里，销售收入仍将增长10%。

2. 综合法（多变量法），即综合考虑多个变量。在例3中，如果该企业的市场份额增加，行业增长率上升，那么其销售收入增长率会更大；如果市场份额下降，行业增长率也下降，那么其销售收入增长率也会下降；如果市场份额增加行业增长率下降，或者市场份额减少行业增长率上升，那么对其销售收入增长率需要做进一步研究。

按项目预测时，应该考虑的主要因素是：

（1）经营活动产生的现金流量。

销售：销售的增长速度影响销售利润；销售方式是赊销还是现销，直接影响应收项目的变化。

购货：购货方式是赊购还是现购，直接影响应付项目的变化。

费用控制：如果管理费用、销售费用等控制不力，就会增加企业的现金流出。

折旧：在会计上折旧的方法有多种，因此在预测现金流量时，要考虑折旧方法是否变化。

（2）投资活动产生的现金流量。

固定资产投资和处置：这与企业的发展战略和产品生命周期有关。

长期投资：企业长期投资的变化与其资本运行和多元化经营有关。

（3）筹资活动产生的现金流量。

股利发放：一般地，股利是按照税后利润的一定比例发放的，不能过高或过低。

直接融资计划：这方面的信息是容易获得的，因为企业应该向银行报告发行新股或债券的计划。

银行借款：银行应该掌握企业向其他银行申请借款的情况，或者申请贷款展期。

（二）方法之二：按部分预测

根据历史数据分析企业的经营、投资和筹资各部分现金流量的变化趋势，得出未来各部分的现金流量，进而得出企业的现金总流量。比如，通过对企业 2022 年、2023 年和 2024 年现金流量的趋势分析，我们发现企业经营活动的现金流量基本以每年 5% 的速度递增，投资活动的现金流量以每年 10% 的速度递增。

（三）方法之三：按项目预测与按部分预测相结合

如分析净利润、折旧、流动资产变动和流动负债变动以及投资和筹资活动现金流量的变化趋势，得出企业未来的现金流量。

四、根据现金流量模型，得出企业未来现金流量

五、案例分析：A 公司的现金流量预测

假定通过调查，我们得出 A 公司 2025 年的趋势如下：

销售将增长 10%；

公司改善了销售网，将存货周转天数从 114 天降至 100 天（2024 年存货余额为 20 000 万元）；

供应商不再提供较宽松的付款期，A 公司的应付账款周转天数不得不从 251 天降至 200 天（2024 年应付账款余额为 44 000 万元）；

销售费用与销售收入同比增长（2024 年销售费用为 6 000 万元）；

由于加强了管理，管理费用的增幅小于销售收入，预测为 8%（2024 年管理费用为 60 000 万元）；

长期投资不变；

没有出售固定资产，即营业外收入为 0；

提取折旧 2 000 万元；

新购置固定资产 2 000 万元；

取得银行借款 3 500 万元；

为满足扩大生产的需要，A 公司 2025 年将减少股利分配，预计股利分配额为 4 000 万元。

以下通过对项目的预测得出企业未来的现金流量。

（一）经营活动产生的现金流量

1. 销售商品收到的现金。2025 年销售收入增长 10%，将达到 176 000 万元；进一步假定 A 公司的销售方式没有变化，购货方的付款方式不变，因此应收账款增加额与销售收入同比增长，达到 15 950 万元。则销售商品收到的现金计算如下：

销售收入	176 000
-应收账款的增加	15 950
销售商品收到的现金	160 050

2. 购买商品支付的现金。我们可以合理地假定销售成本与销售收入同比增长：

2025 年销售成本 = 64 000 ×（1 + 10%）= 70 400（万元）

2025 年存货 = 销售成本 ÷ 365 × 存货周转天数 = 19 288（万元）

存货减少额为：20 000 - 19 288 = 712（万元）

2025 年应付账款 = 销售成本 ÷ 365 × 应付账款周转天数 = 38 575（万元）

应付账款的减少额为：44 000 - 38 575 = 5 425（万元）

购买商品支付的现金计算如下：

销售成本	70 400
+应付账款的减少	5 425
-存货的减少	712
购买商品支付的现金	75 113

3. 支付的所得税。我们仍假定不发生应计税金，所得税税率与上一年度相同，因此 2025 年支付的所得税计算如下：

销售费用 = 6 000 ×（1 + 10%）= 6 600（万元）

管理费用 = 60 000 ×（1 + 8%）= 64 800（万元）

税前利润 = 销售收入 - 销售成本 - 销售费用 - 管理费用 - 折旧 + 营业外收入 = 32 200（万元）

支付的所得税 = 32 200 ×（13 000 ÷ 33 000）= 12 685（万元）

4. 支付的其他现金。在现金流量项目的归并中，销售费用和管理费用属于支付的其他现金，这样 A 公司 2025 年度支付的其他现金为：

销售费用	6 600
+管理费用	64 800
支付的其他现金	71 400

（二）投资活动产生的现金流量

购置固定资产所支付的现金。A 公司 2025 年度购置固定资产支付的现金为 2 000 万元，因此投资活动的现金流出量为 2 000 万元。

（三）筹资活动产生的现金流量

借款收到的现金：A公司2025年借款收到的现金为3 500万元。

分配股利支付的现金：该公司2025年分配的股利为4 000万元。

综合以上得出2025年度该公司的现金流量表（见表2-23）。

表2-23 　　　　　　　　A公司2025年度现金流量表 　　　　　　单位：万元

项　目	金　额
一、经营活动产生的现金流量：	
销售商品收到的现金	160 050
现金流入小计	160 050
购买商品支付的现金	75 113
支付的所得税	12 685
支付的其他与经营活动有关的现金	71 400
现金流出小计	159 198
经营活动产生的现金流量净额	852
二、投资活动产生的现金流量：	
购建固定资产支付的现金	2 000
现金流出小计	2 000
投资活动产生的现金流量净额	-2 000
三、筹资活动产生的现金流量：	
借款所收到的现金	3 500
现金流入小计	3 500
分配股利所支付的现金	4 000
现金流出小计	4 000
筹资活动产生的现金流量净额	-500
四、现金及现金等价物净增加额	-1 648

（四）预测结果的简要分析

与上一年相比，为什么该公司2025年度的销售增长了10%，但是最终的结果却是出现现金不足1 648万元呢？

存货周转的加快有助于节约现金，但是原材料供应商提供的信用优惠期缩短却使得A公司不得不支付更多的现金。

2025年度分配的股利少于上一年，这是因为：一方面，本年度没有收回长期投资，也没有处置固定资产；另一方面，购置的固定资产多了，借到的银行贷款又少了。

应该认识到，预测的未来现金流量并不是精确的，企业的真实表现不可能完全与预测结果吻合。但是，它考虑了最主要的变量，以便于我们有目的地关注借款人的内外部因素，有助于我们判断其未来的偿债能力。同时，我们应该根据借款人面临的风险进行敏感性分析，对预测结果给出一个合理的变动范围。敏感性分析从以下几个方面入手：

（1）在企业内外部因素的假定中，哪些因素对还款能力有很大影响？

（2）这些假定的变化如何影响企业未来的经营管理？

（3）这些假定的变化最终怎样影响企业的现金流量和还款能力？

（4）在具体进行敏感性分析时，首先推测出关于各个因素假定向最好情况变化时和向最坏情况变化时的两种结果，然后综合得出最可能的结果。

任务三
企业非财务因素分析

一、为什么要进行非财务因素分析

非财务因素，是指企业借款人财务之外的影响其贷款偿还的相关因素。财务因素分析主要采用定量分析的手段，非财务因素分析则主要采用定性分析的手段。非财务因素分析重点分析影响贷款风险未来变化的各种非数据化信息。由于非财务因素分析可以不受会计信息局限性的影响，可以用来评价借款人的各种经营行为，而同时又可以避免财务指标进行货币化计量时存在的困难，因此它可以在一定程度上弥补财务分析的缺陷，对借款人现有的经营行为进行直接的描述，揭示其在未来指标上能得以反映的还款能力。实践中存在借款人的会计报表资料不完整和会计信息不真实的现象，甚至有些经营者采取造假手段，使财务报表无法真实地反映企业的经营状况。因此，非财务因素分析在贷款风险分析中就显得十分重要。

1. 非财务因素分析可以全面、动态地判断借款人的还款能力。财务因素分析和现金流量分析指标主要反映借款人历史及现在的经营状况，即侧重于对借款人历史还款能力的判断。但借款人的经营与财务状况受其行业风险、经营风险和管理水平等各种因素的影响与作用，始终处于不断变化之中。当前的经营与财务状况是建立在过去财务状况的基础上，是非财务因素影响作用的结果。未来的经营与财务状况则是过去、目前和将来种种因素影响与作用的结果。当前的非财务因素可能就是未来贷款风险的预警信号。银行如果要等待用财务报表来了解借款人的运行情况，往往就已经太晚了。所以，对影响借款人还款能力的各种非财务因素进行综合分析，评价现金流量等财务指标的影响方向和影响程度，有助于增强预测分析的可靠性，从而对借款人的还款能力作出更加全面、客观的预测和动态的评估。

2. 非财务因素分析可以全面评估贷款偿还的可能性。有些贷款的偿还发生逾期往往不是借款人缺乏还款能力，无力偿还贷款本息，而是借款人缺乏还款意愿，有钱不还；或者是由于银行贷款管理方面出现了问题，如缺乏对贷款的严格监督和有力催收等。还款能力是决定贷款偿还的根本性因素，但并不是唯一的因素。因此，我们不仅要关注借款人的还款能力，而且要对借款人的还款意愿、银行信贷管理等其他影响贷款偿还可能性的诸多非财务因素进行分析，只有这样，才能全面评估贷款偿还的可能性。

3. 非财务因素分析可以促进银行的信贷管理工作。非财务因素是贷款风险产生的预警信号，及时发现并运用好这些信号，对银行的信贷管理是十分重要的。对非财务因素的分析，客观上要求商业银行在日常信贷管理中建立完善的信贷管理信息系统，重视对非财务因素的收集、监测、分析和利用，保证银行能获取并掌握影响贷款风险的充分信息，实现对贷款的动态管理。这样做有助于银行未雨绸缪，在威胁来临时处于较有利的防御状态，提出和落实化解信贷风险的措施，确保贷款安全或减少贷款损失。同时，也可以帮助银行及时发现信贷经营管理中存在的问题，从而健全内部控制，堵塞漏洞，防患于未然，进而对健康的信贷文化和信贷管理制度的形成产生深远影响。

二、非财务因素分析的内容

一般来说，影响一笔贷款偿还可能性的非财务因素主要包括借款人的行业风险、经营风险、管理风险，借款人还款意愿和银行信贷管理等方面，其中行业风险、经营风险、管理风险是影响借款人自身还款能力的直接因素。在贷款发放之前的风险评价阶段，对借款人的非财务因素分析应该包括行业风险分析、经营风险分析、管理风险分析、还款意愿分析。在贷款发放之后的贷款管理过程中，还应该结合银行信贷管理分析，综合判断贷款偿还的可能性。

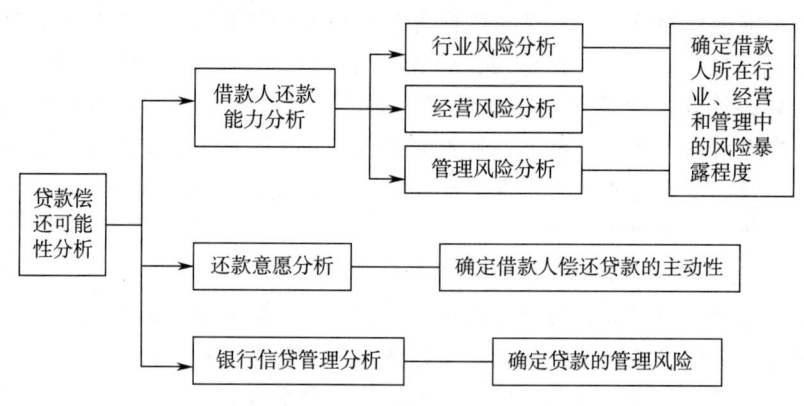

图2-6 贷款偿还可能性需分析的内容

三、非财务因素信息的获取渠道

非财务因素的来源渠道是多种多样的。

1. 专门的信息查询系统，主要是国家机关和监督管理部门所提供的各类信息查询系统，如中国人民银行征信系统、国家企业信用信息公示系统以及天眼查、启信宝、企查查等企业征信机构平台。这些信息系统所提供的非财务信息具有高度的权威性、真实性和有效性，是分析借款人非财务因素的基础。

2. 期刊与研究报告，一般包括商业期刊、全国性商业报纸、互联网、自媒体等，这也是银行获取有关宏观政策、借款人的行业因素、借款人经营信息等非财务信息的重要渠道之一。这些媒介有助于评估全国范围或整个行业范围内的经济状况和趋势。如一些上市公司的年报和行业研究报告，可以帮助分析人员获得非常有价值的行业信息，并了解借款人在行业中所处的地位等。这类信息一般都是公开的，获取较为便利，时效性较强，但信息量过于巨大，信息的质量良莠不齐，进行信息采用时需要仔细甄别、判断。

3. 第三方，包括社会中介机构（如律师事务所、会计师事务所、评估机构等）、借款人的关联方（如竞争者、供应商、客户等）、监管者等。这类信息具有半公开的性质，通过与有关人员的讨论，可以获得相关资料之外的重要信息。如银行的柜台人员可能会发现借款人依赖其应收账款来偿付应付工资；从其他银行可以获悉借款人的资产已被设定了抵押；从司法部门可以获得针对借款人发出的诉讼通知或判决书等；另外，借款人的律师或会计师也会提供一些很有价值的非财务因素，或者至少提供一种不同的评价视角。

活动1　行业风险分析

【知识准备】

行业风险是指一些不确定因素导致对某行业或行业企业的生产、经营、投资或授信后偏离预期结果而造成损失的可能性。每个企业都处在某一特定行业当中，每一行业都有其特定的风险，在同一行业中的借款人要面对共同的行业风险。行业风险具有比较明显的行业特征，一般只对相关行业的企业产生影响。通过对借款人所处行业趋势和风险全面客观的分析，结合借款人在行业中所处的地位，可以从行业的基本状况和发展趋势判断借款人的基本行业风险，为综合分析借款人的还款能力提供依据。

2-22 微课：
行业风险分析

反映行业风险的主要因素包括周期性风险、行业壁垒风险、产业关联度风险、宏观政策与法律经济环境风险等。

一、周期性风险

（一）行业的生命周期

行业的生命周期一般包括新兴、成熟和衰退三个主要阶段。对行业所处生命周期阶段的判断，主要依据行业的销售增长率，以及进入或退出该行业的企业比率。在市场经济条件下，企业因其行业所处生命周期阶段的不同，面临着不同的风险和机会，了解借款人行业所处的生命周期阶段，可以分析借款人所面临的风险及其对贷款风险的影响。

新兴行业或是一些新产生的行业，或是一些由于技术革新、客户需求变化等给老产品或服务带来新的商业机会的行业，其成长速度每年在20%～100%。如在我国现阶段，人工智能、节能环保、新一代信息技术、生物、高端装备制造、新能源、新材料和新能源汽车等行业都属于新兴行业。新兴行业的企业为开拓市场、扩大规模需要大量的资金投入，往往需要银行贷款的支持；但同时，新兴行业的技术和产品发展更新更快，创业成本高，管理层缺乏相应的行业发展经验，新的竞争对手不断加入该行业，企业淘汰率高，致使新兴行业贷款还款来源的稳定性受到影响，风险相对较高。

成熟行业的销售额每年以0～20%的速度增长。由于客户已经对产品较为了解，产品的技术较为成熟，产品的行业标准已经形成，市场竞争变得十分激烈，竞争的焦点集中于价格和售后服务上，如我国的白色家电、燃油汽车、物流快递、乳制品等行业。成熟行业企业的贷款，主要用于解决营运资金的临时性不足以及厂房、设备的更新改造等，企业已具备较丰富的行业风险管理经验，生产经营较为稳定，还款来源比较容易控制，就整体来说，贷款的风险程度一般会小于新兴行业。

衰退行业的销售额呈下降趋势，维持生存是企业面临的主要问题，企业开始进行市场收缩和资源的转移，行业风险大。

（二）行业与经济周期的关系

一般来说，行业的发展具有一定的经济周期性。有些行业经营状况的变化与经济周期是一致的，随着经济的繁荣而繁荣、萧条而萧条，如房地产业、汽车制造业、服装业、珠宝、餐饮娱乐和境外旅游等一些耐用消费品或奢侈品行业；有些行业具有明显的反周期特征，在萧条时期的经营状况反而会比繁荣时期更好，如维修业。也有部分行业不易受经济周期的影响，属于非周期性行业，这主要是一些提供生活必需品的行业，如食品行业、医疗保健业和教育业等。周期性行业的经营状况受经济周期的影响波动幅度较大，如在经济衰退时，许多企业都会因销售迟缓、成本增加以及利率上升等，出现利润下降和现金流量短缺等问题。

在分析借款人的行业经济周期规律时，行业周期和经济周期的时间差异是一个需要注意的问题。行业周期可能超前、同步或滞后于经济周期。如果行业周期超前于经济周期，行业的生产、销售等经营活动可能先经济的繁荣而繁荣，先经济的萧条而萧条；如果行业周期同步于经济周期，则行业的生产销售等经营活动直接反映经济的周期性；滞后经济周期的行业，其经营活动则总是慢于经济周期一步。

二、行业壁垒风险

行业壁垒，是指企业放弃擅长的业务而进行跨行业经营会遇到的包括高成本、技术和市场垄断等在内的困难。行业壁垒是保护市场、排除竞争的有效手段和重要方法。行业壁垒越坚固，市场障碍越多，企业越难以加入，市场垄断程度越高。行业壁垒的高低主要由行业成本结构、技术和市场垄断性政策法律体系的完善程度等综合因素决定。

（一）行业的成本结构

企业的产品成本由固定成本和变动成本两部分组成，不同的行业，其成本结构也相应不同，高成本结构的行业其垄断性也相对较高。固定成本占总成本比重相对较高的行业为高经营杠杆行业，其平均成本随着生产规模的扩大会有明显的下降，产销量越大，盈利水平越高，像航空业、大宾馆、钢铁业等。相反，变动成本占总成本比重相对较高的行业为低经济杠杆行业，如服装加工业、商业批发等，生产规模的扩大对其成本和盈利水平的影响不是十分显著。一般来说，企业的贷款结构受其行业成本结构的影响较大，高经营杠杆行业对中长期贷款的需求量较大，而低经营杠杆行业对短期贷款的需求较多。由于高经营杠杆行业的贷款风险（尤其是中长期贷款）和其行业风险的关联程度很高，在进行客户信用分析时，应对其行业风险进行重点分析。

（二）行业的垄断性

在一个行业中，若由一家企业生产和供应整个市场的产品与服务，其总成本小于由两家以上企业供应同等数量产品和服务的成本之和，则意味着该行业在制度上确保垄断的供应是有经济效率的，理论上称此类行业为自然垄断行业。在我国，垄断性行业包括石油石化、烟草、电信、电力、军工、铁路、航空等。一般来说，处于垄断性行业的企业容易受到国家宏观政策的保护，其相对成本较低，盈利水平较高，但由于长期缺乏激烈的市场竞争，企业的技术水平、服务质量、核心竞争力较低，不利于企业的长期发展。一旦国家的政策保护发生变化，企业很难适应市场发展的变化，容易出现盈利水平大幅下降甚至破产倒闭等问题。近些年，受技术进步、市场需求变化等因素的影响，大多数垄断行业的自然垄断性已逐步减弱，这为新企业进入行业参与竞争创造了条件，从而使行业的垄断程度进一步降低。

三、产业关联度风险

（一）行业的依赖关系

在经济结构中，各行业之间存在不同程度的依赖性，比如房地产业与建筑材料行业、种植业与食品业、钢铁业与汽车制造业、石化业与纺织业等，均有着典型的依存关系。所以，分析借款人所处的行业风险时，还有必要分析其所依赖行业的风险状况。借款人所在行业对其他少数行业的依赖程度越大，受所依赖行业的影响也就越大。依赖关系密切的行业主要是该行业的供应方和需求方，以汽车制造业为例，如果这一行业呈现萧条，那么与之相关的钢铁、玻璃和轮胎等行业也可能出现萧条。一般来说，行业的供应商和客户群越多元化，该行业对其他行业的依赖性就越小，其贷款风险受其他行业变化的影响就越小。

（二）行业产品的可替代性

可替代产品是指那些与某行业的产品有相同、相似功能或能满足相同需求的产品。行业的产品是否存在可被替代的风险，与替代产品的多寡和客户使用替代产品的转换成本（如替代品的价格与之相当甚至低于该行业产品）高低有关。如果一个行业的产品性能独特并自然垄断，例如城市供水、供电行业，不存在替代产品，也就不存在行业产品被替代的风险；而如果一个行业的产品有许多替代品，而且转换成本较低，则该行业产品被替代的可能性就很大，相应的行业风险也就比较大，如化纤制品作为服装面料可替代棉织品，火车、汽车和飞机作为交通工具可相互替代。

四、宏观政策与法律经济环境风险

政策风险是指政府制定的有关行业的政策发生重大变化或是有重要的举措、法规出台，影响行业的成本收益、技术变革、生命周期等，从而给行业企业的生产、经营和销售带来不确定的风险。在市场经济条件下，受价值规律和竞争机制的影响，各企业争夺市场资源，都希望获得更大的活动自由，因而可能会触碰国家的有关政策，而国家政策又对企业的行为具有强制约束力。另外，国家在不同时期会根据宏观环境的变化而调整政策，这必然会影响企业的经济利益。因此，国家与企业之间由于政策的存在和调整，在经济利益上会产生矛盾，从而产生政策风险。

法律的改变可能促进某些行业的发展，也可能对某些行业的生存和发展产生负面影响。在评估借款人的行业风险时，确定该行业是否具有良好的法律环境，以及是否有对该行业经营与发展产生实质性影响的法律变化是十分必要的。如野生动物保护法的出台，使以野生动物器官为生产原料的制药业受到严重的影响；小型造纸、化工、水泥等一些在生产过程中产生有害废弃物的行业，受国家环境保护法规的影响很大，其贷款显然有着较高的风险。

随着经济全球化，国际、国内和区域的宏观经济环境变化都会对行业发展产生影响，一些对于经济周期较敏感的行业尤其如此，有时，通货膨胀、汇率、利率、税收、国际收支等宏观经济因素对一些行业的发展具有决定性的影响。经济政策是调控宏观经济环境的重要因素，国家经济政策的变化对行业的发展会产生不同程度的影响。

 【实践操作】

1. 请根据以下材料对案例中企业的行业风险进行分析。

某商业银行的客户 A 企业集团长期从事乳业生产加工，公告称其与某高科技企业 B 公司签署战略合作协议，双方将在产业资源、平台产品、解决方案、专业技术等各方面深化协同。A 企业集团希望依托 B 公司在新一代信息技术领域丰富的行业经验与领先的科学研究积累，提升企业集团在人工智能、大数据挖掘与分析、云服务平台等方面的技术能力，实现企业集团信息业务的拓展和产业智能化的转型升级，提升公司业绩水平。然而，由于现代信息技术行业研发成本高、竞争激烈、创新产品层出不穷，加上 A 企业集团缺乏人才储备和行业先发优势，A 企业集团商誉不断减值，企业持续亏损。

2. 各小组利用项目一中收集的企业资料，结合企业的行业背景，对其进行行业风险分析。

 **【问题探究】**

行业风险的预警信号

前面提供的是一种行业分析的基本框架，所分析的只是影响借款人行业风险的一些常见因素。在具体的实践操作中，应从多方面综合分析。下面是一些行业风险的预警

信号。

1. 行业整体衰退，销售量呈现负增长。

2. 行业作为新兴行业，虽已取得有关产品的专利权或技术认定，但尚未进入批量生产阶段，产品尚未完全进入市场。

3. 出现重大的技术变革，影响到行业产品和生产技术的改变。

4. 政府对行业政策进行了调整。

5. 经济环境发生变化，如经济开始萧条或出现金融危机，行业发展受到影响。

2-23 案例：企业跨界经营面临的行业风险

6. 国家产业政策、货币政策、税收政策等经济政策发生变化，如汇率或利率调整，并对行业发展产生影响。

7. 存在密切依存关系的行业供应商或客户的需求发生变化。

8. 与行业相关的法律规定发生变化。

9. 多边或双边贸易政策有所变化，如政策对部分商业的进、出口采取了限制或保护措施。

 【案例解析】

行业风险分析是商业银行开展信贷业务，防范信贷风险的重要组成部分，它有助于估计企业的总体风险，揭示行业发展规律，帮助银行等金融机构规避风险，提高信贷风险分析水平，并促进信贷策略的制定。此外，行业风险分析还能帮助银行根据不同行业间的差异，采取不同的信贷政策。

本案例中，A企业集团希望通过战略合作的方式从乳业生产加工转向信息技术行业，将面临巨大的行业风险。首先，信息技术行业是高科技行业，行业内企业间的竞争非常激烈，因技术落后而被淘汰的企业较多。其次，信息技术行业是高投入低产出的行业，经营成本较高，包括高昂的研发成本和人力成本，且这些投入的成本短期内难以收回，企业将面临较大的资金压力。最后，信息技术行业的技术壁垒较高，最先进入的企业具有先发优势，这些企业掌握了核心技术，制定了技术标准或行业标准，后进入企业面临的行业壁垒风险较大。

 【知识链接2-6】

行业分类

关于我国行业的分类，可以参照国家统计局和中国证券监督管理委员会的有关文献。表2-24左边是国家统计局2017年发布的国家标准《国民经济行业分类》，右边是中国证券监督管理委员会2012年发布的《上市公司行业分类指引》。随着我国经济的不断发展，行业分类也在不断变化当中。行业分类中每个门类下具体的大类、中类、小类结构详见表后的二维码资料。

表2-24　　　《国民经济行业分类》与《上市公司行业分类指引》结构对照表

国民经济行业分类	上市公司行业分类
A 农、林、牧、渔业	A 农、林、牧、渔业
B 采矿业	B 采矿业
C 制造业	C 制造业
D 电力、热力、燃气及水生产和供应业	D 电力、热力、燃气及水生产和供应业
E 建筑业	E 建筑业
F 批发和零售业	F 批发和零售业
G 交通运输、仓储和邮政业	G 交通运输、仓储和邮政业
H 住宿和餐饮业	H 住宿和餐饮业
I 信息传输、软件和信息技术服务业	I 信息传输、软件和信息技术服务业
J 金融业	J 金融业
K 房地产业	K 房地产业
L 租赁和商务服务业	L 租赁和商务服务业
M 科学研究和技术服务业	M 科学研究和技术服务业
N 水利、环境和公共设施管理业	N 水利、环境和公共设施管理业
O 居民服务、修理和其他服务业	O 居民服务、修理和其他服务业
P 教育	P 教育
Q 卫生和社会工作	Q 卫生和社会工作
R 文化、体育和娱乐业	R 文化、体育和娱乐业
S 公共管理、社会保障和社会组织	S 综合
T 国际组织	
（合计）20	（合计）19

2-24 资料：
《国民经济行业分类》

2-25 资料：
《上市公司行业分类指引》

活动2 经营风险分析

【知识准备】

经营风险是指生产经营变动或市场环境改变导致企业未来的经营性现金流量发生变化，从而影响企业的市场价值的可能性。企业价值的变化程度取决于变动因素对企业未来销售量、价格和成本的影响程度。通过对借款人的行业风险进行分析，我们已经对借款人所在行业的风险共性有所认识，但一个行业中的每个企业又都有其独特的经营特点，这些经营特点在很大程度上影响或决定着借款人的最终还款能

2-26 微课：
经营风险分析

力。所以，还需要在行业风险分析的基础上，进一步分析借款人的经营风险。经营风险主要从经营特征和经营循环两个方面进行分析。

一、经营特征分析

经营特征分析，主要体现在经营规模、核心竞争力、产品特征和市场状况等方面。

1. 经营规模。一般来说，企业的经营规模与经营风险成反比。经营规模越大，行业的市场份额也就越大，企业的经营也就越稳定；反之，规模越小，则越容易被竞争对手挤出市场，面临的经营压力也就越大。资产总额、销售收入、市场份额、盈利水平等指标都是衡量一个企业经营规模大小的标准。分析时，必须将企业与同行业的其他企业比较才有意义，也要注意企业所处的生命发展周期。

2. 核心竞争力。核心竞争力是建立在企业核心资源的基础之上，是企业的智力、技术、产品、管理和文化的综合优势在市场上的反映。核心竞争力有三个基本特征：一是用户价值，即核心竞争力能够为用户提供根本性的好处或效用；二是独特性，即企业的任何一项专长要想成为核心能力，必须独树一帜；三是延伸性，即核心竞争力要在未来的市场竞争中赢得优势并获取丰厚的利润。核心竞争力能为企业发展带来长期的竞争优势，依托核心产品的优势，可以取得相关产品或服务的领先地位，并创造出众多意料不到的新市场，它是企业竞争优势的根源。

3. 产品特征。一个企业的产品特征主要表现在其产品的竞争力方面，竞争力强的产品会获得市场和购买者较多的认同，容易在市场竞争中战胜对手，顺利实现销售，并取得较好的盈利。企业产品的竞争能力取决于产品品牌等多种因素，但主要的还是取决于产品自身的性能价格比，那些性能先进、质量稳定、价格合理的产品，往往在市场上具有较强的竞争力，能为企业赢得市场和利润。当企业的产品定价失去竞争力或者质量出现不稳定状况时，其经营上的问题也就可能产生了。

产品的竞争力是实现企业核心竞争力的重要载体。一个企业要保持其产品的竞争力，必须不断地进行产品创新。尤其是那些设计和开发周期较长的企业，如药品公司、软件开发公司等，在研究和开发阶段就已经确定了大部分必须发生的生产成本，而在下

一个阶段不大可能大幅度削减成本，能否合理、有效和及时地进行产品创新就显得更为重要。另外，借款人的产品多样化也是其产品的重要特征。在激烈的行业竞争中，产品的多样化可以分散企业的市场风险。

4. 市场状况。借款人在行业中的地位是衡量其经营风险的重要因素。那些有市场影响力或被公认为行业龙头的企业要比市场中的弱小者有着更强的抗风险能力。评价借款人市场状况的指标主要有市场占有率、市场竞争的激烈程度、企业保持目标客户和发展目标客户的能力、企业对市场价格和需求的控制能力、企业的客户分散程度等。

另外，企业在市场中的形象和声誉也是评判其市场表现的重要因素。企业的形象和声誉虽是吸引客户的两个抽象因素，但一些企业可通过广告或产品质量来确定其形象和声誉，并保持客户对企业和产品的忠诚，这种效果往往高于产品或服务的具体优势所产生的效果。

二、经营循环分析

经营循环指的是借款人从收到客户订单到向客户出售产品和提供服务的全过程。一般来说，企业的经营过程具有一定的重复性，每个企业都有自己独特的内部经营循环。

以工业企业为例，经营循环主要包括采购、生产和销售三个环节，只有三个环节都顺利进行，才能完成企业的持续经营和资产转换周期，并保证贷款的及时补偿。

1. 采购环节。分析的重点是原材料价格、购货渠道和购买量等方面的风险。如果借款人能影响其供应商的价格，就能够很好地控制其生产成本，按计划完成生产经营周期，获取利润，承担低风险，反之就有可能风险较高。如果借款人的原材料供应渠道单一，就有可能由于突发事项导致企业的生产经营中断或成本过高，从而带来较大的风险。借款人的原材料购买量要根据存货管理计划和生产规模来确定，供应不足会影响生产，过量的供应也会带来过高的成本，从而影响借款人的经营。

2. 生产环节。重点在于分析生产的连续性、生产技术更新的敏感性以及产品质量的管理。生产的连续进行是企业有效控制生产成本、顺利实现产品销售并赢得客户信赖的重要保证。严格的生产管理、完善的安全生产保障措施、配套的环保措施以及融洽的劳资关系等是企业生产连续性的重要保证。先进的生产技术是企业提高生产效率和产品性能、满足客户需求以及提高竞争力的关键。企业生产技术的先进性可以从企业生产技术更新的速度、在同行业中的水平以及技术更新是否符合行业发展方向等方面来评估。最后，产品质量管理也是企业生存发展的基础。企业是否建立了适合企业特点的质量管理标准和质量管理体系，是评估企业产品质量管理水平的重要标准。

3. 销售环节。销售环节是企业实现销售收入、获取经营利润以及完成其资产转换循环的关键环节，是及时、足额偿还贷款的保障。销售环节应重点分析其产品的销售范围、促销能力、销售的灵活性、销售款的回笼等。从销售环节看，应分析借款人是否存在销售环节过多、客户群是否过分集中、产品售后服务能否跟上等情况。促销能力应分析借款人是否能有效地控制其销售网络、在质量和服务上与同类产品是否存在较大的差距等。销售的灵活性应分析借款人能否根据市场的变化及同类厂家竞争策略的改变作出迅速、合理的反应。

【实践操作】

1. 请根据以下材料对案例中企业的经营风险进行分析。

某商业银行客户 A 企业原是一家家喻户晓的化妆品品牌企业，曾斥巨资邀请多位影星为其品牌代言。彼时，上市公司的经营状况虽然不佳，业绩情况也不太好，但鉴于化妆品属于快消品行业，资金流转较快，企业发展对资金量的依赖较轻，公司并没有太大的压力。

后来，A 企业开始实施战略转型发展计划，逐步剥离原有化妆品和医药流通业务，以非公开发行新股的方式收购了以智慧城市为主营业务的 B 科技公司。智慧城市业务采用的是全国范围内进行系统集成及总包的业务模式，单个智慧城市顶层设计及总包投资在 1 亿~500 亿元。这也就意味着，A 企业的此次转型虽然能让其销售规模得以大幅扩大，但其对资金的需求也同时以几何级数在增加，公司在转型后需要更多的流动资金来维系企业的运营。长期以来，A 企业的巨额投入绝大部分是依靠筹资来实现的，企业发展面临较大的资金困境。仅仅 3 年后，A 企业申请破产清算，业绩亏损高达几十亿元。

2. 各小组利用项目一中收集的企业资料，结合企业的经营情况，对其进行经营风险分析。

【问题探究】

经营风险预警信号

1. 借款人的经营活动发生显著变化，处于停产、半停产或经营停止状态。
2. 主要经营数据在行业中呈现不利的变动趋势。
3. 业务性质和经营范围发生重大改变。
4. 兼营不熟悉的业务或在不熟悉的地区开展业务。
5. 主营业务向跨度较大的新行业进行转移，在一个新的或不熟悉的领域进行业务多样化。
6. 外部经济环境出现重大技术变革，导致借款人产品和生产技术的改变。

2-27 案例：企业规模扩张面临的经营风险

7. 进出口供应商所处国家的政局不稳定，或金融形势发生严重动荡。
8. 不能适应市场变化和客户需求的变化。
9. 持有大额订单，如果不能较好地履行合约，可能引起巨额损失。
10. 产品较为单一。
11. 对存货、生产和销售的控制能力下降。
12. 对一些客户或供应商过分依赖。
13. 在供应链中的地位关系发生变化，如供应商不再赊货或减低授信额度。

14. 购货商减少了采购。

15. 丧失了主要的产品系列、特许经营权、分销权或供应来源。

16. 企业的经营地点发生不利的变化或分支机构分布不合理。

17. 收购其他企业或者开设新的销售网点，对销售和经营有明显影响，如收购只是出于财务动机，而不是与核心业务有密切关系。

18. 出售或变卖主要的生产经营性固定资产。

19. 厂房和设备未得到很好的维护，没有及时更新或淘汰过时的或效率低下的厂房或设备。

20. 建设项目的可行性存在偏差或计划执行出现较大的调整，如基建项目的工期延长，或处于停缓状态，或概预算调整。

21. 借款人的产品质量或服务水平出现下降。

 【案例解析】

经营风险是指企业在日常运营过程中可能遇到的各种风险，这些风险可能对企业的财务状况、运营效率、声誉和市场地位产生负面影响。本案例中，A 企业因经营业绩不佳希望通过业务转型来改善经营，提高业绩水平，但其转型模式的主要问题在于为了追求规模而盲目并购，从一家快速消费品公司转型为对资金需求量极大的智慧城市公司，在资金实力本身不强的情况下，其依靠筹资来维系经营，在金融政策发生变化，融资环境趋紧的情况之下，其资金链终究还是出现了问题，最终破产。因此，商业银行在开展信贷业务的过程中必须密切关注企业核心经营要素的变化，如企业的科技水平、产品质量等核心竞争力，及时识别和分析企业经营风险预警信号，评估经营风险对企业还款能力的影响。

活动3　管理风险分析

 【知识准备】

管理风险是指企业在管理运作的过程中因信息不对称、管理不善、判断失误等原因而给其带来的成本增加或收益下降的可能性。企业失败的原因有很多，管理不善有可能是其中主要的因素之一。企业管理水平很大程度上决定着企业未来的发展前景和价值空间，并因此会对企业借款人未来的偿付能力产生决定性的影响。评估借款人的管理水平是一个极其复杂的问题，这里从企业内部和企业外部两个方面的影响因素进行分析。

2-28 微课：
管理风险分析

一、企业内部因素

1. 组织形式及其变化。企业按组织形式可划分为独资经营、联营、有限责任公司、股份有限公司等多种形式。借款人的组织形式是否有变化及其变化是否有利于企业的经营管理，需要贷款人在进行风险分析时予以关注。企业因减资、合并、解散、兼并、重组等导致的组织形式变化，均可能对借款人的管理架构产生影响，从而对借款人的现金流量、盈利能力等产生有利或不利的影响。如有些企业通过改制盘活了资产，使老企业扭亏为盈，焕发生机；也有的企业借兼并、破产、重组等改制之际，逃废银行债务。在分析时，要注意分析借款人的股权和组织形式变化对还款能力的影响，对涉嫌利用企业兼并、租赁、转让、承包、分立等形式恶意逃废银行债务的贷款应予以充分关注。

2. 公司治理分析。公司治理本质上是一种现代企业组织管理制度。良好的公司治理是现代企业健康发展的基础，也是借款人持续稳定的还款能力的重要保证。具体来说，良好的公司治理结构应具备完备的股东大会决策程序，建立独立董事制度，应健全监事会的监督功能，应建立健全董事会和监事会的评价机制，完善高级管理人员的选聘机制和激励机制等。但在强调建立良好的公司治理结构的同时，还应注意内部人控制的现象，避免拥有控制权的企业经营者凭借手中对财产的控制权寻求自身利益的最大化，而忽视甚至损害出资人的利益。

3. 管理层的素质和稳定性。市场经济条件下的竞争主要是人力资源的竞争，管理层的素质是制约许多企业发展的关键性因素。对借款人管理层的素质分析应着重于管理人员的学历、年龄结构、专业经验、管理风格、行业管理经验及熟悉程度等。如果高级管理人员只掌握单一的技能、没有处理行业风险的经验或缺少控制经营风险的能力，管理层将难以很好地应对市场和环境的变化，并影响企业的未来发展。

同时，管理层的稳定性也是一个十分重要的问题。企业主要管理人员的离任、死亡、更换等均会对其持续、正常的经营管理产生影响。

4. 经营思想与企业文化。正确的经营思想和健康的企业文化是企业可持续发展的内在源泉。如果企业的董事会或管理层过分地以利润为中心，并且为了短期目标而不顾企业的长期发展，或利润分配政策短期化，过度地分配股利，就会影响企业稳定、持续的还款能力。企业的经营稳健性也对贷款风险具有实质性影响，过于冒险的经营会使银行贷款面临较高的风险。企业文化是企业经营管理思想的一种体现，如果一个现代企业突出以人为本的企业文化，强调企业的价值观和凝聚力，强调企业的创新能力和核心竞争力，强调对员工的培训和培养，那么，它必是一个可持续发展的企业。

5. 财务管理能力。实践表明，财务管理薄弱是许多借款人所共有的管理缺陷，也是许多企业失败的主要原因。缺乏良好的财务管理，没有任何企业能够保持长期的成功，不管它是在产品生产还是在市场营销方面取得多大的成功。有效的财务管理要求借款人必须建立适度的控制制度来监控其应收账款和存货等，控制日常开支和费用，并且防止欺诈和盗窃。在一些财务管理较为薄弱的企业，其存货数量的不足往往会长期不被觉察，而直到发生现金短缺时，才知道企业的资金流动出现了问题，显然，这些问题对企业的获利能力和偿债能力都会产生很大的威胁。另外，财务信息质量和企业的融资能力也是评价借款人财务管理能力的重要指标。

二、企业外部因素

1. 关联企业的经营管理。随着企业的集团化发展，企业之间的关联关系越来越复杂。由于借款人与其母子公司、控股公司等关联企业之间存在股权、资金、产品、交易等多方面的密切联系，其经营和财务状况不可避免地要受到关联企业的影响。一家子公司的经营失败可能会拖垮整个企业集团，一个集团公司也可能会连累多个子公司，这样的例子在现实中比比皆是。因此，要充分关注借款人与其关联企业之间的关联程度，具体分析关联企业的经营状况和财务状况，并评估其对借款人还款能力的影响。

2-29 案例：
企业内控制度
不完善导致的
管理风险

2. 法律纠纷和重大事项。借款人在经营中经常会遇到一些法律纠纷问题，并对还款能力产生实质性的影响，有时甚至会成为决定贷款偿还的主要因素，如借款人与供应商、消费者、关联企业及职工之间产生纠纷或案件，借款人因违反法律、法规或合约而受到税务、银行、市场监督管理、环保等部门的严重处理、处罚等。另外，一些重大事项，如公司经营方针、经营范围的重大变化，公司订立了重要的合同，发生了重大债务的违约情况等也会对借款人的还款能力产生重大影响。

3. 自然、社会因素。战争、自然灾害（如地震、海啸、火灾、飓风、瘟疫等）、社会动荡（如骚乱、政变等）以及一些社会因素，均可能给借款人带来意外的风险，从而对借款人的还款能力产生不同程度的影响，这种影响难以提前预知或防范，对借款人造成的损失有时是非常巨大的。在借款人缺乏应对措施时，一场重大的灾难甚至可以决定借款人的生死存亡。如 2020 年的全球新冠疫情就导致了航空、旅游等行业的持续低迷。在社会因素方面，有一些典型的例子，如严重亏损的老企业可能会因城市建设或环保需要被迫拆迁而获得土地补偿，可以偿还逾期多年的贷款；而社区人口的迁移可能使一家经营良好的面包店骤然间变得前景黯淡。

【实践操作】

1. 请根据以下材料对案例中企业的管理风险进行分析。

某商业银行客户 A 公司总公司位于北京市大兴区，是全国驾驶员培训行业领军企业，也是北京唯一能够提供全准驾车型驾驶员培训的驾校。然而近年来，作为驾校领军企业的 A 公司经营管理可谓状况连连。因触碰"减持新规"红线违规减持，公司被监管机构出具监管函，公司实际控制人、董事长因涉嫌操纵证券市场罪，经上海市人民检察院第一分院批准逮捕。受上述事项的影响，加上此时期国内外经济发展增速放缓、消费降级等因素，公司培训学员人数较上年有所下降，A 公司营业收入同比减少，业绩连年下滑。

2. 各小组利用项目一中收集的企业资料，结合企业的实际情况，对其进行管理风险分析。

📖 【问题探究】

管理风险的预警信号

1. 借款人的组织形式发生变化，如进行租赁、分立、承包、联营、并购、重组等，并可能对贷款的偿还产生不利影响。

2. 管理层对环境和行业中的变化反应较为迟缓。

3. 高级管理层之间出现严重的争论和分歧。

4. 组织结构过度复杂，可能是隐瞒事实或阻碍调查的手段。

5. 最高管理者独裁，听不进不同意见或者其周围围绕的都是说好话的人。

6. 管理层品行低下、缺乏修养或员工士气低落。

7. 高级管理层或董事会成员变动频繁。

8. 管理层的核心人物突然死亡、生病、辞职或下落不明，没有相应的继任者。

9. 中层管理层较为薄弱，缺乏系统性和连续性的职位安排，企业人员更新过快或员工不足。

10. 管理层对企业的发展缺乏战略性的计划，或者计划没有实施及无法实施。

11. 管理层缺乏足够的行业经验和管理能力或只有财务专长而没有技术、操作、战略、营销和财务技能的综合能力。

12. 管理层的经营思想变化，表现为极端的冒进或保守，希望或坚持进行商业冒险或承受不确定的风险。

13. 提前宣布对未来情况的积极预期，这往往预示着自欺和不承认已出现的问题。

14. 冒险参与企业收购、新企业投资、新区域开发或新生产线启动等投机活动。

15. 董事会和高级管理人员以利润为中心，并且不顾长期利益而使财务发生混乱、收益质量受到影响。

16. 提供虚假财务报表、证明文件或其他材料。

17. 经营指标出现极度超常的过度增长。

18. 管理取代了内部控制，例如负责销售的公司副总裁有权让会计部门准备大额支票。

19. 借款人的主要股东、关联企业或担保单位发生了重大的经营管理变化，如改制或遇到重大诉讼。

20. 借款人遇到纠纷或法律问题，如受到税务、市场监督管理等行政机关的处理，或者主要管理人员涉及法律问题。

21. 借款人从事走私活动或有骗取出口退税行为或其他逃税和漏税行为。

22. 借款人涉嫌非法转移财产。

23. 监管机构发布有关上市公司的不利预警信息。

☞ 【案例解析】

管理风险是企业在日常运营和管理过程中可能遇到的风险，企业面临的法律纠纷、行政处罚、高管违法、生产违规等会对企业的经营、声誉、法律地位等方面产生负面影响，最终影响企业的还款能力。本案例中，A 公司的实际控制人存在违规违法行为，必将对公司治理、高层管理和战略计划执行等方面产生不利影响，使得企业声誉受损、管理混乱等，导致企业面临较大的管理风险，并最终导致企业还款能力下降。银行在开展信贷业务的过程中，必须要密切关注企业管理的变化和制度缺陷，及时识别和分析企业管理风险预警信号，评估企业管理风险对其还款能力的影响，制订有效的风险防范计划，以避免和减少不良贷款的产生。

活动4　客户还款意愿分析

【知识准备】

如前所述，借款人的行业状况、经营和管理水平等，均会影响借款人的还款能力。在实际工作中，有不少借款人不是没有能力偿还贷款，而是"有钱不还""赖账不还"，即我们所说的"还款意愿差"。借款人贷款偿还主要取决于其还款能力和还款意愿，其中，还款能力是客观因素，还款意愿是主观因素。所以，我们不仅要分析影响企业还款能力的非财务因素，还要分析企业的还款意愿这一非财务因素。

2-30 微课：
客户还款意愿分析

还款意愿，一般是指借款人向出借人主动还款的意念和想法。借款人的还款意愿可以分为两类，主动的还款意愿和被动的还款意愿，其中，主动的还款意愿取决于借款人的人品和道德，被动的还款意愿取决于借款人的违约成本。在银行借贷项目中，借款人道德品格是影响其还款意愿的根本因素。

对于企业借款人而言，评估的核心是对企业实际控制人和主要领导的品格的评估，或者可以说，企业客户的还款意愿在很大程度上取决于企业管理层的信用意识和法律意识。诚实守信、遵纪守法是经商之道，但有的企业在经营中偷税、漏税，有的采用提供虚假报表、隐瞒事实等不当手段套取银行贷款，有的不与银行积极配合，有意拖欠银行贷款，这些行为都反映了借款人管理层的法律意识较为淡薄，道德品质存在缺陷。在评价客户的还款意愿时，不仅要依据客户的还款记录，还应关注其在其他银行、供应商等债权人那里的还款记录，只有这样才能全面客观地揭示客户的还款意愿。

一般来说，对个人客户或者企业管理者的个人还款意愿可以重点分析以下几个方面。

1. 个人品格。品格，意思是指借款人的道德品质和社会信誉，借款人的品格如何对借款的偿还影响非常大。如果借款人的品质及道德良好，即使在还款能力不足的情况下，虽有可能会拖欠，但借款人会很配合并积极筹措资金还款。但如遇到品质及道德很差的借款人，即便有还款能力，他也会想方设法地拒还贷款，甚至会采取低价转让资产、无偿转让资产、虚构借款、虚构担保等各种方式逃废债务。在实际的信贷业务过程中，借款人的不良品格对贷款用途有着决定性的影响，客户会为了贷款在放款前刻意隐瞒自己的不良记录和行为，所以在贷前调查时必须要全面、深入地了解客户的真实品格，只要确定借款人品质、道德很差，则不应给予其发放贷款。

2. 年龄。通常情况下借款人的年龄与社会经验、工作经验、生产力是成正比的，而客户的年龄与客户的精力、健康程度是成反比的。年龄大的客户主要的贷款活动是为了支持子女，而年龄小的客户消费观念比较超前，所以，年龄偏大和较小的客户，逾期风险普遍较高，信贷员要特别关注。

3. 教育水平。借款人的教育水平高，对自己的社会定位会较高，更为重视自己的信誉，也会理解在整个社会征信体制中个人信誉的重要性，因此还款意愿会更高一些。虽然教育水平并不能完全反映借款人的还款意愿，但是可以作为重要的参考指标。

4. 婚姻状况。通常已婚客户的家庭稳定性要高于单身的客户，他们对家庭的责任感、家庭声誉及对子女的影响，使他们会更用心地经营自己的信用，还款意愿更大。贷款之所以要求已婚客户提供双方的身份证和结婚证，其意义在于通过客户对婚姻的感情经营可以看出人品，通过家庭经营可以看出总收入和财政支出，从客户对家人的态度，就能了解客户在家庭当中的地位、角色，以及还款意愿和能力。

5. 违约成本。违约成本，是借款人需要为其违约行为所付出的代价。在传统信贷理论中，对于还款意愿的评估主要集中在对借款人道德及以往信用记录的考量上，而忽略了违约成本对还款意愿的影响。违约成本的高低与借款人还款意愿的强弱有着较大的关系。违约成本高使得借款人不敢轻易违约、逃废银行借款，此时借款人的还款意愿高；反之，违约成本低会使得道德品格不佳的借款人会随意违约，此时借款人的还款意愿低。

【实践操作】

1. 请对以下案例进行分析讨论。

民营企业A是一家从事金属制造、加工的企业，自办厂以来，每年都向银行贷款。今年，公司引进设备扩大生产规模，并且开始涉足许多其他领域，并逐年向银行追加贷款金额至1亿多元。然而，由于风险评估不足，加上经营管理不到位等问题，A企业资金链断裂，出现不能及时还上银行贷款利息的情况。为逃避还贷责任，A企业实际控制人刘某把经营不善的旧公司资产、设备甚至员工逐步转移到后成立的新公司。新公司的法人代表夏某是刘某的亲友，但A企业的实际控制人刘某才是幕后的真正老板。在企业贷款逾期期间，银行先后多次上门催收还款，均未见夏某履行债务，随后在工作中发现了这种"张冠李戴"的情况，立即向有关部门进行了汇报，有关部门证实了A企业存在恶意逃废债的违法犯罪行为。

2. 各小组利用项目一中收集的企业资料，结合企业的实际情况，对其还款意愿进行分析。

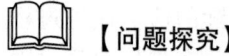 **【问题探究】**

还款意愿的预警信号

1. 借款人拖延支付贷款的本金、利息和费用。

2. 借款人不能偿还对其他债权人的债务。

3. 管理层对银行的态度发生改变，变得冷淡、不合作或不够友善。

4. 银行无法与借款人进行正常的联络。

5. 借款人提供虚假的财务报表或其他信息资料。

6. 借款人不能提供银行所要求的信息资料，如供销合同、项目进展报告等。

7. 银行不能取得财务报表或报表延迟。

8. 突然更换其注册会计师、法律顾问或主办结算银行，或对其他银行或当前的注册会计师有不满的言行。

9. 外部评级机构对借款人的评级进行调整。

10. 接到许多其他银行的资信咨询调查。

11. 借款人违反与其他银行或债权人的协议，不能偿还其他对外债务。

12. 借款人以非正常途径或不合理的条件向其他银行取得融资。

13. 借款人提出再融资或重组贷款。

14. 借款人向其他银行的信贷申请被拒绝。

15. 借款人的存款余额和结算量不断下降。

16. 借款人严重依赖对银行的短期贷款。

17. 借款人在申请季节性贷款时，申请的时间与其生产经营周期不匹配或同往常相比发生了较大变化。

18. 借款人的贷款申请规模或频率的急剧变化，如借款大量增加，与借款人的业务规模不成比例。

【案例解析】

借款人因主观还款意愿不强而出现拖欠、逃废债务给银行带来损失的风险本质上属于道德风险，这种现象在金融、保险等多个领域都存在。本案例中，作为借款人的A企业明显存在还款意愿不强，不配合、故意回避银行债务追讨，故意逃废银行债务的动机。作为债权人的银行在面对A企业还款意愿较差的情况下，较长时间处于观望的态度，没有准确评估信贷风险并及时果断处理。虽然在贷款后期银行采取了法律手段来保全资产，但此时借款人资产或被抽逃或被转移国外，已经严重资不抵债，从而最终导致银行大规模的不良贷款产生。因此，银行在开展信贷业务的过程中，必须密切关注借款人的还款意愿，对还款意愿较差的借款人要及时果断采取措施，防范信贷风险的发生。

【知识链接2-7】

小微客户的还款意愿分析

对小微客户的还款意愿，可以重点从以下几个方面去分析。

一、人品

借款人的人品如何，对借款的影响非常大。在实际做业务过程中，对借款人人品评估的核心是对借款人的品德、性格、行为、作风的评估，对于企业借款人"人品"的评估其核心是对企业管理人员尤其是企业主人品的评估。"小企业看老板"说的就是这个道理。以企业主为例，我们在判断企业主"人品"如何时可以参考以下因素。

1. 性格情况。俗话说"相由心生"，我们可以通过一个人的长相对一个人的人品先进行一个初步的判断。另外，我们要学会倾听，注意观察企业主的话语内容、脸部表情和肢体语言。一个人的面部表情与其思想和感情紧密联系，甚至隐藏起来或者下意识的思想和情感都会在面部表现出来，嘴可以用来说说，但是面部表情却泄了密。注意观察企业主的手势和动作，比如握手的动作、手臂的摆放、腿部的动作、姿势以及一些下意识的动作，寻找能够表明企业主说谎的行为，一个姿势或一次口误说明不了什么，如果观察到多个指示说谎的行为或动作，我们就要警觉了。

2. 家庭情况。一个人的家庭情况如何，以及其对待家人、员工、合作伙伴、客户的态度是我们衡量其人品的重要考量因素。我们要关注如下问题：夫妻关系如何？是否孝顺父母？与兄弟姐妹、子女关系是否融洽？对待员工如何？与合作伙伴是否有矛盾？与客户的关系如何？

通常已婚客户出于家庭责任感、家庭声誉及对其子女影响的考虑，会更为用心地经营自己的企业，还款意愿也更为主动一些。对于已婚的客户通过观察其对家人的态度可以看出其是否具有较强的责任感（客户对其妻子又打又骂，客户妻子反映其挣的钱都不用在家里，都是没有责任感的表现）。对于有离婚史的客户要尽量了解到离婚的原因，尤其是有两次以上离婚史的客户，要特别注意观察客户目前家庭的稳定性。对于个体工商户和私营企业来说，家庭的稳定性会对生意的经营产生较大影响。我们可以结合客户的年龄考虑其婚姻状况，以了解客户的性格特征。

二、信用状况

1. 诚实情况。如果我们发现借款人陈述的事实和提供的资料存在虚假，则有理由怀疑企业主的信用状况有问题，需要对借款人进行进一步的评估和验证。我们可以通过不同信息来源途径、同一信息来源途径的钩稽关系，对客户信息的真实性、准确性、完整性进行分析和判断。

2. 信用记录。除了查询个人或企业的银行征信记录以及相应的外部数据外，还需要对借款人是否按期支付上游客户款项、是否按期支付水电费、是否按期支付员工工资等事项进行核实，我们可通过个人或企业的诚实、守信、是否遵纪守法等"历史表现"来对借款人的信用状况进行判断。外部数据包括征信、法院、反欺诈数据、税务、海关报表等。

三、不良嗜好

要注意观察、了解客户是否有如酗酒、赌博、吸毒、嫖娼等恶习或不良嗜好，对于有不良嗜好的借款人，发放贷款一定要谨慎或拒绝发放贷款。对于有犯罪记录的客户，要重点了解其犯罪的类型（如是刑事犯罪还是经济犯罪）和严重程度，该记录对客户家庭和生意是否还有某种影响，可以通过观察，试探性地询问了解客户目前对其犯罪行为的认识，要综合考虑客户犯罪时的年龄、犯罪时间距离现在的长短，我们应尽量努力为能够改过自新的客户提供发展事业的机会。家人、近亲、合伙人的不良嗜好也需要关注。另外，对于有购买彩票习惯和炒股的借款人，要注意该客户是否已经沉迷其中，客户的行为是否已经影响到客户经营，客户是不是可能将贷款挪用。

四、外部评价

我们要重点关注借款人家庭成员、雇员、邻居、同事、朋友、担保人、上下游客户、行业协会、政府部门等对借款人的评价，有良好口碑的借款人往往人品更好。

五、其他因素

其他因素包括教育水平、个人爱好、结交的朋友圈子、是否勤快、拥有的社会资源、是否过于重视个人荣誉、是否讲究排场和过度消费、产品质量、社会责任感等方面。

任务四
担保情况分析

活动 1　　担保保证分析

【知识准备】

一、什么是保证

保证，是指保证人和债权人约定，当债务人不履行债务时，保证人按照约定履行债务或者承担责任的行为。保证法律关系中的当事人有：为债务人履行债务而作担保的第三人，称为保证人；被担保的债务人，称为被保证人；债权人。

2-31 法规：
《中华人民
共和国民法典》
保证部分节选

保证贷款，是商业银行按照国家担保法律制度规定的保证方式，以第三人承诺在借款人不能偿还贷款时，由其按约定承担一般保证责任或者连带责任而发放的贷款。

保证具有以下特征：保证是一种人的保证；保证人为债务人以外的第三人；保证人必须具有代为清偿的能力；保证人履行义务不具有必然性。

2-32 案例：
保证合同
有效性审查

二、保证人的审核

商业银行正是由于对借款人的资信不够信任，才要求追加保证人。银行对保证人的分析调查至少应了解以下三个方面的情况。

1. 保证人是否具有合法的主体资格，即保证人是否为具有代为清偿债务能力的法人、其他组织或自然人。法律禁止担保的不能作保证人。

2. 保证人是否具有代为清偿债务的能力。具体调查以下几个方面：

（1）保证人是否具有代为清偿借款的相应财产，从保证人的财产数量上调查了解其担保能力。保证人的财产价值应大于或等于所担保借款的金额。

（2）保证人对可用的代为偿付借款的财产是否具有处分权，从保证人的产权上了解其担保能力，保证人没有处分权的则为不具有担保能力。如果保证人将法律禁止流通或强制执行的财产或已设定为抵押权、质权、留置权等担保物的财产用作代为清偿借款的财产，就视为该保证人无担保能力。

（3）保证人用作代为清偿借款的财产是否可以变现，从保证人的财产质量上了解其担保能力。保证人如果以滞销产品、没有使用价值的物资、无法收回的应收款项等作为担保的财产，就是没有实际价值的财产，应认为该担保财产是没有代偿能力的。

在分析保证人的担保能力时，还要注意分析以下两点：一是保证人的或有负债情况，特别是目前所提供保证的数量和金额；二是对外提供的保证总额与保证人的有形净资产是否在合理的比例关系之内。如《融资担保公司管理条例》规定，融资担保公司对同一被担保人的担保责任余额不得超过其净资产的10%，对同一被担保人及其关联方的担保责任余额不得超过其净资产的15%，融资担保公司的担保责任余额不得超过其净资产的10倍。又如有些省份国资委规定，省管企业对外担保余额不得超过本企业净资产的50%。

3. 调查保证人的保证意愿，即保证人对履行保证责任的主观态度。银行在平时与保证人的业务往来中，要注意掌握保证人作为借款人时是否按时归还贷款，有无逾期情况；保证人过去有无替他人担保过贷款，在以往的保证中所表现出来的保证能力如何；保证人履约是出于自愿，还是银行采取法律诉讼或其他行动的结果。银行还可以通过中国人民银行征信系统、向知情人了解等多种渠道，对保证人进行必要的社会信誉调查。

2-33 微课：
保证、抵押与质押

【实践操作】

1. 请对以下案例进行分析讨论。

2022年6月，某商业银行与A公司签订借款合同，由商业银行给A公司贷款100万元，贷款期限为9个月。同时，养殖公司为A公司提供连带责任保证，并与商业银行签订了保证合同。贷款逾期后，A公司无力还款。2023年6月，商业银行向A公司和养殖公司发出催收逾期贷款的通知书，A公司在该通知书上签字并盖章，养殖公司承诺督促A公司偿还贷款，若在3个月内A公司不能偿还贷款，无条件替A公司偿还贷款。后经银行多次向借款人和保证人催要无果，商业银行于2024年3月3日向人民法院提起诉讼，请求判令A公司偿还贷款100万元及利息、罚息，养殖公司负连带责任保证。A公司没有答辩。养殖公司辩称其在提供保证时，不具有代为清偿能力，保证合同无效，应当免除保证责任。

请问上述案件应如何判决？

2. 假设项目一中的企业将为某企业提供担保，作为保证人，请对照相关的法律、法规对其资格进行审查。对其担保能力的调查方法与对借款人的调查方法类似，我们就此略过。

 【问题探究】

保证人的资格

关于保证人的资格，法律有明确规定。

《民法典》第六百八十三条："机关法人不得为保证人，但是经国务院批准为使用外国政府或者国际经济组织贷款进行转贷的除外。以公益为目的的非营利法人、非法人组织不得为保证人。"

《最高人民法院关于适用〈中华人民共和国民法典〉有关担保制度的解释》第五条："机关法人提供担保的，人民法院应当认定担保合同无效，但是经国务院批准为使用外国政府或者国际经济组织贷款进行转贷的除外。居民委员会、村民委员会提供担保的，人民法院应当认定担保合同无效，但是依法代行村集体经济组织职能的村民委员会，依照村民委员会组织法规定的讨论决定程序对外提供担保的除外。"

2-34 案例：公司对外担保合同效力及其担保范围

《最高人民法院关于适用〈中华人民共和国民法典〉有关担保制度的解释》第六条："以公益为目的的非营利性学校、幼儿园、医疗机构、养老机构等提供担保的，人民法院应当认定担保合同无效，但是有下列情形之一的除外：（一）在购入或者以融资租赁方式承租教育设施、医疗卫生设施、养老服务设施和其他公益设施时，出卖人、出租人为担保价款或者租金实现而在该公益设施上保留所有权；（二）以教育设施、医疗卫生设施、养老服务设施和其他公益设施以外的不动产、动产或者财产权利设立担保物权。登记为营利法人的学校、幼儿园、医疗机构、养老机构等提供担保，当事人以其不具有担保资格为由主张担保合同无效的，人民法院不予支持。"

　**【案例解析】**

清偿能力是保证人资格的重要条件，而并非必要条件。缺乏这一条件只是对于保证合同的履行产生一定的影响，甚至不能履行，并不必然导致保证合同无效。在上述案例中，法院审理后认为养殖公司的辩称理由不成立，根据《民法典》和《最高人民法院关于适用〈中华人民共和国民法典〉有关担保制度的解释》的规定，即使担保人没有实际的代偿能力，只要具有完全民事行为能力，意思表示真实，且债权人没有异议，就可以提供担保并承担担保责任。对于担保人无担保能力的情况，法律并未明确禁止。法律强调的是担保人的行为能力和意思表示，而不是其具体的代偿能力。因此，即使担保人没有收入和财产，只要具备完全民事行为能力，且债权人无异议，担保合同仍然有效。最后法院判决 A 公司偿还银行贷款 100 万元及利息、罚息，养殖公司对上述债务负连带责任保证。

　【知识链接 2-8】

《最高人民法院关于适用〈中华人民共和国民法典〉
有关担保制度的解释》节选

第七条　公司的法定代表人违反公司法关于公司对外担保决议程序的规定，超越权限代表公司与相对人订立担保合同，人民法院应当依照民法典第六十一条和第五百零四条等规定处理：

（一）相对人善意的，担保合同对公司发生效力；相对人请求公司承担担保责任的，人民法院应予支持。

（二）相对人非善意的，担保合同对公司不发生效力；相对人请求公司承担赔偿责任的，参照适用本解释第十七条的有关规定。

法定代表人超越权限提供担保造成公司损失，公司请求法定代表人承担赔偿责任的，人民法院应予支持。

第一款所称善意，是指相对人在订立担保合同时不知道且不应当知道法定代表人超越权限。相对人有证据证明已对公司决议进行了合理审查，人民法院应当认定其构成善意，但是公司有证据证明相对人知道或者应当知道决议系伪造、变造的除外。

第八条　有下列情形之一，公司以其未依照公司法关于公司对外担保的规定作出决议为由主张不承担担保责任的，人民法院不予支持：

（一）金融机构开立保函或者担保公司提供担保；

（二）公司为其全资子公司开展经营活动提供担保；

（三）担保合同系由单独或者共同持有公司三分之二以上对担保事项有表决权的股东签字同意。

上市公司对外提供担保，不适用前款第二项、第三项的规定。

第九条 相对人根据上市公司公开披露的关于担保事项已经董事会或者股东大会决议通过的信息，与上市公司订立担保合同，相对人主张担保合同对上市公司发生效力，并由上市公司承担担保责任的，人民法院应予支持。

相对人未根据上市公司公开披露的关于担保事项已经董事会或者股东大会决议通过的信息，与上市公司订立担保合同，上市公司主张担保合同对其不发生效力，且不承担担保责任或者赔偿责任的，人民法院应予支持。

相对人与上市公司已公开披露的控股子公司订立的担保合同，或者相对人与股票在国务院批准的其他全国性证券交易场所交易的公司订立的担保合同，适用前两款规定。

第十条 一人有限责任公司为其股东提供担保，公司以违反公司法关于公司对外担保决议程序的规定为由主张不承担担保责任的，人民法院不予支持。公司因承担担保责任导致无法清偿其他债务，提供担保时的股东不能证明公司财产独立于自己的财产，其他债权人请求该股东承担连带责任的，人民法院应予支持。

第十一条 公司的分支机构未经公司股东（大）会或者董事会决议以自己的名义对外提供担保，相对人请求公司或者其分支机构承担担保责任的，人民法院不予支持，但是相对人不知道且不应当知道分支机构对外提供担保未经公司决议程序的除外。

金融机构的分支机构在其营业执照记载的经营范围内开立保函，或者经有权从事担保业务的上级机构授权开立保函，金融机构或者其分支机构以违反公司法关于公司对外担保决议程序的规定为由主张不承担担保责任的，人民法院不予支持。金融机构的分支机构未经金融机构授权提供保函之外的担保，金融机构或者其分支机构主张不承担担保责任的，人民法院应予支持，但是相对人不知道且不应当知道分支机构对外提供担保未经金融机构授权的除外。

担保公司的分支机构未经担保公司授权对外提供担保，担保公司或者其分支机构主张不承担担保责任的，人民法院应予支持，但是相对人不知道且不应当知道分支机构对外提供担保未经担保公司授权的除外。

公司的分支机构对外提供担保，相对人非善意，请求公司承担赔偿责任的，参照本解释第十七条的有关规定处理。

第十七条 主合同有效而第三人提供的担保合同无效，人民法院应当区分不同情形确定担保人的赔偿责任：

（一）债权人与担保人均有过错的，担保人承担的赔偿责任不应超过债务人不能清偿部分的二分之一；

（二）担保人有过错而债权人无过错的，担保人对债务人不能清偿的部分承担赔偿责任；

（三）债权人有过错而担保人无过错的，担保人不承担赔偿责任。

主合同无效导致第三人提供的担保合同无效，担保人无过错的，不承担赔偿责任；担保人有过错的，其承担的赔偿责任不应超过债务人不能清偿部分的三分之一。

2-35 法规：
《最高人民法院关于适用〈中华人民共和国民法典〉有关担保制度的解释》

活动2 担保抵押分析

【知识准备】

一、什么是抵押

抵押，是指为担保债务的履行，债务人或者第三人不转移对财产的占有，而将该财产抵押给债权人，当债务人不履行到期债务或者发生当事人约定的实现抵押权的情形时，债权人有权就该财产优先受偿。抵押法律关系中的当事人为抵押权人和抵押人：抵押权人是指接受抵押担保的债权人；抵押人是指为担保债务的履行而提供抵押物的人，可以是债务人，也可以是第三人。提供担保的财产为抵押财产。

抵押贷款是以抵押物为贷款债权实现的保障而发放的贷款。银行为抵押权人，借款人或第三人为抵押人。

抵押具有以下特征：抵押权是担保物权；抵押权是债务人或者第三人以其所拥有的或者有权处分的特定财产设定的物权；抵押权是不转移对标的物占有的物权；抵押权人有权就抵押财产优先受偿。

二、抵押物的审查

借款人申请抵押贷款，需提交抵押物清单。抵押物清单要载明下列内容：抵押物的名称、数量、质量、状况、所在地、权属及其证明、评估价值、已为其他债权设定的抵押价值和其他事项等。

银行的信贷调查部门受理抵押贷款申请后，除对借款人的资信状况进行贷前调查外，特别要对抵押物做好以下审查。

1. 抵押物是否属于法律、法规允许抵押的财产。

2. 抵押物的权属，抵押的财产必须为抵押人所有，或抵押人有权处分的财产。

3. 抵押物的价值能否保证贷款债权的实现，即抵押物的价值必须大于或等于抵押贷款的数额。

4. 抵押物在抵押期间或经使用后其价值是否会急剧降低。抵押物经使用而灭失或其价值急剧降低导致贷款债权不能实现的不能作抵押物。

5. 抵押物是否有流通性或至少有限制的流通性。不能流通的财产不能变现，不能作为抵押物。

6. 抵押物是否有其他抵押权设立在先，如果已先设抵押权，其余额部分的价值又不足以担保贷款数额的不能作抵押物。

2-36 法规：
《中华人民共和国
民法典》抵押权节选

【实践操作】

请分小组对照相关的法律、法规对以下案例进行分析讨论。

案例基本案情：

某进出口公司为解决进出口服装流动资金不足的问题，需要经常向银行申请借款。该进出口公司除了拥有一幢评估价值为 7 000 多万元人民币的办公楼之外，没有其他高价值的财产，但是，因为该进出口公司用款的时间不易确定，用款数额也难以固定，每次办理借款的时间较紧，并且该进出口公司又不具备信用借款的条件，办理保证贷款又难以找到合格的保证人，所以一次又一次地用办公楼办理抵押借款，手续非常麻烦。

2022 年 5 月 21 日，该公司与银行签订了一份最高额的房地产抵押合同。合同约定：在 5 000 万元的最高贷款额限度（指贷款余额，即已经发生的贷款累计额扣除已经偿还的贷款累计额）内，该公司以其办公楼对自 2022 年 6 月 1 日至 2025 年 6 月 1 日这一期间连续发生的借款合同作抵押担保。借款人履行债务的期限为每份借款合同约定的还款期限。同日，双方又签订了一份余额为 2 100 万元人民币的借款合同，借款期限为 2022 年 6 月 1 日至 2022 年 9 月 1 日，并与最高额房地产抵押合同一起，依法办理了抵押登记手续。2022 年 6 月 1 日银行发放第一笔贷款。第一笔借款到期后该公司按约及时归还了借款本息。此后，该公司与银行又先后办理了金额分别为 700 万元和 1 200 万元的两笔借款，没有发生纠纷。

2023 年 11 月 15 日，贷款银行与该公司又签订了第四份借款合同，借款期限为 2023 年 11 月 15 日至 2024 年 8 月 15 日，并按约发放了 2 500 万元贷款。2024 年 6 月 10 日银行信贷员在贷后检查时发现，因服装公司诉进出口公司 3 500 万元的货款纠纷一案，法院于 2023 年 10 月 22 日对作为最高额抵押物的办公楼实施了查封措施，后因进出口公司败诉，法院拍卖了进出口公司的办公楼。

请问法院对此应如何判决？通过此案例你得到了什么启示？

> 最高额抵押，是指为担保债务的履行，债务人或者第三人对一定期间内将要连续发生的债权提供担保财产的，债务人不履行到期债务或者发生当事人约定的实现抵押权的情形，抵押权人有权在最高债权额限度内就该担保财产优先受偿。
>
> 最高额抵押是抵押的一种特殊形式，理解上把握以下四个方面：它是限额抵押；它是为将来发生的债权提供担保；它所担保的最高债权额是确定的，但实际发生额不确定；它是对一定期间内连续发生的债权作担保。

 【问题探究】

抵押物的范围

抵押物，是指由债务人或第三人享有的，用于设置抵押权的标的物。抵押物可以是不动产，也可以是动产和不动产的用益物权。不动产，是指不能够移动或者移动后就会改变性质或者降低价值的物,《民法典》所称的不动产是指土地以及房屋、林木等地上定着物。动产,是指能够移动,移动后不改变性质和不降低价值的物,《民法典》所称的动产是不动产以外的物。不动产用益物权,是指按现行法律规定,可以抵押的不动产用益物权,一般包括地上权、典权、自然资源用益权等不动产用益物权。我国《民法典》规定了土地使用权抵押,其设定方式及效力范围与不动产抵押基本相同。

关于抵押物的范围,《民法典》有明确规定。

第三百九十五条规定:"债务人或者第三人有权处分的下列财产可以抵押:(一)建筑物和其他土地附着物;(二)建设用地使用权;(三)海域使用权;(四)生产设备、原材料、半成品、产品;(五)正在建造的建筑物、船舶、航空器;(六)交通运输工具;(七)法律、行政法规未禁止抵押的其他财产。抵押人可以将前款所列财产一并抵押。"

第三百九十六条规定:"企业、个体工商户、农业生产经营者可以将现有的以及将有的生产设备、原材料、半成品、产品抵押,债务人不履行到期债务或者发生当事人约定的实现抵押权的情形,债权人有权就抵押财产确定时的动产优先受偿。"

第三百九十七条规定:"以建筑物抵押的,该建筑物占用范围内的建设用地使用权一并抵押。以建设用地使用权抵押的,该土地上的建筑物一并抵押。抵押人未依据前款规定一并抵押的,未抵押的财产视为一并抵押。"

第三百九十八条规定:"乡镇、村企业的建设用地使用权不得单独抵押。以乡镇、村企业的厂房等建筑物抵押的,其占用范围内的建设用地使用权一并抵押。"

第三百九十九条规定:"下列财产不得抵押:(一)土地所有权;(二)宅基地、自留地、自留山等集体所有土地的使用权,但是法律规定可以抵押的除外;(三)学校、幼儿园、医疗机构等为公益目的成立的非营利法人的教育设施、医疗卫生设施和其他公益设施;(四)所有权、使用权不明或者有争议的财产;(五)依法被查封、扣押、监管的财产;(六)法律、行政法规规定不得抵押的其他财产。"

☞ 【案例解析】

上述案例中,根据《民法典》第三百九十九条第五款的规定,"依法被查封、扣押、监管的财产"不得抵押;关于最高额抵押权所担保的债权确定,《民法典》规定,抵押权人知道或者应当知道抵押财产被查封、扣押的,抵押权人的债权确定。法院判决贷款银行的第四笔贷款即2 500万元贷款本息不属于房地产抵押担保债权,因为该笔贷款是法院在2023年10月22日对作为最高额抵押物的办公楼实施了查封措施以后,双方于2023年11月15日签订借款合同并发放的贷款,贷款银行丧失了对该抵押房产的优先受偿权。

2-37 案例:
抵押合同流质
契约效力

本案是一起商业银行极易忽视的风险案件。商业银行在办理最高额担保贷款的过程中,除了应办理好抵押物的登记手续之外,还应特别注意在最高额担保合同约定的债权发生期和最高额债权限额内,就某笔贷款办理借新还旧的手续或发放新的贷款前,不能认为已经签订了最高额担保合同就高枕无忧,还应结合贷后检查进行担保能力的跟踪调查。

【知识链接2−9】

抵押物的条件

抵押物必须满足以下条件。

1. 合法性。抵押物必须是法律允许可用来作为抵押的物。

2. 流动性。一旦借款人不能履行债务，则银行可通过对抵押物的变现来归还银行贷款。不同抵押物的变现能力相差很大，这也是影响抵押贷款率的重要因素。

3. 价值稳定性。在贷款期间，抵押物的价值保持相对稳定有利于贷款的安全。

4. 必须是权属无争议的财产。财产所有权和使用权的归属不明确或有争议，抵押人对该财产没有明确的处分权，不能作为抵押财产。

5. 其处置不妨碍公共利益。

活动3　担保质押分析

【知识准备】

一、什么是质押

质押，是指为担保债务的履行，债务人或者第三人将特定的财产转移给债权人占有，债务人不履行到期债务或者发生当事人约定的实现质权的情形，债权人有权就该财产折价或者拍卖、变卖的价款优先受偿。质押按照其标的不同可以分为动产质押和权利质押两类。

质押法律关系中的当事人为质押权人和出质人。质押权人是指接受担保的债权人。出质人是指为担保债务的履行而提供质物的人，可以是债务人，也可以是第三人。出质人移交给债权人占有的动产或权利为质物。

质押贷款是以质物为贷款债权实现的保障而发放的贷款。银行为质押权人，借款人或第三人为出质人。

质押具有以下特征：质押必须转移质物为债权人占有；质物为动产和权利；出质人必须对质物享有处分权；质权人有权就质物的价值优先受偿。

思考：
抵押和质押有何异同？

二、质押标的的审查

借款人申请质押贷款，需提交质物或权利凭证清单。质物或权利凭证清单要载明以下内容：质物名称、数量、质量、状况、权属及其证明、评估价值、已为其他债权设定的质（抵）押价值和其他事项，或载明权利凭证名称、票面价值、签发日期、有效期限等。

银行的信贷部门受理质押贷款申请后，除对借款人的资信状况进行调查外，还要对质物或权利进行认定选择。

（一）动产的查证认定

1. 该动产能否移交给银行保管与封存，不能移交给银行的动产不能作质物。

2. 该动产能否变现，适用性差、销路不好的或法律禁止流通的动产不能作为质物。

3. 该动产是否易于保管、不易损坏并且其价值在短期内不会减少，否则不能作为质物。

（二）权利的查证认定

1. 该权利是否是法律所允许出质的权利。

2. 该权利的变现性如何。

3. 该权利的市场价格是否稳定。

4. 该权利的价值是否易于估算。

5. 该权利的真伪。其中以票据、单证等有价证券出质的，要与签发人联系，验证其真伪。以商标专用权等知识产权出质的要查验有关证明文件。以股份、股票等其他权利出质的要深入原单位查实。

 【实践操作】

请结合项目一中收集的资料，假设该企业或个人客户申请质押贷款，请分小组分析、讨论，其有哪些财产或权利可以作为质押标的。

 【问题探究】

权利质押的范围

关于权利质押的范围，法律有明确规定。

《民法典》第四百四十条规定："债务人或者第三人有权处分的下列权利可以出质：（一）汇票、本票、支票；（二）债券、存款单；（三）仓单、提单；（四）可以转让的基金份额、股权；（五）可以转让的注册商标专用权、专利权、著作权等知识产权中的财产权；（六）现有的以及将有的应收账款；（七）法律、行政法规规定可以出质的其他财产权利。"

2-38 案例：
商标质押融资助小微企业获 800 万元授信

2-39 法规：
《中华人民共和国民法典》质权、留置权节选

【知识链接 2 - 10】

各类抵（质）押物的信息调查

1. 房地产。坐落地点、房屋结构（钢混结构、砖混结构、框架结构、砖木结构）、房地产证号、建筑面积、占地面积、土地使用权证号、土地使用权取得方式（国有出让、国有划拨、集体土地）、评估价值、评估单位、评估时间、房产登记单位、他项权利证号、所有权证书保管人、是否出租、有效租期起止时间、租赁单位等要素。

2. 土地使用权。土地使用权证号、土地使用权取得方式、土地使用状况（通上水、通下水、通电、通路、通气、通汽、通信、平地）、共有人、核发单位、抵押登记部门、抵押面积、评估价值、评估单位、评估时间、坐落地点、图号、四周范围（东、南、西、北）等。

3. 在建工程。项目名称、项目立项批文、土地使用权证号、建筑用地规划许可证号、施工许可证号、土地使用权取得方式、拟用途、坐落地点、评估价值、评估单位、评估时间等。

4. 机器设备。机器名称、型号、发票号码、成新率、评估价值、评估单位、评估时间等。

5. 交通工具。名称、品牌、型号、车架号、发动机号、牌照号码、行驶证号、成新率、评估价值、评估单位、评估时间、保险单号码等。

6. 船舶。船名、船籍、制造地、发动机号、行驶证号、吨位、成新率、保险单号码、评估价值、评估单位、评估时间等。

7. 银行存单。存单账号、存单币种、面额、月利率、外币签订合同时的汇率、存入日、到期日、签发银行等。

8. 债券。债券种类、号码、发行人、金额、月利率、发行日期、到期日期等。

9. 汇票。汇票种类（银行承兑汇票、商业汇票）、号码、出票日期、到期日期、汇票金额、承兑人名称、付款人名称、出票人账号、出票人开户银行等。

10. 股权。出质人姓名、股权发行单位、股权种类（非上市、有限制、上市）、代码、发行价、股数、办理指定交易所、办理指定交易证券交易公司、市值、评估价值、评估单位、评估时间等。

11. 知识产权。出质人姓名、权证号、持有人、类别（专用权、商标权、著作权）、数量、有效期、核发单位、出质权利类型（所有权、使用权）、使用权类型（一般使用权、排他使用权、专属使用权）、评估价值、评估单位、评估时间等。

12. 支票。支票种类（转账支票、现金支票）、号码、付款日、面额、出票人名称、付款人名称等。

13. 本票。本票种类（不定额本票或定额本票）、号码、出票人名称、付款人名称、付款日、面额等。

14. 仓单。仓单种类、型号、号码、数量、付单、标的等。

15. 提单。提单种类（提货单或报关单）、号码、付单、标的、型号、数量、产地、运输工具名称、班次、提货地、提货日期、止提通知书号、质押登记机构、评估价值、评估单位、评估时间等。

**2-40 案例：
质押存款的
优先受偿权**

任务五
个人客户调查

活动　调查个人客户的情况

【知识准备】

目前各家商业银行普遍加大了对个人贷款的投放力度。与企业贷款相比，个人贷款的特点一是客户数量较多，每户贷款金额较小，贷款银行的管理成本较大；二是个人贷款大多需要提供贷款银行认可的担保，除国家助学贷款和个人短期小额信用贷款等少数业务外，信用贷款的发放较少；三是为了保证贷款用途的一致性，除了存单小额质押贷款和个人综合消费贷款等少数业务以外，贷款款项一般不发放到申请人，而是发放到申请人的债权人或合同对方；四是期限较长，个人住房贷款最长可达30年；五是还款方式一般采用定期还本付息的方式。

个人贷款的申办流程与企业贷款是相似的：客户提出贷款申请，并按照贷款行的要求出示本人的基本情况、家庭情况、收入情况等资料，贷款银行经过调查、审查和审批流程批准后，即可办理担保、还本付息代扣等手续，贷款款项将发放到相关受益人或借款人本人。

个人贷款业务的申请资料是银行调查和审查的重点。具体的申请资料包括：

1. 身份证明资料。身份证明如身份证、军官证、护照等；户籍证明如户口簿、户籍证明等；婚姻证明如结婚证、无婚姻登记记录证明、离婚证（协议书、判决书）等。

2. 资信证明资料。如果是消费类贷款，要求客户提供收入的佐证材料，比如银行流水、工资单、纳税证明等；如果是经营性贷款，需要提供营业执照、协议（合伙、挂靠、承包）、银行流水等能够证明其有充足还款能力的证明材料。个人的家庭资产如房产、汽车、金融资产、股权等也是需要提供的。同时，银行还可以通过中国人民银行征信系统查询客户的征信报告，了解其以往的信用记录，判断其还款意愿。

3. 用途证明资料。如果是消费类贷款，需要提供具体消费用途的证明材料，如购房（车）需提供购房（车）协议、首付款证明，住房装修需要提供装修合同等；如果是经营类贷款，需要提供购销合同、承包合同等证明贷款的真实性和必要性的相关材料。

4. 担保证明资料。如果是抵质押担保，需要提供抵质押物的权利证明材料，如房产三证、本外币存单、凭证式国债等，某些财产抵质押可能还需要提供经银行准入的资产评估公司出具的估价报告；如果是第三方保证担保，需要提供保证人的身份证明、收入证明、资产证明等材料。

5. 贷款申请资料。包括借款申请表、共同申请人的共同还款承诺书等。

除了以上资料，客户可能还需要提供银行规定的其他材料。

 【实践操作】

以小组为单位，收集银行对个人贷款（可选择自己感兴趣的种类）的条件要求以及各类贷款的相关政策规定，对照要求和规定，对项目一中收集的个人客户信贷资料进行整理，给出初步调查结论，确定该客户是否符合该类贷款的条件。

 【知识链接 2 – 11】

家庭收入的来源

个人客户的家庭收入来源和形式众多，依据收入形式划分包括货币收入和实物收入，家庭收入主要是货币收入。

1. 城市家庭收入。城市家庭收入包括工资、奖金、津贴、补贴、以现金发放的劳保福利、医疗费；一次性安置费、经济补偿金、遗属生活补助费；离退休金、基本生活费、养老金、失业保险金、救济金。其他收益：存款及利息、有价证券及红利；租赁、馈赠、继承收入和特许权使用收入；赡养费、扶（抚）养费；兼职收入、自谋职业收入、偶然所得、其他通过劳动所得合法收入。

2. 农村居民家庭收入。农村居民家庭收入主要包括种植、养殖、加工、劳务收入；赡养、抚（扶）养费，依法继承遗产或接受的赠与；土地承包权流转收益、财产租赁或变卖收入，集体分红和股息、储蓄存款和利息收入，股票、基金等有价证券及其收益；社会养老保险金、商业养老保险金、商业医疗保险金、土地征用补偿和安置费、水库移民后扶补助、粮食直接补贴。

任务六
小微客户调查

活动　调查小微客户的情况

【知识准备】

小微企业是小型企业、微型企业、家庭作坊式企业、个体工商户的统称。近年来小微企业发展迅速，在经济发展中发挥着非常重要的作用。小微企业是发展的生力军、就业的主渠道、创新的重要源泉。据统计，小微企业占据市场主体的比重超过 90%，贡献了全国 80% 以上的就业、70% 以上的发明专利、60% 以上的 GDP 和 50% 以上的税收。

一直以来，小微企业融资难都是一个世界性难题。小微企业大多没有规范的财务制度和财务数据，也很少能够提供满足商业银行要求的抵质押品，加上信息不对称的影响，如果按照传统的依赖于财务报表和抵押的信贷分析方法，小微企业很难满足商业银行的贷款要求。小微客户与一般大型企业的特点不同，需要采用不同的信贷调查分析技术。由于本书篇幅的限制，本任务将重点介绍小微客户信息收集与判断的基本方法，不做深入阐述。

2-41 案例：
小微快贷
助力乡村振兴

2-42 案例：
小微金融
"根据地"模式

一、信息的交叉验证

信息交叉验证是小微企业贷款中最常用的一种分析方法，贷款调查人员对客户提供的信息，要通过多个方面、多个角度和多个侧面来进行验证。交叉验证是在客户无正规可信的财务报表情况下设计的验证工具，它是通过对从不同渠道获得的信息进行比较，基于信息之间的逻辑关联，通过信息间的差异分析，对其真实性进行判断的一种方法。交叉验证有一个简单的逻辑关系：当两个或两个以上信息来源途径，或同一信息来源途径通过钩稽关系推导得到基本一致的结果时，这个结果的真实性和准确性就高；反之，就会出现两种结果，两个结果要么全错，要么只有一个正确。客户可能会说谎，但是他每说一个谎都需要 10 个谎来圆。因此，从不同的角度来对同一个事物进行核实能够帮助我们了解真实或接近真实的情况。

交叉验证的基础是贷款调查人员收集的信息足够完整。只有收集到足够完整的信息，才能保证交叉验证的可操作性及有效性。这些信息来自信息支持性文件（如收据、发货单等）和与需要检验信息相关的第三方的交流信息（如家庭成员对企业经营、贷款用途的描述，供应商和交易者对交易的描述等）。交叉验证技术应当根据客户实际情况灵活使用，随时随地有针对性地对客户提供的信息进行检验。

交叉验证的分析方法改变了以往贷款调查中只采集客户提供信息的局面，开辟了"多方面采集信息，多角度验证信息"的立体化收集信息的格局。交叉验证不但能解决最基础的客户信息真实获取问题，而且同样能运用到信贷决策和信贷管理等信贷流程环节；不仅成功地解决了客户与贷款调查人员之间的信息不对称问题，也解决了调查人员与审批人员之间、管理人员与流程参与人员之间的信息不对称问题。

二、基于大数据的信用分析模型

近几年随着大数据技术的不断发展，基于大数据技术的信贷审批解决方案日趋成熟。相较于传统的银行信贷审批模式，大数据环境下的信贷模式是一种业务与数据共同驱动的智能审批模式。在新的业务模式下，客户仅提供少量必要补充信息，即能不受时间和空间的限制，通过网络办理信贷业务，并在短时间内由风险决策系统自动完成信贷的审批和定额。

传统的信贷模式主要是基于用户强资料（身份证明、收入资产证明等），以人工审核的方式进行审批，数据维度单一，材料易于造假，审核周期和授信决策严重依赖业务专家个体的能力和经验，难以保证授信的安全性、及时性和公平性，往往带来不良风险和较差的用户体验。但随着近年大数据技术的成熟，在大数据风控场景中引入的一系列背靠规模数据的数据挖掘、机器学习等前沿人工智能手段正逐渐改变信贷行业在获客、信息核实和授信决策等诸多关键环节的工作模式，显著提升了企业的信贷风险管理能力。大数据信贷模式，主要是基于用户授权下的在网大数据，分析提取信贷相关指标特征，以多源多维弱变量组合交叉的方式，反映用户综合风险情况，保障信贷风险的可控。由于审批从线下到线上极容易出现批量申请、伪冒申请等情况，设备指纹、人脸识别等人工智能（AI）技术也随之出现在风控场景，强化了对用户真实性的验证。

在大数据时代，可用于评估的数据越来越丰富，如电商的交易数据、社交类数据、网络行为数据等，来自互联网的数据将帮助金融机构更充分地了解客户。目前比较典型的数据类型有：（1）侧重电商的数据。结合客户在电商平台上的交易数据，综合考虑用户的信用历史、行为偏好、履约能力、身份特质、人脉关系五个维度的信息。（2）侧重社交的数据。通过社交网络上的大量信息，比如在线时长、登录行为、虚拟财产、支付频率、购物习惯、社交行为等，得出用户信用得分。（3）侧重运营商的数据。综合个人用户运营商数据、电商数据、公积金社保数据、学信网数据等，形成个人信用报告。（4）侧重信用卡的数据。根据用户的信用卡数据、开放给平台的电商数据所对应的购买行为、手机运营商的通话情况、登记信息等取得多维信息的交叉验证，确定用户风险等级。

2-43 案例：

大数据风控的挑战——团伙骗贷逾 10 亿元

2-44 案例：

基于大数据和人工智能的零售信贷资金监管

2-45 资料：

小微客户贷前调查要点

2-46 案例：

"三三制"

 【实践操作】

请根据提示，思考如何对以下客户的销售额进行信息交叉验证。

1. 借款人 A：经营一家饭店，口述一个月用于洗刷餐盘的费用为 1 000 元。根据客户在经营中所使用的标准耗材量反推其客流量，再根据人均消费量核定其销售收入。

2. 借款人 B：借款人的返点政策是完成销售任务 200 万元，给予 1% 的返点，超额部分给予 2% 的返点，该客户全年得到返点为 5 万元。针对客户的年度销售任务、返点政策和返点数量反推客户销售额。

3. 借款人 C：经营一家服装销售店，有 2 名销售员，员工按销售的 1% 提成，当月 2 个员工的提成收入分别为 800 元和 1 000 元。根据员工提成核定借款人收入。

 【问题探究】

交叉验证的主要内容

交叉验证一般分为软信息的交叉验证、权益信息的交叉验证和财务信息的交叉验证。

一、软信息的交叉验证

软信息反映的是客户的还款意愿，是指难以通过财务数据反映的信息，包括客户个人信息、经营状况、市场情况、贷款原因与目的等。

1. 客户个人信息：（1）年龄，如经历、死亡的风险；（2）受教育程度，总体上讲受教育程度越高，生意组织得越成熟；（3）邻居及其他人的看法，如客户是否可靠、是否有不良嗜好；（4）婚姻状况，如婚姻稳定情况对客户生意的影响程度；（5）其他收入，如配偶是否有工作收入等；（6）其他支出，如必要的家庭支出、生意盈利去向的证明、住房条件和家庭支出是否吻合等。

2. 经营状况：（1）生意经验，如以前是否从事其他生意、以前生意与现在生意相关性等；（2）目前生意情况，包括经营时间、未来计划、生意稳定性等；（3）经营能力，如是否记流水账、客户与雇员间关系、对生意熟悉程度等；（4）与上下游关系，如供应商和下游客户数量、供货销货是否稳定、资金结算方式等；（5）雇员，包括人数、熟练程度、流动性、生意对雇员的依赖程度等。

3. 市场情况：（1）宏观经济情况是否有利于客户生意的发展；（2）行业周期，包括行业所处生命周期、与同行业相比所处水平等。

4. 贷款原因与目的：（1）贷款原因，即资金短缺原因等；（2）贷款目的，包括贷款用于哪些用途、如何分配等。

在软信息的交叉验证中，我们对所获得的软信息进行对比，各项信息必须相对称，即信息之间要保持平衡性。例如：客户年龄与其经营历史相符；客户的外表与其生意特点符合；客户经营场所符合其经营特点；客户机器数量与工人数量符合其生意规模；客户的交通工具与其收入能力相符合；客户住所条件和其收入相称；客户住所内部感觉符合其家庭状况等。

做好软信息的交叉验证，有三个要点：密切观察、关注细节和应用常识。很多时候通过观察和询问，得到了部分客户软信息后会有一种"不对劲儿"的感觉，对这种"不对劲儿"现象进行深入追究，很可能就会发现客户的一些风险点。

2－47 资料：常见的小微客户类型及应对策略 　　2－48 微课：常见小微客户类型 　　2－49 微课：常见小微客户应对策略

二、权益信息的交叉验证

权益信息的交叉验证是交叉验证的核心，它是将通过损益表计算出的应有权益与资产负债表中的实有权益进行比较，找出产生差异的原因。

实有权益（A）＝总资产－总负债

应有权益（B）＝初始权益＋期间利润＋期间注资－期间提款－折旧

（1）A≈B：接受，允许的差异区间一般在5%以内。

（2）A＜B：不接受。可能的原因：损益表中利润高估；季节性效应；钱被用于不确定的地方等。

（3）A＞B：不接受。可能的原因：可能存在隐瞒负债；季节性效应；分析过于保守即盈利被低估了、成本被高估了等。

2－50 资料：房产的价值评估 　　2－51 资料：车辆的价值评估 　　2－52 案例：权益交叉验证

三、财务信息的交叉验证

进行财务信息的交叉验证，主要是对行业信息、账面信息、口头信息、感观信息四类信息进行对比验证。行业信息是指信贷人员掌握的客户经营项目所在行业的一般信息。账面信息是指客户提供的财务报表信息、流水账信息、工资表、出货进货单、订单、对账单、税票、水电费、银行流水等能反映客户经营财务信息的资料。口头信息是指客户本人、家人、雇员，或客户的朋友、邻居、上下游客户等口头提供的信息。感观信息是指信贷员在现场调查时视觉观察到的客户经营场所、家庭场所情况、资产情况，以及一些嗅觉和触觉感知到的信息。

此四类信息进行交叉验证的一般方法如下。

1. 口头提供的信息是否与书面信息、实际状况相一致，如是否和原始单据、发票、银行对账单、经营记录等相一致，或者把客户所说利润与信贷员估算利润及客户生活水平是否匹配相比较，把经营记录与实物相比较。

2. 客户提供的不同时间的数据是否互相矛盾，如每天的营业收入累计是否与每月的营业收入大体相同，启动资金加上每年的利润、减去每年的非商业支出是否与实有权益大体相同。

3. 客户提供的信息是否与当地该行业的平均水平大体相当，如营业额、营业费用、利润、员工工资水平与当地平均水平是否有差别。

4. 不同的人对同一问题的回答是否基本一致，如客户家庭成员对贷款目的的说法是否一致，客户的合伙人及客户对营业额、利润的说法是否一致。

5. 客户提供的不同数据和信息之间的关系是否合理，如销售额、淡旺季、市场需求状况与申请贷款的时间、额度是否匹配，营业额与应收账款的关系是否合理，营业额与库存水平之间的关系是否合理，客户管理的企业投入与产出之间的关系是否合理（员工数量与营业额、固定资产与营业额、每月电耗与月营业收入等）。

交叉验证不仅要考察客户提供的信息是否互相矛盾，更重要的基于对当地不同行业的经营特点、经营方式、投入品价格、出售商品价格的深入了解，而这些因素是不断变化的，通过系统的总结积累和相互交流进行有效的交叉验证。

2－53 资料：
存货的交叉检验

2－54 资料：
应收账款的交叉检验

2－55 资料：
小微客户常见负债的
核实方法

2－56 资料：
小微客户常见收入
支出的核实方法

☞ 【案例解析】

对上述客户销售额的交叉验证如下。

1. 借款人 A：经调查当地的平均水平得知，一个餐盘清洗费用为 0.6 元，人均消费为 30 元。可以测定 A 的客流量约为 1 000/0.6 = 1 667 人次，按照每人 30 元消费，则月销售额约为 50 000 元。

2. 借款人 B：根据客户的年度销售任务、返点政策和返点数量，可以推算出其年度销售额为 200 + （5 - 2）/2% = 350（万元）。

3. 借款人 C：根据提点核定法，销售收入 = 单个员工的提点收入/提点比例（所有员工按照整体销售收入提成）；销售收入 = 所有员工的提点收入之和/提点比例（每个员工按照自己销售收入提成）。可以测定 C 的销售收入为 （1 000 + 800）/1% = 180 000（元）。

【知识链接 2 - 12】

小微客户调查的贷前思维

一切判断都要有信息基础。在信贷调查时，如何才能获取客户真实全面且有效的信息，避免被"编造信息"或"部分信息"误导？这就需要我们有正确的贷前思维。

1. "侦探"思维。在信贷关系中，银行和借款人之间的信息永远是不对称的。借款人可以随时全面了解和掌握银行的信贷政策、信贷制度、信贷监管等信息，而银行却不可能拥有和掌握每个借款人的全部信息，这就形成了信贷关系中的信息不对称性，使银行经常处于不利地位。每笔信贷业务的风险决策都是克服银行与借款人之间信息不对称障碍的过程。克服这个障碍，我们就需要对借款人所讲的"故事"多些疑问，并应像"侦探"一样收集借款人的各种信息佐证其所讲"故事"的真实性，以及预测未来可能发生的问题。具备侦探思维就是不要盲目地轻信客户所言，对于客户所说的，不仅要用眼看，更要用心去听，多问"为什么"，未经我们分析检验的客户信息，都应该打一个问号。我们不是"听众"，客户说什么，我们就信什么。我们更不是"书记员"，客户说什么，我们记什么。"做最坏的打算，做最好的准备"，我们不妨先把客户假想成"坏蛋""骗子"，然后通过各种渠道，获取信息去分析客户，客户是"好人"吗？是我们杞人忧天了吗？

2. "嫌货才是买货人"思维。"嫌货才是买货人"，指的是挑剔的"买货人"往往是有真正购买意愿的人，如果不准备买货，是不会这么挑剔的。就信贷业务而言，该思维指的是只有真正有信贷需求并考虑未来还款的客户才会对贷款条件、还款方式、合同条款等因素重视和挑剔，这些客户往往会在贷款金额、期限、利率、还款方式等方面与银行反复磋商。可能很多客户经理不喜欢这类客户，觉得这类客户太麻烦，但对于有经验的客户经理来说，这类客户往往是真正的好客户。客户的"挑剔"和"计较"从侧面反映了这个客户是具有真实的借款需求并且打算未来按时还款的客户。这类客户前期可能会麻烦一点，但贷款相对是安全的，因为他们在借款时就已经在考虑如何按期还款。

我们一定要正确地理解、看待这些"嫌货人"，听取"嫌货人"的挑剔，这个道理不止在信贷业务中适用，婚姻爱情工作皆同此理。

3. "救急不救穷"思维。我们要把钱借给急需资金并有还款能力的企业和个人，一定不能把钱借给还不起钱的贫困企业和个人，俗话说"救急不救穷"，关于这一点，不只是做信贷业务适用，在我们日常生活中亲戚朋友之间的借贷也是如此。

4."未贷先想收"思维。在贷款没有发放出去之前，就要想好到期怎么能把贷款收回来。要把银行的钱当"自己的钱"来发放贷款，且一定要细心。"千里之堤，溃于蚁穴"，也许客户经理的一个细小疏忽就会给银行带来巨大的损失，所以贷前调查一定要仔细，切忌走马观花和走过场。要通过充分的贷前调查获得真实、详尽的信息，对借款人的经营情况和还款能力要进行充分的考察和评估，在评估的基础上确定贷款金额、贷款期限、还款方式、担保方式，以便能够确保到期顺利收回贷款。

职场小知识

小微金融"超级客户经理"是什么？

超级客户经理是指坚信"客户经理是真正的银行家"，把客户经理培养成知小微企业、做小微金融服务的"两个专家"，不仅负责市场拓展、客户营销、信贷调查、贷款发放等全生命周期客户关系管理，而且负责贷后管理、逾期清收、人才培养等工作，而不是把这些非核心职能简单外包。

小微金融具有信息不对称和成本高的典型特征，必须通过超级客户经理模式，把客户经理培养成"多面手"，能够承担市场调研员、行业分析员、信贷员、风控员、资产保全员、内训师等"多重角色"，才能在信贷全流程中实现最低成本的信息对称，做到商业可持续。再则，培养超级客户经理的目的是成就客户成就员工。从客户角度看，小微企业更看重信赖关系，希望有专属客户经理对接，其他人员配合支持，提供全面的、个性化、定制化的综合服务；从员工角度看，经过客户经理岗位的全面培育锻炼，能够成长为高素质、综合型的管理者。

资料来源：浙江泰隆商业银行《小微金融服务标准》。

任务七
信用评级

活动1　企业客户信用等级评估

2-57 微课：
客户信用评级

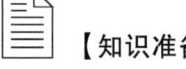

【知识准备】

客户信用等级评定是目前较为通行的银行风险控制评价方法，它贯穿于信贷管理全过程，是客户准入管理、授信额度核定和调整、信贷风险审查、信贷定价、客户退出等的重要前提和依据。它就像一把尺子，可以丈量客户，明确哪些客户应该去开展业务，授信的额度能有多大，哪些客户应该主动退出，如何逐步退出。因此，熟练掌握客户的信用等级评定，将风险控制与业务拓展有机结合起来能使信贷工作事半功倍。商业银行的客户信用等级评定主要供银行内部控制客户信用风险使用。金融市场上也有专门从事信用评级业务的社会中介机构，国际上公认的最具权威性的专业信用评级机构是标准普尔、穆迪评级和惠誉国际。

2－58 资料：
信用评级体系

现行各家银行都有自己的客户评级体系，但基本原理和指标体系大致相同，这里我们介绍最基本的客户信用评级方法。

一、什么是客户信用等级评定

客户信用等级评定是指银行为了有效控制客户的信用风险，由商业银行或其委托的具有合格资质的专业评估机构采用客观、公正和科学的信用评级考核标准以及严格规范的评估程序，在对客户的财务状况、经营业绩及诚守信用可靠性等方面进行全面调查了解的基础上，对其基本素质、经济实力、偿债能力、经营效益和发展前景等进行定量定性和静态动态的综合分析评价，测定其履行经济契约能力的可信程度，作出其对银行和商业信用行为的可靠性和安全性的评价，并以国际通用符号标明企业的信用等级，这是商业银行信贷管理的日常工作和基础性工作。

二、客户信用等级评定的对象

客户信用等级评定的对象可以是已与商业银行建立了信贷关系的企业、向商业银行申请建立信贷关系的企业、需要商业银行提供资信证明的其他开户企业。参与信用等级评定的企业必须提供健全的财务报表，未投产的新建企业和生产经营不满一年的企业不参加信用等级评定。

为使信用等级评定具有更强的可操作性和评定结果更具可比性，企业信用等级评定的对象可按行业和客户性质进行细分，如工业、农业、商贸、房地产、事业单位、综合类等。不同客户可采用侧重点不同的评定标准。

三、信用等级评定的程序

法人客户信用等级评定的基本程序为：

经营行客户部门调查、初评→经营行信贷管理部门初审→经营行行长（主管行长）→管理行信贷管理部门→管理行行长（主管行长）→有权审批行信贷管理部门→有权审批行行长（主管行长）→经营行复测调整。

企业的信用等级每年评定一次，一般于每年第一季度完成。评定的信用等级有效期为一年。客户的信用等级实行动态管理，经有权人核定和审批客户的信用等级后，经营行客户部门必须根据客户情况的变化复测其信用级别。年度中间复测信用等级原则上不作升级处理。

四、客户信用等级评定的指标体系

企业信用评级的指标体系一般包括财务分析和非财务分析两方面的内容。财务分析是信用等级评定的主体，非财务分析是对财务分析的结果进行修正、补充和调整。各个银行根据自身的情况所设定的具体指标会有所区别，并且在实践中根据客观情况的变化，会定期进行修改和补充，但一般都包括以下几项：（1）企业基本素质；（2）企业经济实力；（3）企业偿债能力及信用；（4）企业经营能力及效益；（5）企业发展前景及预测等。表2-25是某银行工业企业的信用评级指标体系，供参考。

表2-25　　　　　　　　工业企业信用评级指标体系

指标名称			计算公式及考核内容	参照值	极限值	满分值	速算公式
企业基本素质（10分）	领导素质	文化水平	法定代表人，正、副厂长（经理），三总师本科以上学历或中级以上职称的占比	≥65%	≥25%	2	$4x-0.6$
		领导能力	企业主要领导的学识水平、从业经历（岗位年限）、信用意识、奖惩情况等	优1，好0.8，较好0.6，一般0.4		1	—
	管理素质	经营管理	经营管理的现代化程度、经营总体目标与实施措施、制度建设与落实等	优2，好1.6，较好1.2，一般0.8		2	—
		财产投保率	财产已投保金额/财产应投保金额×100%	≥100%	≥60%	1	$1.5x-0.5$
	技术素质	中高级技术人员占比	中高级技术人员/员工人数×100%	≥10%	≥1%	2	$20x$
		工艺技术水平或名牌产品	全国先进水平、省内先进水平、行业平均水平、一般水平	全国2，省内1.6，行业1.2，一般0.8		2	
企业经济实力（7分）	净资产		资产总额-负债总额	≥2 000万元	≥100万元	5	$(4.5x+500)/1\,900$
	资本固定化比例		（资产总额-流动资产）/所有者权益×100%	≤80%	≤150%	2	$(2.6-1.5x)/0.7$
企业偿债能力及信用（43分）	资产负债率		负债总额/资产总额×100%	≤55%	≤85%	6	$(4.55-5x)/0.3$
	流动比率		流动资产/流动负债×100%	≥150%	≥100%	4	$6x-5$
	速动比率		（流动资产-存货）/流动负债×100%	≥80%	≥50%	5	$(40x-17)/3$
	利息保障倍数		（利润总额+利息支出）/利息支出	≥3倍	≥1倍	5	$2x-1$
	应付账款清付率		[1-应付账款年末余额÷（应付账款年初余额+本年应付账款贷方发生额）]×100%（注:应付账款包括应付票据）	≥85%	≥50%	2	$(30x-11.5)/7$
	经营活动现金流量净额与流动负债比例		经营活动产生的现金流量净额/流动负债平均余额×100%	≥15%	>0	6	$40x$
	净资产与年末贷款余额比例		净资产/年末贷款余额×100%	≥100%	≥40%	2	$2x$
	贷款风险	贷款逾期率	年末逾期贷款余额/年末贷款余额×100%	0	≤8%	6	$6-62.5x$
		贷款五级分类	正常、关注、次级、可疑、损失	正常6，关注4，次级1，可疑和损失0			—
	欠息率		[1-（实付贷款利息/应付贷款利息）]×100%	0	≤8%	4	$4-37.5x$
	或有负债率		或有负债/所有者权益×100%	≤55%	≤100%	3	$(54.5-50x)/9$

续表

指标名称		计算公式及考核内容	参照值	极限值	满分值	速算公式
企业经营能力及效益（31分）	应收账款周转次数	主营业务收入净额/应收账款平均余额	≥5次	≥1次	3	$0.6x$
	存货周转次数	主营业务成本/存货平均余额	≥4次	≥1次	3	$0.75x$
	总资产周转率	主营业务收入净额/总资产平均余额	≥0.8次	≥0.3次	4	$7x-1.6$
	主营收入增长率	（本年主营业务收入净额－上年主营业务收入净额）/上年主营业务收入净额×100%×规模系数	≥10%	≥1%	3	$30x$
	主营收入现金率	主营业务现金收入/主营业务收入净额×100%	≥80%	≥60%	5	$22.5x-13$
	主营收入利润率	利润总额/主营业务收入净额×100%	≥8%	≥1%	4	$50x$
	总资产报酬率	（利润总额＋利息支出）/总资产平均余额×100%	≥6%	≥1%	4	$2x/3\%$
	净资产收益率	税后利润/净资产平均余额×100%	≥6%	≥1%	5	$5x/6\%$
企业发展前景及预测（9分）	发展趋势 三年资本平均积累率	（本年所有者权益增长额×0.5＋上年所有者权益增长额×0.3＋前年所有者权益增长额×0.2）/三年前期末所有者权益×100%	≥3%	≥0.5%	2	$2x/3\%$
	发展趋势 三年主营收入平均增长率	（本年主营业务收入净额增长额×0.5＋上年主营业务收入净额增长额×0.3＋前年主营业务收入净额增长额×0.2）/三年前期末主营业务收入净额×100%×规模系数	≥10%	≥1%	1	$10x$
	发展趋势 三年利润总额平均增长率	（本年利润总额增长额×0.5＋上年利润总额增长额×0.3＋前年利润总额增长额×0.2）/三年前期末利润总额×100%×规模系数	≥8%	≥1%	1	$12.5x$
	经营活动现金流量净额与净利润比例	经营活动产生的现金流量净额/净利润×100%	≥100%	≥50%	1	$1.6x-0.6$
	行业政策	按国家及省、市行业政策	发展行业1，扶持行业0.8，维持行业0.5		1	—
	市场竞争能力	经营规模、市场竞争能力及在同行业中的地位	优1，好0.8，较好0.6，一般0.4		1	—
	其他因素	经营环境、发展策略、重大投资项目、外部支持程度等	优2，好1.6，较好1.2，一般0.8		2	—

注：1. 或有负债包括年末对外担保金额、信用证开证金额、保函开具金额和已贴现（未到期）商业承兑汇票金额。

2. 指标实际值为 x，若 x 达到参照值，该项指标取满分；若 x 达不到极限值，该项指标取0分；若 x 介于参照值与极限值之间，该项指标按速算公式计算得分。

【实践操作】

以小组为单位,根据表 2-25 工业企业信用评级指标体系及记分标准,对项目一中所寻找的企业进行信用等级评分,初步确定其信用等级。

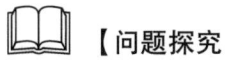 **【问题探究】**

企业信用评级的要素、标识及含义

《中国人民银行信用评级管理指导意见》对企业信用评级的要素、标识及含义规定如下。

1. 信用评级机构对企业进行信用评级应主要考察以下几方面内容。

企业素质:包括法人代表的素质、员工素质、管理素质、发展潜力等;

经营能力:包括销售收入增长率、流动资产周转次数、应收账款周转率、存货周转率等;

获利能力:包括资本金利润率、成本费用利润率、销售利润率、总资产利润率等;

偿债能力:包括资产负债率、流动比率、速动比率、现金流等;

履约情况:包括贷款到期偿还率、贷款利息偿还率等;

发展前景:包括宏观经济形势和行业产业政策对企业的影响、行业特征和市场需求对企业的影响、企业成长性和抗风险能力等。

2-59 案例:企业信用评级下降导致的信用风险

2. 借款企业的信用等级应按不同行业分别制定评定标准。

3. 借款企业的信用等级分三等九级,即 AAA、AA、A、BBB、BB、B、CCC、CC、C。等级含义如下。

AAA 级:短期债务的支付能力和长期债务的偿还能力具有最大保障;经营处于良性循环状态,不确定因素对经营与发展的影响最小。

AA 级:短期债务的支付能力和长期债务的偿还能力很强;经营处于良性循环状态,不确定因素对经营与发展的影响很小。

A 级:短期债务的支付能力和长期债务的偿还能力较强;企业经营处于良性循环状态,未来经营与发展易受企业内外部不确定因素的影响,盈利能力和偿债能力会产生波动。

BBB 级:短期债务的支付能力和长期债务的偿还能力一般,目前对本息的保障尚属适当;企业经营处于良性循环状态,未来经营与发展受企业内外部不确定因素的影响,盈利能力和偿债能力会有较大波动,约定的条件可能不足以保障本息的安全。

BB 级:短期债务的支付能力和长期债务的偿还能力较弱;企业经营与发展状况不佳,支付能力不稳定,有一定风险。

B 级:短期债务的支付能力和长期债务的偿还能力较差;受内外部不确定因素的影响,企业经营较困难,支付能力具有较大的不确定性,风险较大。

CCC 级:短期债务的支付能力和长期债务的偿还能力很差;受内外部不确定因素的影响,企业经营困难,支付能力很困难,风险很大。

CC级：短期债务的支付能力和长期债务的偿还能力严重不足；经营状况差，促使企业经营及发展走向良性循环状态的内外部因素很少，风险极大。

C级：短期债务支付困难，长期债务的偿还能力极差；企业经营状况一直不好，基本处于恶性循环状态，促使企业经营及发展走向良性循环状态的内外部因素极少，企业濒临破产。

每一个信用等级可用"＋"或"－"符号进行微调，表示略高或略低于本等级，但不包括AAA＋。

【知识链接2－13】

信用等级、记分标准与客户分类

由于各家银行或评级机构的评级指标体系不同，因此记分标准与信用等级的对应也有所差别，表2－26是最常见的记分标准，供参考。

表2－26　　　　　　　　信用等级与记分标准的对应关系

信用等级	记分标准		客户分类
	下限	上限	
AAA	90	100	优良客户
AA	80	89	优良客户
A	70	79	一般客户
BBB	60	69	限制客户
BB	50	59	限制客户
B	40	49	限制客户
CCC	30	39	淘汰客户
CC	20	29	淘汰客户
C	0	19	淘汰客户

思考：你了解其他银行的信用等级评定规定吗？

活动2　　个人客户信用评分

【知识准备】

个人客户信用等级评定的对象包括已与银行建立或正在与银行建立信贷关系的个体工商户、个人独资企业的投资人、合伙企业的合伙人、承包大户、个人租赁经营者及其他自然人等。

现以个人生产经营贷款为例。个人生产经营贷款是指对从事合法生产经营的个体工商户、个人独资企业的投资人、合伙企业的合伙人、承包大户以及个人租赁经营者发放的，以生产经营流动资金需求以及租赁商铺、购置机械设备和其他合理资金需求为用途的贷款业务。此类贷款的个人客户信用等级实行百分制，按分值高低可设立四个信用等级：AAA 级、AA 级、A 级和 B 级，其中 AAA 级和 AA 级为优良客户，A 级为一般客户，B 级为限制或淘汰客户。各个等级的含义如下。

AAA 级：评分在 90 分（含）以上，各项指标优秀，个人综合素质高，生产经营稳定，经营收入高，资信状况好，还款能力强。

AA 级：评分在 80（含）～90 分，各项指标良好，个人综合素质较高，生产经营比较稳定，经营收入较高，资信状况较好，还款能力较强。

A 级：评分在 70（含）～80 分，各项指标一般，个人综合素质一般，生产经营比较稳定，经营收入一般，资信状况一般，还款能力一般。

B 级：评分在 70 分以下，经营情况差，还款能力弱，个人与银行的合作意愿及个人的资信状况较差。

个人生产经营贷款客户信用等级的评级指标分个人基本情况、履约能力、资信状况、其他不利因素等几个方面，具体分值确定如表 2－27 所示。

表 2－27　　　　个人生产经营贷款客户的信用等级评级指标及记分标准

姓 名		身份证号码				家庭住址		
经营单位名称						经营地址		
评定指标		标准分	评定标准				指标值	初评分
个人基本情况（25分）	年龄	3	18～28 岁	29～40 岁	41～54 岁	55 岁以上		
			1	3	2	1		
	婚姻	3	单身无子女	单身有子女	结婚无子女	结婚有子女		
			1	2	2	3		
	供养人口	3	无	1 人	2～4 人	4 人以上		
			2	3	2	1		
	经营场所	11	农村城镇		县城	地级市以上城市		
			1～3		7～9	8～11		
	有无住所	5	无固定场所		租住房	已购商品房		
			0		3	5		
履约能力（40分）	行业类别	6	商贸	加工制造	服务业	其他		
			6	4	3	3		
	经营年限	6	10 年（含）以上	5～9 年	1～4 年	1 年以内		
			6	4	3	1		
	年销售收入	14	200 万元以上	100 万～200 万元	50 万～100 万元	50 万元以下		
			14	12	8	4		
	家庭财产	11	100 万元以上	50 万～100 万元	30 万～50 万元	30 万元以下		
			11	9	7	3		
	保险情况	3	商品和家庭财产全保	只保商品	只保家庭财产	没有保险		
			3	2	1	0		

续表

资信状况（35分）	业务往来	12	密切	一般	极少			
			12	9	3			
	月平均存款	11	15万元以上	8万~15万元	2万~8万元	2万元以下		
			11	8	6	2		
	信用记录	12	信用记录良好	无不良信用记录	有不良信用记录已纠正	有不良信用记录		
			12	9	6	−10		
其他不利因素		−40	有逃废债务或信用卡恶意透支行为					
		−40	品行差，有赌、毒、嫖等不良行为					
		−20	有社会不良记录，有犯罪前科					
		−20	与银行合作诚意差					
总得分		100						
拟评定信用等级								

表2−28为一般个人消费贷款客户的信用等级评级指标及记分标准。

表2−28　　　　　　　个人消费贷款客户的信用等级评级指标及记分标准

项　　目		评定区间	得分
借款人资格（20分）	年龄	36~49岁	3
		24~35岁	2
		18≤年龄≤23或50≤年龄≤退休年龄	1
	文化程度	高等教育（大学本科及以上）	5
		中等教育（大专学历）	3
		初等教育（高中及以下）	2
	婚姻状况	有配偶	2
		无配偶	0
	单位性质	国家机关、金融保险、邮电通信	4
		科教文卫、水电气供应、商业贸易	3
		工业交通、房地产建筑、部队系统	2
		农林牧渔、社会服务业及其他	1
	职务或职称	董事/厅局级及以上	4
		总经理/处级以上（或高级职称）	3
		部门经理/科级（或中级职称）	2
		职员/科级以下（或初级职称）	1
	从业稳定性	现单位工作10年（含）以上	2
		现单位工作5年（含）以上，10年以下	1

项目		评定区间	得分
偿债能力 （30分）	借款人 月均收入	收入2万元（含）以上	8
		收入8 000（含）~2万元	6
		收入3 000（含）~8 000元	4
		收入3 000元以下	2
	配偶 月均收入	收入2万元（含）以上	8
		收入8 000（含）~2万元	6
		收入3 000（含）~8 000元	4
		收入3 000元以下	2
	家庭净资产	10万元以下计1分，超过10万元计2分，每增加20万元再计1分，最高不超过6分	6
	收入还贷比 （家庭月均收入/本笔和其他贷款月还款）	3以上	8
		2（含）~3	6
		1.5（含）~2	5
		1.2（含）~1.5	4
担保能力 （25分）	担保类别	质押类担保	17
		住房抵押担保	15
		家用轿车等所购汽车	10
		第三方保证担保	8
		其他	5
	担保形式	提供房产抵押和保证人两种（含）以上担保或提供质押担保	8
		提供房产抵押和车辆抵押两种（含）以上担保	7
		有房产抵押担保、车辆抵押担保，或两位保证人担保	5
		有一位保证人担保或其他	3
存贷款情况 （25分）	存款情况	按年日均存款每万元计0.3分，最高不超过5分	5
	借款记录	贷款已正常归还，再次申请贷款的	4
		与本行首次发生贷款关系的	2
		有贷款余额且形态正常的	1
	贷款乘数	房产抵押率≤50%或质押率<90%或车辆抵押率≤40%	7
		50%<房产抵押率≤60%或40%<车辆抵押率≤50%	6
		60%<房产抵押率≤70%或50%<车辆抵押率≤60%	4
		60%<车辆抵押率≤70%	2
	贷款期限	1（含）~3年	4
		1年以下	3
		3年（含）以上	1
	还款方式	按月等额、按月还本金	5
		按季等额、按季还本金	3
		其他方式	1

注：1. 对无固定职业、非本地居民的借款人禁止发放贷款（质押贷款除外）。

2. 对收入还贷比小于等于1.2的借款人审慎发放贷款（质押贷款除外）。

随着我国经济的不断发展，个人信用消费规模急剧扩大，单纯依赖人工审核的成本太高、效率太低，许多银行及其他授信机构开始认识到必须要建立一套用于评价个人客户信用状况的标准和系统取代人工进行自动审核，以节约经营成本，提高效率和信贷风险。尤其是随着大数据技术的发展，利用信用评分模型对个人进行信用评分的做法越来越普遍。它是在建立个人信用信息数据库系统的基础上，运用数理统计学的原理，找出可能影响消费者未来信用风险、价值等的各种因素，分配以不同权重，进而建立起特定的数学模型，并借助计算机信息技术对个人信用信息进行量化评估的方法。个人信用评分以一个分数区间来反映个人的信用状况，一般界定为分数越高风险越低或信用越好。目前，市场上也有专门的征信机构为授信机构

2-60 资料：
芝麻信用分

及个人提供信用评分查询服务，如蚂蚁金服的"芝麻信用分"、鹏元征信的个人综合信用风险评分等。

 【实践操作】

请根据上述表格，结合所收集的材料对项目一中寻找的个人客户进行信用等级评分（注意分个人生产经营贷款和个人消费贷款），初步确定其信用等级。

 【知识链接 2 – 14】

"信用户""信用村""信用乡"——"三信"评定

农村信用体系建设是现代农村经济发展的基石。2007 年，中央一号文件提出"探索建立农资流通企业信用档案制度"；2009 年，中国人民银行下发《关于推进农村信用体系建设工作的指导意见》，标志着农村信用体系建设开始推进；2024 年中央一号文件再次明确提出"推进农村信用体系建设"。通过多年的努力，我国农村信用体系建设及产品创新取得了显著的成效，全国各地先后推动"信用户""信用村""信用乡"（"三信"）评定建设工作。由于地域差异，各地"三信"评定的具体实施和管理办法会有不同。

一、什么是信用户？怎样才能评选为信用户（新型农业经营主体）？

简单地说，信用户就是讲诚信、守信用的农户。

评选为信用户（新型农业经营主体），需要具备以下五个方面的条件：（1）具有完全民事行为能力的自然人、法人或其他经济主体，有稳定收入；（2）家庭无不良贷款（包括金融机构和民间借贷），无欠息贷款，家庭成员征信良好；（3）为他人担保贷款的，能积极协助银行业金融机构清收或承担连带保证责任；（4）邻里关系和睦，家庭和谐，勤劳致富，群众反映好；（5）家庭成员诚实守信、遵纪守法，无违法行为和其他劣迹。

二、怎样才能评选为信用村（社区）？

评选为信用村（社区），需要具备以下六个方面的条件：（1）信用户占全村（社区）总户数的80%以上；（2）村（社区）内涉农金融机构不良贷款比例在5%以下，小额信贷等政策性贷款不良率在1%以下；（3）村（社区）内企业或农民专业合作社不良贷款余额不超过全村贷款总余额的3%；（4）村集体经济基础较好，村民文明守信，普遍具有较强的法制意识和信用意识；（5）村（社区）两委班子团结，村（社区）干部带头倡导诚实守信，关心支持金融机构工作，积极支持不良贷款清收工作；（6）村（社区）成立了创建信用村工作小组，对信用创建工作有方案、有办法。

否决指标：如在评定期间村（社区）内出现2家及以上企业或农民专业合作社存在逃废债行为，并造成社会负面影响的，取消评定资格。

三、如何评选信用乡（镇）？

评选信用乡（镇），要具备以下六个方面的条件：（1）辖区信用村（社区）占行政村（社区）总数的80%以上；（2）乡（镇）不良贷款占比在5%以下，小额信贷等政策性贷款不良率控制在1%以下；（3）辖内企业或农民专业合作社不良贷款余额不超过贷款总余额的3%；（4）乡（镇）党委、政府积极帮助金融机构清收贷款、落实债权，并将不良贷款清收纳入年度工作目标；（5）乡（镇）党委、政府带头加强信用体系建设，支持金融机构工作，干部职工无逃废金融机构债务的行为，辖区内住户信用意识较强；（6）乡（镇）党委、政府高度重视信用创建工作，有分管领导、有明确的创建方案和措施，能组织辖区内各村（社区）积极开展创建活动并取得实效。

否决指标：如在评定期间辖区内出现5家及以上企业或农民专业合作社存在逃废债行为，并造成社会负面影响的，取消评定资格。

四、信用乡（镇）、信用村（社区）、信用户评定的程序是怎样的？

每年评定一次。具体评定程序为：

1. 信用户评定程序。符合条件的住户（新型农业经营主体）向所在村（居）委会提出申请，村（居）委会初审后报乡（镇）政府审定。乡（镇）政府应征得当地涉农金融机构同意。

2. 信用村（社区）评定程序。由村（居）委会对照评定条件自评后，向乡（镇）政府提出申请，乡（镇）政府审核并征得当地涉农金融机构同意后，报县政府办（金融办）审定。

3. 信用乡（镇）评定程序。由乡（镇）政府对照评定条件自评后，向县政府办（金融办）提出申请，由县农村信用创建工作领导小组审定。

信用乡（镇）、村（社区）、户（新型农业经营主体）正式确认前，均需进行公示，接受社会监督。

五、信用乡（镇）、信用村（社区）、信用户享受的优惠政策有哪些？

信用乡（镇）、信用村（社区）、信用户享受的优惠政策主要有：

1. 授信额度优惠。各金融机构对取得信用户表彰资格的客户给予或者增大相应的贷款授信，授信额度有效期一般不超过两年，期限内授信额度可循环使用。

2. 贷款手续简化。凡是信用乡（镇）、信用村（社区）的客户，在金融机构资金来源许可的情况下，享有贷款优先、手续简便等优惠政策。

3. 贷款利率优惠。信用户（新型农业经营主体）可根据授信额度到金融机构办理贷款，金融机构应给予低于一般客户的贷款利率。

4. 信贷优先支持。各银行业金融机构的新增贷款，要优先投向信用乡（镇），信用乡（镇）的信贷需求优先得到保障。

资料来源：西和县信用乡镇、信用村、信用户评定政策问答，"西和大桥发布"公众号，2023 - 07 - 07。

政策解读

农村信用体系建设是助力乡村振兴、创新基层治理方式、促进富民增收的重要一环，是服务"三农"的"压舱石"。"三信"评定工作是助推农村信用体系建设、优化农村地区金融服务供给、做好金融支持乡村振兴、服务金融"五篇大文章"的重要举措。农村信用体系建设要坚持党建引领、统筹推进、市场主导，村党组织要从配合金融机构转变为主动服务群众，金融机构业务模式要从抓大放小、逐个授信转变为整村推进、批量授信，打通金融血液流向"三农"的堵点，营造人人守诚信、村村讲信用的良好氛围。

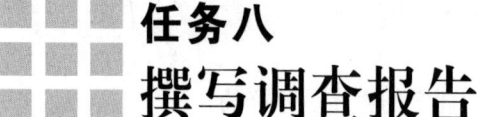

任务八
撰写调查报告

活动1　撰写企业授信业务调查报告

【知识准备】

如何写贷前调查报告

一、贷款调查报告的写作要求

1. 标题。一般用公文标题的写法，如《××银行××县支行关于××企业申请××贷款的调查》。

2. 正文。

（1）开头。写调查报告的缘起。一般都要写借款单位因为什么于何年何月何日提出了借款申请，然后写银行针对申请进行了什么样的调查。

2-61微课：
企业流动资金
贷款的调查

（2）主体。着重写调查借款单位的实际情况，包括企业性质、规模、固定资产、现有设备、近年来的经营管理状况、申请的贷款用途，供销是否落实，是否符合产业政策和行业发展规划，能否带来可观的经济效益，贷款能否按期收回本息等。

（3）结尾。根据调查的情况和现行的贷款政策，具体提出贷与不贷、贷多贷少的意见或建议。不贷，要讲明理由，尽可能为企业出主意；贷，贷多少，何时发放，利率多少，何时还贷，要写具体。

3. 署名和日期。署名，一般写"调查人×××"或"信贷员×××"，写在正文右下角，换行在名字下面写上年月日。

二、贷前调查报告的结构和写法

1. 面对企业，深入实际。贷前调查报告必须面对企业，深入实际，不仅要看死材料，而且要了解活情况；不仅要了解企业的过去和现状，而且要准确估算企业的发展趋势；不仅要掌握企业的供、产、销，还要密切注意国内外市场的变化和趋势。没有深入的调查，就不会有中肯的分析，调查的工作是第一位的。

2. 掌握信贷政策，注意"三性"统一。所谓"三性"是指安全性、流动性和盈利性。这三性不是完全统一的关系，流动性越大，安全性越大，但盈利性越小。信贷工作要保证在安全性和流动性的基础上，追逐利润。

3. 意见和情况要一致。贷前调查报告有情况和意见（包括"建议"）两部分，情况是意见的根据，意见是在研究情况以后产生的，两者要密切结合，不要相互游离。

以下是贷款调查的报告格式，供参考。

关于××单位申请××万元贷款（或授信等）的调查报告

申报支行：××支行

申请人：××××××××××××

信贷业务种类：贷款、授信（标明授信结构）、承兑（标明保证金比例）等

申请额：××万元

期限：××月（年）

担保方式：××

利率或费率：××

第一部分　借款人基本情况

一、概况

二、股东情况及组织结构

三、管理情况

四、关联企业或关联人物

第二部分　借款人经营活动分析

一、总体情况

二、生产销售情况（主要产品、原材料情况、生产情况、销售情况）

三、研究开发能力

四、行业情况（行业现状、行业发展趋势、核心竞争能力）

五、重大事项揭示（或其他需说明的情况）

第三部分　借款人财务分析

一、报表类型（是否经过事务所审计、是否系报送税务机关的报表；是否合并报表及合并范围）

二、财务指标分析

第四部分　银企往来及信誉情况

一、在本行的往来情况

二、在其他金融机构的往来情况

三、银企关系及信誉评价

第五部分　担保情况分析

担保方式及具体情况

第六部分　贷款（或授信）的用途及还款来源分析

一、贷款用途及合理性分析

二、资金缺口测算或项目的可行性分析

三、还款来源测算及企业的还款计划

第七部分　风险分析及防范措施

政策法律风险、行业风险、财务风险、经营管理风险、道德风险、其他风险等

第八部分　综合收益测算

利息收入、存款收益、中间业务收入、其他收益

第九部分　基本分析结论

主办信贷员（签字）：×××

协办信贷员（签字）：×××

××××年××月××日

 【实践操作】

　　各小组利用项目一中收集的企业资料，根据对该企业的财务因素、非财务因素和担保分析等，撰写企业客户贷款调查报告（根据企业实际需要确定授信业务类别申请或假设该企业申请流动资金贷款）。

活动2　撰写个人授信业务调查报告

【实践操作】

　　各小组利用项目一中收集的个人客户资料，根据对该客户的分析，撰写个人客户贷款调查报告（根据个人实际需要确定授信业务的类别申请）。

　　附：

关于A化工有限公司申请流动资金贷款500万元的调查报告

　　A化工有限公司（以下简称A公司）是一家经营化工原料的公司，主要业务为化学用品中间体经销。公司现因采购备货需要而造成流动资金紧张，向我行申请办理流动资金贷款500万元，由与我行建立了银行贷款担保全面合作伙伴关系的××市B中小企业信用担保有限公司提供保证担保。本着安全谨慎的原则，针对该公司的申请，现将调查情况汇报如下。

一、客户基本情况分析

　　A公司成立于2011年，注册地址在××路123号××南栋1224房，法定代表人王××。公司经营范围包括化工原料及产品、金属材料、机电产品、装饰材料、摩托车、汽车配件及纸张的销售等，注册资本为200万元。主要业务为化学用品中间体经销业务，销售的主导产品为苯酚，其次为丙酮、三聚氰胺及甲缩醛。

　　公司统一社会信用代码为91＊＊06007065＊＊＊＊＊U，其基本开户行设立在中国农业银行＊＊支行，账号为326072290104000＊＊＊＊，机构信用代码为G104＊＊＊＊＊＊＊＊＊＊＊＊D，危险化学品经营许可证编号CSX－05－（一）危乙字〔2010〕第＊＊＊号，以上证件均有效。

　　A公司组织机构健全，现有股东2人，公司为总经理负责制，公司董事长兼职总经理，实行垂直管理，下设经理若干，由销售部、采购部、财会部、物流部、人事部等组成，部门之间分工明确，职责清晰。重大决策由董事长召集部门负责人协商，集思广益以求决策的准确性。人事管理实行聘用制，能者上，庸者下。业务上实行提成工资分配，管理方面的薄弱环节主要体现在关键部门人员不足。至报告日止，未发现该公司有任何法律纠纷。

　　公司员工业务水平、文化素质较高，人员稳定，公司财务管理较规范。管理层思想统一，领导班子稳定，有较强的开拓精神。公司高管层年富力强，平均年龄38岁，均有多年行业工作经验，企业老板是学财会出身，有一定的社会经验和财务知识，有多年的化学产品贸易经验，公司经营管理考核激励机制健全，收入稳定，主要员工均与老板合作多年，对企业忠诚，可适应现代民营企业发展的灵活的管理机制及企业未来的发展前景，又能吸引并稳定优秀的管理人才，为企业经营发展作出贡献。

　　法人代表王××，男，40岁，身份证号码43＊＊＊＊＊＊＊＊＊＊＊＊，大学文化，户籍地：湖南省××市××区××镇。1997年至2000年7月在××副食品公司工作，2000年7月至2005年9月在××市××化工有限公司工作，2006年10月至2011年在××市××化工有限公司工作，2007年10月至今在××市A公司工作。

二、客户经营状况分析

　　A公司主要从事化学用品中间体经销业务，销售的主导产品为苯酚，该单项产品销售占比82.33%，其次为丙酮、三聚氰胺及甲缩醛，三种产品合计占比 17.28%，另还销售聚乙烯醇、二甘醇、甲醛等，但销售量非常小。该公司最大的上游供货商为××化工有限公司（今年累计采购占比 78.74%），主要采购苯酚，系该产品在湖南、江西市场的总经销商，合同约定的月供应量为 650 吨。除此之外，采购量相对较大的上游客户还有××化工国际贸易有限公司、××销售华中分公司、××国际控股有限公司、北京××贸易有限公司及四川省××化工有限责任公司。其下游销售客群分为两大类：一类为化工产品生产加工企业，主要包括湖南××精细化工有限公司、湖南××化工有限公司（以生产农药和精细化工为主）、沙县××塑料有限公司（酚醛制品生产商）及湖南××化工涂料有限公司；另一类为化工原料贸易商，主要包括长沙市××化工贸易有限公司、长沙××化工贸易有限公司、长沙××化工有限公司及青岛××化工有限公司。根据提供的财务报表，该公司 2022 年全年实现销售收入 7 976.17 万元，2023 年全年实现销售收入 13 108.46 万元，2024 年 1—9 月累计实现销售收入 8 458.58 万元。

三、客户财务状况分析

公司财务管理规范，2023 年年度会计报表是由湖南××会计师事务所审计，出具了无保留意见审计结论。公司 2021 年至 2024 年 9 月主要财务数据摘录如表 2 - 29 所示。

表 2 - 29 公司主要财务指标

指标名称	2021 年	2022 年	2023 年	2024 年 9 月
销售收入/万元	7 598.86	7 976.17	13 108.46	8 458.58
利润总额/万元	46.38	236.6	473.46	350
资产负债率/%	60.53	51.52	49.20	42.57
现金净流量/万元		353.00	−274	
经营性现金净流量/万元		353.00	−767	
流动比率	1.65	1.94	2.02	2.34
速动比率	1.55	1.37	1.44	1.93
利息保障倍数	—	—	16.36	8.00
销售利润率/%	2.14	5.10	4.02	4.31
总资产报酬率/%	6.04	23.71	11.81	11.84
净资产收益率/%	15.30	45.24	24.63	24.75
存货周转率/次	170.45	44.69	50.97	40.78
应收款周转率/次	—	134.90	75.05	46.66

从数据可以看出，该公司的年销售额较大，2023 年全年的销售收入为 1.31 亿元，2024 年 1—9 月已累计实现销售收入 8 458.58 万元，销售已经初具规模，且呈逐年稳定增长的趋势，经营的稳定性相对较强。

（一）偿债能力分析

根据表 2 - 29 列示数据来看，该公司的资产负债率呈逐年下降，截至 2024 年 9 月末资产负债率为 42.57%，负债率较低，低于行业整体水平，说明企业的长期偿债能力较强，整体的抗风险能力较佳。其近年来的流动比率、速动比率指标值均达到行业合理水平，反映企业各项资产的流动、变现能力强，短期偿债能力也较好。2023 年公司的经营性现金净流量为负，现金净流量为负，主要原因在于上年末银行贷款放下来后，大量现金用于年底压货和向供货商打预付款订货，对本期现金流量造成影响，但从公司经营情况分析，对短期债务偿还能力影响不大。

（二）盈利能力分析

据表 2 - 29 所列情况，该公司近年来的销售利润率指标值保持在 2.14% ~ 5.10%，从利润率指标值来看，销售差价空间不大，主要是依靠快速周转提升整体的销量，从而实现规模效益，符合贸易行业的盈利特点。从近几年的资产运营回报率来看，总资产回报率和净资产回报率指标值均较高，达到行业较好水平，说明企业的盈利能力比较稳定，在单次的综合销售利润率较低的情况下，依靠快进快出的销售周转模式，全年的净盈利总额仍维持在不错的水平。

（三）经营能力分析

从表 2-29 列示数据来看，该公司的销售收入和盈利额虽然在短期内有略微的变化，但从长期来看，整体的增长趋势是比较稳定的，2023 年全年实现销售收入 1.31 亿元，实现利润总额 473.46 万元，全年的经营效益尚可。企业近几年的存货周转率指标值均较高，2023 年全年的存货周转率为 50.97，存货周转周期约为 7 天，周转效率非常高，符合企业快进快出的经销策略，有利于规避价格波动带来的不利影响；其应收账款较存货周转更快，2023 年全年的应收账款周转率为 75.05，货款回笼周期仅为 5 天，应收账款的流动性非常强，资产质量优良。综合以上指标来看，该公司各项经营性资产的周转效率高，销售规模较大，企业整体的经营能力处于业内相对较好水平。

四、客户外部环境分析

客户外部经营环境相对比较宽松，公司经营的行业属于化工批发，其下游销售行情受整体经济环境特别是制造行业的影响较大，价格有一定的波动，其上游处于强势地位，相对于上游厂家来说公司没有议价能力，采购货物必须采取预付款的方式。销售和价格的不确定性对于公司资金的及时回笼有一定的影响，会影响到我行信贷资金的及时兑付，同时担保公司的经营也存在一定的风险，第二还款来源存在一定的不确定性。为防范可能出现的资金风险，需加强对公司经营和财务状况的动态监控，督促公司及时归还信贷资金，及时与担保公司保持联络和沟通。

五、客户融资情况分析

（一）银行信用余额

经查询中国人民银行企业征信系统，该公司信用记录良好，法定代表人王××，经由中国人民银行征信系统查询，有贷记卡 1 张，授信额度 1 万元，在 24 个月内个人信用记录良好；个人住房贷款 2 笔，金额 95 万元，余额 67.5 万元，无逾期状况。

（二）对外担保情况

经调查和查询中国人民银行征信系统，截至本报告日，公司对外无担保事项，与公司高管及财务人员面谈了解，公司及股东无民间借贷行为。

六、担保情况分析

A 公司这次申请贷款由××市 B 中小企业信用担保有限公司进行连带责任担保，B 中小企业信用担保有限公司是通过我行授信的专业担保公司，单笔担保额达到 500 万元，符合担保条件。反担保措施为股东其他房产作为抵押，担保单位以及我支行对客户的现金流量进行分析，该客户每月回款约1 500 万元，现金流量有保证，还款能力较强。

七、贷款用途、方式

此次申请贷款将全部用于补充流动资金，主要用于以下三个方面：一是由于公司今年入围中国××、中化××的业务系统，后期将加大与其合作，整体的流动资金需求量增加；二是公司经销商品存在一定的价格波动，在价格下跌时如有足够资金及时备货可赚取更高的利润空间；三是公司目前对下游客户赊销不多，如资金充裕，会适当选择少量合作年限久、资产实力强的客户适量赊销，提升整体的利润空间。贷款还款方式为到期还本，按月付息。

八、还款来源分析

在 A 公司 2023 年销售收入新增长 20% 的条件下，预测 2024 年 A 公司的营运资金量为 1 112 万元，估算新增流动资金贷款额度 636.5 万元。（过程略）

该公司专业从事化学用品中间体经销业务，公司股东及实际控制人王××涉足该行业经营 22 年，积累了丰富的产品、人脉资源及行业经验。该公司已与惠州××、四川××公司建立长期而稳定的合作关系，其中惠州××为××化工集团下属子公司，工厂在广东省，占地面积 20 万平方米，投资 9 亿元，是华南地区唯一的苯酚、丙酮生产企业；四川××公司为上市公司下属公司，主营合成氨、硝酸铵、三聚氰胺。该公司今年又分别入围中国××、中化××的供应商，并于 6 月、9 月与其正式开展业务合作，充分体现了经营者在该行业内的行业地位。该公司的下游销售客户资源也比较稳定，以化工原料经销商和生产加工企业为主，下游购买力稳定，2024 年 1—9 月已累计实现销售收入 8 157.58 万元，预计全年实现销售收入 1.3 亿元，现金流量比较大，也为到期偿还流动资金贷款提供了保障。同时，流动资金贷款将全部用于周转，没有发现借款人有其他投资需求。

此次 500 万元信贷资金，还款来源主要依靠企业自身的货款回笼及盈利资金，公司本身的资产实力较强，资产负债率较低，抗风险能力较强，且从公司当前的资金流状况来看，每月的资金流量约为 1 200 万元（其中通过银行账款回款占比 70%，以收取银行承兑汇票方式回款占比 30%），第一还款来源相对充足。此外，该公司现已与 B 中小企业信用担保有限公司达成担保意向，由其提供担保，保证措施也比较可靠。

九、风险点分析

1. 行业风险。化工贸易行业产品价格变动影响较大，目前国家经济正处在复苏的大环境下，政策面向好的方面发展。该公司应充分利用上下游销售网络优势，在严控风险的前提下扩大市场占有率，增加销售。

2. 经营风险。客户作为化工原料供应商，主要应对市场经营价格风险，该客户主要采取下家订货备货制度，根据下游客户年度订货量略高于订货量向上家订货，能较好地回避原材料供应价格浮动较大存在的风险。经营风险为销售渠道的畅通，以及上下游客户的拓展。

3. 市场风险。目前企业上下游客户稳定，订单较多，销售形势看好。

4. 企业信用风险。经查询中国人民银行企业征信系统，该公司信用记录良好，无不良信用记录。

5. 担保风险。本次贷款是由 B 中小企业信用担保有限公司提供担保，担保企业资金可靠，且为专业的担保公司，实力较强。

十、风险控制防范措施

1. 加强贷后管理，对企业资金使用进行有效的监控，确保贷款资金用于向上游厂商进行化工原料采购。

2. 加强企业结清账户的管理，要求销售回行。

3. 加强对企业的上游供应商和下游客户的情况了解，关注市场行情的变化，及时掌握信息，规范市场风险。

十一、综合效益分析

1. 贷款利息收入：此笔贷款利率为基准利率上浮 40%，金额 500 万元，期限 1 年，到期还本、按月付息。我行将共收取贷款利息 40 余万元。

2. 结算往来和存款方面：该公司多年来一直是依靠自有资金发展，与我行 2021 年开始建立信贷业务合作关系，其他金融机构均未介入，客户现金流量大，兑付能力较强。上游客户银行承兑汇票结算频繁视同现金，由专业担保公司为其担保，这将进一步改善我行信贷质量和信贷结构，分散我行信贷风险，提高我行盈利能力。经与企业法定代表人沟通，企业承诺后续将与我行加强业务合作，扩大银行承兑汇票结算规模。今年新增保证金存款约 1 000 万元。

十二、结论及意见

申请人具备较强的经济能力，产品销量较大，市场占有率较高，目前经营状况良好，第一还款来源充足。由 B 中小企业信用担保有限公司进行连带责任担保，第二还款来源可靠。增加王××及股东向××承担无限连带责任担保，严格按照《流动资金贷款管理办法》及本行规定进行用款管理和贷后管理。严格监督企业的经营情况及化工行业的市场、价格变化。拟同意办理期限 1 年的 500 万元流动资金贷款，利率为 7.56%。

请领导审批。

调查人：×××

2024 年×月×日

 【课后练习】

一、单项选择题

1. 下列法人客户申请办理授信业务的条件中，错误的是（   ）。

A. 从事的生产经营活动合法合规

B. 借款人具有合法稳定的收入或收入来源，具备按期还本付息的能力

C. 已在贷款行开立基本账户或一般账户

D. 借款人的财务状况较差，但能提供较好的保证人

2. 企业利润表中，以下哪一项目记录的是企业为筹集资金而发生的各项费用？（   ）

A. 财务费用　　　　B. 管理费用　　　　C. 营业费用　　　　D. 主营业务成本

3. 下列哪个项目不属于流动资产？（   ）

A. 货币资金　　　　B. 应收账款　　　　C. 应付账款　　　　D. 存货

4. 在企业提供的信用与偿还条件不变的情况下，企业应收账款与下列哪个账目之间的百分比变化应基本遵循相同的轨迹？（   ）

A. 应收账款　　　　B. 存货　　　　C. 产品销售收入　　　D. 货币资金

5. 以下反映企业短期偿债能力的指标是（   ）。

A. 资产负债率　　B. 流动比率　　　　C. 存货周转率　　　　D. 销售利润率

6. 以下反映企业长期偿债能力的指标是（   ）。

A. 资产负债率　　B. 流动比率　　　　C. 存货周转率　　　　D. 销售利润率

7. 下列哪个指标最能反映借款企业的盈利能力？（   ）

A. 流动比率　　　B. 存货周转率　　　C. 销售利润率　　　D. 应收账款周转率

8. 红星化工厂购买设备急需一批资金，该工厂与甲银行签订了借款合同，并请某市第三医院出面担保。按照法律规定，该医院（   ）。

A. 可以担保   B. 不能担保

C. 有足够清偿能力即可   D. 银行接受即可

9. 质押与抵押最重要的区别为（   ）。

A. 抵押权不转移标的占有，质权必须转移标的占有

B. 抵押权可重复设置，质权不可

C. 抵押权人负保管标的义务，质权人负有善良管理人注意义务

D. 抵押权标的为不动产和动产，质权标的是动产和财产权利

10. 下列单位可以作为保证人的是（   ）。

A. 国家机关   B. 学校   C. 医院   D. 子公司

11. 下列关于抵押贷款中作为抵押物财产的说法错误的是（   ）。

A. 必须是债务人所有的财产

B. 必须是权属无争议的财产

C. 必须是价值稳定，且依法可以流通转让的财产

D. 必须是容易变现的财产

12. 下列各种情况中属于风险较低的是（   ）。

A. 企业的固定成本在总成本中的比重小

B. 企业产品的替代性强

C. 与经济周期变化的相关程度高

D. 对其他企业的原材料供应和产品销售的依赖性强

13. 中国银行某支行向客户张某发放一笔个人住房贷款 50 万元，按照《个人贷款管理办法》规定，此笔贷款应采用哪种方式支付？（   ）

A. 委托支付   B. 受托支付   C. 自主支付   D. 自行支付

14. 下列关于土地使用权抵押的说法错误的是（   ）。

A. 土地使用权抵押时，其地上建筑物、其他附着物随之抵押

B. 地上建筑物、其他附着物抵押时，其使用范围内的土地使用权随之抵押

C. 土地使用权和地上建筑物、其他附着物抵押，可由当事人协商决定是否办理抵押登记

D. 因处分抵押财产而取得土地使用权和地上建筑物、其他附着物所有权的，应当依照规定办理过户登记

15. 下列各种情况属于风险较大的是（   ）。

A. 企业的固定成本在总成本中的比重大

B. 企业产品具有独特性

C. 与经济周期变化的相关程度低

D. 对其他企业的原材料供应和产品销售的依赖性弱

16. 商业银行对借款人最关心的就是（   ）。

A. 借款人财务信息的质量   B. 借款人的家庭背景

C. 借款人的商业经验   D. 借款人现在和未来的偿债能力

17. 下列关于长期偿债能力指标，说法错误的是（   ）。

A. 资产负债率说明客户总资产中债权人提供资金所占的比重

B. 负债与所有者权益比率反映了所有者权益对债权人权益的保障程度

C. 有形净资产债务率反映了企业可以随时还债的能力

D. 利息保障倍数反映了企业获利能力对到期债务利息的保障程度

18. 个人贷款客户的信用评级指标一般不包含（　　）。

A. 文化程度　　　　B. 健康状况　　　　C. 婚姻状况　　　　D. 月收入状况

19. 《民法典》规定，保证方式可分为（　　）。

A. 代偿保证和一般保证　　　　　　　B. 赔偿责任和连带责任保证

C. 一般保证和连带责任保证　　　　　D. 代偿责任和连带责任保证

20. 按照《民法典》的相关规定，当事人对保证方式没有约定或约定不明确的，按（　　）承担保证责任。

A. 一般保证　　　　B. 连带责任保证　　C. 保证担保　　　　D. 抵押担保

二、多项选择题

1. 下列项目中属于流动资产的有（　　）。

A. 存货　　　　　　B. 应收账款　　　　C. 待摊费用　　　　D. 应付票据

2. 下列属于反映借款企业短期偿债能力的指标有（　　）。

A. 资产负债率　　　B. 利息保障倍数　　C. 流动比率　　　　D. 速动比率

3. 下列属于反映借款企业长期偿债能力的指标有（　　）。

A. 资产负债率　　　B. 利息保障倍数　　C. 流动比率　　　　D. 速动比率

4. 下列属于反映借款企业营运能力的指标有（　　）。

A. 资产负债率　　　B. 存货周转次数　　C. 流动资产周转率　D. 应收账款周转次数

5. 下列属于反映借款企业盈利能力的指标有（　　）。

A. 资产负债率　　　B. 净资产收益率　　C. 总资产收益率　　D. 成本费用利润率

6. 存货是借款企业重要的流动资产，一般占流动资产比重的50%，银行在分析时应关注（　　）。

A. 存货的质量，有无已霉烂变质、已过期且无转让价值的存货

B. 存货是否已抵押

C. 存货结构及周转时间是否合理

D. 存货的计价及计提跌价准备的方法是否正确

7. 以下哪几项属于借款企业投资活动产生的现金流入项目？（　　）

A. 处置固定资产的现金收入　　　　　B. 收到的租金

C. 收回投资收到的现金　　　　　　　D. 提供劳务的现金收入

8. 在对借款企业进行经营循环分析时，应注意企业在采购环节可能遇到的风险主要有（　　）。

A. 原材料价格风险　　　　　　　　　B. 原材料购买量风险

C. 产品质量管理风险　　　　　　　　D. 原材料购货渠道风险

9. 下列单位不可以作为保证人的是（　　）。

A. 某县财政局　　　B. 某市第一中学　　　C. 某人民医院　　　D. 某独资公司

10. 质押具有以下哪些特征？（　　　）

A. 质押权是不转移对标的物占有的物权　　B. 出质人必须对质物享有处分权

C. 质权人有权就质物的价值优先受偿　　D. 质物为动产和权利

11. 法律规定，以下哪些属于权利质押的范围？（　　　）

A. 汇票、本票、支票　　　　　　　　　B. 债券

C. 仓单、提单　　　　　　　　　　　　D. 应收账款

12. 《民法典》规定不可用来作抵押的财产有（　　　）。

A. 土地所有权　　　B. 自留山　　　C. 宅基地　　　D. 不动产

13. 抵押物必须满足以下哪些条件？（　　　）

A. 合法性　　　　　B. 流动性　　　C. 价值稳定性　　　D. 权属无争议

14. 关于房屋与土地使用权抵押的相关规定，下列说法中正确的是（　　　）。

A. 以乡（镇）、村企业的厂房等建筑物抵押的，其占有范围内的土地使用权应同时抵押

B. 以依法取得的国有土地上的房屋抵押的，该房屋占用范围内的国有土地使用权同时抵押

C. 以出让方式取得的国有土地使用权抵押的，应当将抵押时该国有土地上的房屋同时抵押

D. 乡（镇）、村企业的土地使用权不得单独抵押

15. 下列哪些房地产不得设定抵押？（　　　）

A. 用于教育、医疗、市政等公共福利事业的房地产

B. 列入文物保护的建筑物

C. 以依法公告列入拆迁范围的房地产

D. 预购商品房和在建工程

三、判断题

1. 担保贷款按担保方式可分为保证贷款、抵押贷款和质押贷款。　　　　　　（　　）

2. 两个以上的保证人可以为同一债务提供担保。　　　　　　　　　　　　（　　）

3. 速动比率比流动比率更能反映企业流动资产中可以立即用于偿付流动负债的财力。
　　　　　　　　　　　　　　　　　　　　　　　　　　　　　　　　　（　　）

4. 根据《民法典》规定，学校、医院、幼儿园等以公益为目的的事业单位、社会团体不得作保证人，但其设施、财产可以用来作为贷款债权的抵押物。　　（　　）

5. 以乡（镇）、村企业的厂房等建筑物抵押的，其占有范围内的土地使用权应同时抵押。　　　　　　　　　　　　　　　　　　　　　　　　　　　　　　（　　）

6. 我国《民法典》规定，以航空器、船舶、车辆抵押的，可以办理抵押物登记，也可以不办理抵押物登记，由当事人自行商定。　　　　　　　　　　　　（　　）

7. 当事人可以在抵押合同中约定，债务履行期届满抵押权人未受清偿时，抵押物的所有权转移为债权人所有。　　　　　　　　　　　　　　　　　　　　（　　）

8. 当事人对保证方式没有约定或者约定不明确的，按照连带责任保证承担保证责任。
　　　　　　　　　　　　　　　　　　　　　　　　　　　　　　　　　（　　）

四、名词解释

1. 流动比率

2. 资产负债率

3. 应收账款周转率

4. 最高额抵押

5. 非财务因素分析

6. 客户信用评级

五、思考题

1. 财务分析的方法有哪些？

2. 财务分析的原则是什么？

3. 某股份公司 2024 年总资产周转率为 0.7 次，权益乘数为 1.71，净资产收益率为 23.94%。2024 年销售收入净额为 1 014 万元，净利润为 253.5 万元。该公司 2024 年末的财务报表如下（单位：万元）：

资产	年初	年末	负债和所有者权益	年初	年末
流动资产：			流动负债合计：	220	218
货币资金	100	95			
应收账款净额	135	150	长期负债合计：	290	372
存货	190	205	负债合计	510	590
流动资产合计	425	450	所有者权益合计	715	720
固定资产净值	800	860			
合计	1 225	1 310	合计	1 225	1 310

（1）计算该企业 2024 年末的下列财务指标：流动比率、速动比率、应收账款周转率、总资产周转率、净资产收益率。

（2）请结合该企业 2024 年的财务数据对该企业财务状况作出判断。

2-62 项目二
课后练习答案

3 项目三　授信业务的审查与审批

【学习目标】

知识目标：

1. 掌握授信审查的基本内容；

2. 掌握授信业务审查各项目的审查要点；

3. 了解授信业务审议审批的程序；

4. 了解授信业务的定价方法。

能力目标：

1. 能对授信业务的基本要素、客户主体资格、授信政策、授信风险进行正确审查；

2. 能对一笔贷款进行初步定价；

3. 能按规范要求撰写授信审查报告；

4. 能根据审查、审议结果进行正确的贷款审批。

素养目标：

1. 关心国家时事，拥护国家大政方针政策，培养大局意识；

2. 树立金融风险防范意识，维护国家金融安全；

3. 理解信贷支持在国民经济建设中的重要作用，强化金融服务实体经济的责任意识；

4. 能将金融的政治性、人民性深刻贯穿于授信业务中，以人民为中心，以维护人民根本利益、增进民生福祉作为重要业务基点；

5. 培养独立审贷意识、团队合作精神、法律合规意识。

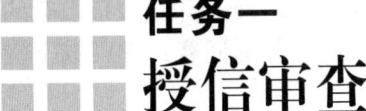

任务一
授信审查

活动1　基本要素审查

【知识准备】

客户经理收集授信资料、调查客户并撰写好调查报告，在调查经办人和调查主责任人签字后，填制授信资料交接清单，连同上述全部授信资料移送授信管理部门审查并办理授信资料的交接和登记手续。信贷管理部门是授信业务的审查部门。信贷管理部门要对客户部门或下级行移交的客户资料和授信调查资料（以下简称授信资料）进行审查。

一、基本要素审查

1. 客户及担保人的有关资料是否齐备。
2. 授信业务的内部运作资料是否齐全。

二、主体资格审查

1. 客户及担保人的主体资格、法定代表人的有关证明材料是否符合规定。
2. 客户及担保人的组织机构是否合理、产权关系是否明晰。
3. 客户及担保人的法定代表人、主要部门负责人有无不良记录。

三、授信政策审查

1. 授信用途是否合规、合法，是否符合国家有关政策。
2. 授信的用途、期限、方式、利率或费率等是否符合银行的授信政策。

3-1案例：
资料虚假审批贷款

四、授信风险审查

1. 审查核定客户部门测定的客户信用等级和授信额度。
2. 分析并揭示客户的财务风险、经营管理风险、市场风险等。
3. 提出风险防范措施。

五、提出审查结论和有关限制性条款

审查结束后，信贷管理部门应将授信审查信息资料及时输入信贷管理系统，撰写审

查报告，填制授信业务审查表。

授信审查经办人和主责任人在审查报告上签字后，连同有关资料移送贷审会办公室。

信贷管理部门对客户部门或下级行移送的授信资料不全，调查内容不完整、不清晰的授信业务，可要求客户部门或下级行补充完善；对不符合国家产业政策、授信政策的授信业务，经有权审批人批准后，不再提交贷审会审议，将材料退回客户部门或下级行，并做好记录。

 【实践操作】

请阅读以下资料，分析此贷款项目需要提交审查的资料有哪些。

某水泥熟料生产线的项目贷款

借款人：某水泥有限公司

金额：5 亿元

期限：7 年（含宽限期 1.5 年）

利率：LPR+5BP，每年 1 月 1 日调整

用途：用于日产 8 000 吨水泥熟料的示范生产线项目建设

贷款方式：由股东提供连带责任保证

申请时间：2024 年 6 月

借款人注册资本 3 亿元，其中 FL 水泥股份有限公司（以下简称 FL 股份）出资 1.53 亿元，占总股本的 51%；FL 水泥集团有限公司（以下简称 FL 集团）出资 1.14 亿元，占 38%；30 个自然人出资 3 000 万元，占 11%。借款人已建成一条 4 500 吨/天的水泥熟料生产线，现再建设一条 8 000 吨/天的替代燃料技术水泥熟料生产线。目前项目场地的"三通一平"已完成，已投入自有资金 3.2 亿元，均为 FL 集团提取的折旧资金。

截至 2023 年末，借款人资产总额为 10 亿元，负债总额为 6.6 亿元，资产负债率为 66%，流动比率为 40%，速动比率为 36%。由于借款人日产 4 500 吨的水泥熟料生产线目前仍处于试生产阶段（预计于近期正式投产），上年仅实现销售收入 1 000 万元，实现净利润 80 万元。该公司在 A 银行开立了一般账户，目前银行贷款余额为 3.8 亿元，其中 A 银行流动资金贷款为 2 亿元。

股东之一 FL 股份为上市公司，目前总股本为 11.8 亿股（其中国有股 6.2 亿股，流通股 5.6 亿股），是目前国内主要的水泥生产商之一。FL 股份下辖 13 家子公司和 1 家参股公司，拥有 3 个大型的熟料生产基地和 7 个 30 万~150 万吨级的粉磨站，销售公司分布在全国 10 多个省市，基本形成了"熟料基地—水泥粉磨站"的专业化生产体系和庞大的市场营销网络。该公司 2023 年生产水泥和商品熟料 850 万吨，产能利用率为 93%，其中生产水泥 454 万吨，销售水泥 450 万吨，产销率为 99%；生产商品熟料 396 万吨，产销率为 100%。截至上年末，FL 股份的资产总额为 30 亿元，负债总额为 15 亿元，所有者权益为 15 亿元，资产负债率为 50%，流动比率为 61%，速动比率为 50%。2023 年实现销售收入 11 亿元，净利润为 1.1 亿元。目前银行融资余额为 12 亿元，其中 A 银行

贷款 2.5 亿元。

股东之二 FL 集团是 FL 股份的母公司，持有其 64% 的股权。FL 集团是一家以水泥制造业为主，集建材、塑料、电力、建筑安装、交通和餐饮于一体的国有独资大型建材集团，下属有近 40 家全资、控股和参股公司。FL 集团本部上年年末的资产总额为 13 亿元，负债总额为 3 亿元，资产负债率为 23%。本部无主营业务收入，2023 年取得投资收益 8 000 万元，实现利润总额 6 500 万元。目前集团本部的银行融资余额为 8 亿元，其中 A 银行 3 亿元，占比 38%。上年年末 FL 集团的合并报表资产总额为 43 亿元，负债总额为 24.5 亿元，资产负债率为 57%，流动比率为 82%，速动比率为 68%。全年实现销售收入 19 亿元，实现利润总额 2.5 亿元，实现净利润 7 500 万元。上年末 FL 集团及其关联企业的全部银行融资为 17.5 亿元，其中 A 银行贷款 7 亿元。除本项目外，FL 集团近期拟实施的项目包括扩建一条日产 10 000 吨的水泥熟料生产线，新建一条日产 5 000 吨的熟料生产线。上述项目的总投资约 30 亿元，资金来源为：折旧和利润 6 亿元，股权融资 9 亿元，国外政府混合贷款 3 000 万美元（折合 2.5 亿元人民币），国内银行贷款 12.5 亿元。

本项目拟新建一条日产 8 000 吨的熟料生产线，年产熟料 248 万吨。项目毗邻储量 3 亿吨的石灰石岩矿区，距某江沿岸仅 2 千米（计划建设 5 000 吨级的水路运输专用码头），原材料储量丰富，运输较为便利。本项目的可研报告和环评报告已经国家批复。项目目前已开工建设，计划建设期为 1.5 年。

项目总投资 14.5 亿元，其中固定资产投资 14 亿元。借款人自筹 4.35 亿元，占固定资产投资的 31.1%；国债转贷资金 8 000 万元，占 5.7%；申请银行贷款 5 亿元，其他银行贷款 3.85 亿元。项目自筹资金 4.35 亿元计划全部由 FL 集团投入，目前已到位 3.2 亿元。FL 集团预计近几年净利润和折旧共计 17.2 亿元，另外 FL 股份上年募集资金 8.2 亿元，主要用于对股份公司下属子公司水泥生产厂的投资，因此自筹资金来源较为可靠。

评估测算项目生产经营期的年均销售收入为 4.2 亿元，年均利润总额为 1.36 亿元。项目投资利润率为 9.46%，销售利润率为 32.3%，盈亏点为 39.9%，动态投资回收期为 19.1 年。本项目的还贷资金来源为借款人的综合效益和计提折旧，评估按本项目贷款 8.64 亿元，以每年净利润的 85% 和全部折旧、摊销用于还贷进行测算，约定贷款偿还期为 7 年，综合偿债保证比为 1.01。

2022 年水泥产量为 21.2 亿吨，2023 年 1—12 月，全国累计水泥产量为 20.02 亿吨。2023 年 3 月，由于建筑开工面积增多等水泥价格出现季节性小幅反弹，至 2023 年 6 月升至 340 元/吨，上涨幅度为 10%。2024 年 5 月 27 日，国家发展改革委等部门发布了《水泥行业节能降碳专项行动计划》。该行动计划指出水泥行业是国民经济的重要基础产业，也是能源消耗和二氧化碳排放的重点领域。为深入挖掘水泥行业节能降碳潜力，加快水泥行业节能降碳改造和用能设备更新，支撑完成"十四五"能耗强度降低约束性指标，到 2025 年底，水泥窑使用替代燃料技术生产线比例达到 30%，水泥行业替代燃料消费比例力争达到 10%。新型干法水泥生产技术先进、运行可靠、节能降耗，当地优质高标号水泥市场供求尚有一定缺口。水泥行业是典型的资源型产业，销售具有一定的区域性，合理的销售半径为 300~600 千米。本项目邻近目标市场，目标市场经济发达。有关资料显示，今后 5 年该目标市场地区优质高标号水泥每年的缺口在 1 700 万吨左右。而在借款人市场覆盖范围内，仅有两家水泥生产企业各拥有 1 条日产 4 000 吨水泥的生产线，因而该项目具有一定的市场优势和竞争优势。目前 FL 集团在目标市场的销售价格比同型号水泥的平均销售价格每吨低 20~30 元，有一定的价格优势。本项目投产后将新增熟料 248 万吨/年，与此同时，项目所在省将淘汰 262 万吨/年的小水泥产能，属于等量淘汰。借款人为 FL 股份的控股子公司，其营销体系纳入后者统一管理，所以本项目的产品可以依托 FL 股份现有的销售渠道进行销售。

本项目贷款拟由 FL 集团提供连带责任保证，保证人目前或有负债余额为 4.2 亿元。

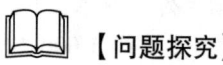 【问题探究】

基本要素的审查要点

一、客户及担保人的有关资料是否齐备

客户申请办理授信业务需提供基本资料的原件或复印件，包括客户和担保人的资料，具体清单详见项目一中的任务二商业银行授信业务申请受理。若是担保方式的，保证人（或出质人、抵押人）是股份制公司或有限责任公司的还应提供董事会或股东会同意担保的决议书；抵押物、质物清单和有处分权人同意抵押、质押的证明及保证人拟同意保证的有关证明文件。

借款人提供的非原件资料应在右上角加盖公章，借款人为自然人的应签名确认。

二、授信业务的内部运作资料是否齐全

（一）授信对象查询资料

授信调查人员应利用征信系统的查询功能对客户的资信情况进行查询。

1. 借款（承兑申请）人及保证人基本情况查询。

2. 借款（承兑申请）人及保证人负债查询：

（1）负债综合查询；

（2）不良负债查询，首先要进行不良负债的汇总查询，然后则进行明细查询；

（3）当前负债查询，如经查询，当前负债余额与财务报表中的借款余额不符，填写银行借款核对表；

（4）进行银行承兑汇票的查询，如汇票余额与财务报表中的应付票据余额不符，填写应付票据核对表；

（5）承兑敞口查询。

3. 借款（承兑申请）人及保证人对外担保查询。

4. 借款人为自然人的，查询个人信用信息报告。

所有查询信息必须进行打印并随审批资料报送。

（二）授信调查报告

授信调查人员进行贷前调查和贷款风险度预测后，要撰写客观和详细的贷前调查报

告，调查人在报告上署名确认。

3—2 微课：
授信基本要素审查

3—3 案例：
资料不齐全审批贷款

☞ 【案例解析】

上述案例需要审查的基本资料包括：（1）该水泥生产企业法人营业执照、法定代表人身份有效证明、有权部门核发的生产许可证或专营证；（2）企业章程，合资、合作的合同或协议；（3）借款人和担保人征信资料；（4）授信调查报告；（5）上年度财务报表和近期财务报表；（6）若是新客户还需提供印鉴卡和法定代表人签字式样；（7）保证人 FL 集团的相关资料及同意保证的证明文件。

活动 2　主体资格审查

 【知识准备】

《流动资金贷款管理办法》和《固定资产贷款管理办法》中均规定，借款人应当依法经市场监督管理部门或主管部门核准登记。《个人贷款管理办法》规定，借款人为具有完全民事行为能力的中华人民共和国公民或符合国家有关规定的境外自然人。在实际操作中，不能仅考察借款人是否有市场监督管理部门颁发的营业执照，还应做更加全面细致的审查。其中有两点应当特别注意：一是要进行主体资格的真伪辨别，二是要进行主体资格是否存续的审查。后者是一种动态的审查，主要审查法人在名称变更、法定代表人变更、经营场地与经营范围变更登记后，是否有逃废银行债务的行为。有的企业法人在变更名称登记后不理旧账，再加上债权人疏于管理，使债权超过了诉讼时效，令债权人有法难依。或者原债务人注销了原企业，债权人没有及时发现，承接查询的当事人也未认真核查清楚企业主体资格的存续情况，结果导致产生风险。

3—4 案例：
伙同贷款中介违法
发放贷款

3—5 微课：
主体资格的审查

 【实践操作】

请阅读以下材料，分析讨论应如何审查这个企业的主体资格，并对企业分支机构与集团之间的关系进行分析。

表 3－1　　　　　　　　　　××建设集团有限公司的基本资料

一、企业基本信息

企业名称	××建设集团有限公司	法定代表人	×××
企业住所	××市××区××新村××区	邮政编码	××××××
联系电话	××××××××	注册资本	8 000 万元
经济类型	有限责任公司	成立日期	2000 年 5 月 18 日
统一社会信用代码	××××××××	机构信用代码	××××××
经营范围	水利水电建筑、土木建筑工程、市政工程、港口与航道工程、爆破与拆除工程；承包境外水利水电行业工程和境内国际招标工程	基本开户行	××银行××分行××支行
		账号	95050155100000×××
		实际经营地址	××市××区×××村××区

二、从业人员和经营设施

从业人员情况
截至 2023 年底，公司拥有固定员工总数 526 人，其中高级技术职称人员 28 人，占总人数的 5.32%；中级技术职称人员占总人数的 22.24%；拥有一级建造师 86 人。公司董事长及三总师均具有高级技术职称资格，在公司担任领导职务的时间均接近或超过 10 年，高管队伍稳定。 　　总体来看，公司的人员结构、高管能力与专业技术人员的整体素质较高，从业经验丰富，基本能满足公司目前的人力资源需求，与公司现阶段的业务发展基本匹配。

经营设施情况
截至 2023 年底，公司拥有固定资产 3 642.89 万元，拥有各类施工机械设备和运输设备共 1 098 台（件）。2021 年至 2023 年，公司新增施工机械投入 1 856.75 万元、运输机械 366.34 万元，分别占新增总投入的 61.49% 和 12.13%，说明公司对技术设备的更新换代力度较大，并为新技术、新工艺的创新、改进和应用提供了良好的基础支撑，近三年的设备更新率为 37.09%。目前，公司机械设备外租较少，在施工高峰期需从外单位租赁少量的专用设备，以满足施工进度的要求。

三、分支机构

与本企业关系	企业名称	地址	联系电话
分公司	××建设集团有限公司一分公司	××市××区××新村	××××××××
分公司	××建设集团有限公司二分公司	××市××区××新村	××××××××
分公司	××建设集团有限公司三分公司	××市××区××新村	××××××××
分公司	××建设集团有限公司四分公司	××市××区××新村	××××××××
分公司	××建设集团有限公司五分公司	××××××	××××××××
分公司	××××××	××××××	××××××××

四、股东信息

序号	单位或自然人	投资金额（万元）	投资比例（%）
1	××建设集团有限公司职工持股会	3 200.00	40.00
2	×××等22个自然人	4 800.00	60.00

五、主要经营管理者信息

姓名	职务	年龄	学历及职称	管理和从业经历	信用记录
×××	总经理	55	硕士、高级工程师	××××年至今在本公司从事技术和管理工作，先后担任……	无负面信息
×××	总会计师	56	中专、高级会计师	××××年至今在本公司从事财务、管理工作，先后担任……	无负面信息
×××	总经济师	55	大学、高级工程师	××××年至今在本公司从事技术、管理工作，先后担任……	无负面信息
×××	总工程师	43	大学、教授级高级工程师	……	无负面信息

 【问题探究】

主体资格审查要点

一、客户及担保人的主体资格、法定代表人的有关证明材料是否符合规定

借款人应当具备法律规定的主体资格以及经济、财务上的条件。如果借款人不具备相应的主体资格或者主体资格存在法律瑕疵，其与银行等金融机构签订的授信合同、借款合同以及相应的其他合同可能被认定为无效。因此，授信审查首先应该审查借款人的主体资格以及证明其具有借款人资格的法律文件。

（一）营业执照等主体资格证明材料

借款人应当持有营业执照。对于外商投资企业，除中华人民共和国企业法人营业执照之外，还应当审查其外商投资企业批准证书。对于企业法人的分支机构，需要审查分支机构的营业执照。上述文件应当提供经贷款经办人员核对与原件一致的、加盖借款申请人公章的复印件。企业主体信息可要求企业到市场监督管理机关调取。

（二）行业特许经营资格与资质要求

1. 行业特许经营。从事特殊行业经营的申请人应当取得有关行政主管部门颁发的有效行业特许经营证明，如：从事食品生产加工的企业，必须取得食品药品监督管理部门颁发的食品生产许可证；从事药品生产的企业应当取得食品药品监督管理部门核发的药品生产许可证，从事药品批发、零售的企业应当取得食品药品监督管理部门核发的药品经营许可证；开办煤矿企业，应当取得地质矿产主管部门颁发的采矿许可证，煤矿生产前，煤矿企业应当凭采矿许可证和矿长资格证书领取煤炭生产许可证；从事汽车客运企业，应当取得县级以上交通运输部门核发的道路运输经营许可证等。

2. 资质要求。国家对企业实行资质等级管理的，申请人应当取得行业主管部门核准的有效资质等级证书并按核定的资质等级证书从事经营活动，不得超越资质等级开展经营活动。企业应当按照规定参加资质等级年审，年审未通过的，不得以原资质等级开展新的经营活动。实行资质等级管理的企业，主要包括房地产开发企业、建筑企业、公路施工企业、运输企业等。

（三）股东出资

主要审查验资报告、当期财务报表和公司章程，重点核实是否按照公司章程规定如期足额出资到位，出资方式是否与章程一致，是否存在出资后抽逃资本或通过产权变更虚增所有者权益等情况。注册资金不实的主要风险信号有：（1）未发生股权结构变更将无形资产评估增值计入实收资本；（2）法人股东在公司应收账款科目有大额挂账；（3）自然人股东在公司有大额借款且账龄过长。

（四）禁止贷款的对象

有下列情形之一者，商业银行一般不对其发放贷款：（1）不具备贷款主体资格和基本条件；（2）生产、经营或投资国家明文禁止的产品、项目；（3）违反国家外汇管理规定；（4）建设项目按国家规定应当报有关部门批准而未取得批准文件；（5）生产、经营或投资项目未取得环境保护部门许可；（6）在实行承包、租赁、联营、合并（兼并）、合作、分立、产权有偿转让、股份制改造等体制变更过程

3-6 案例：
"碳减排支持工具"
助力绿色金融发展

中，未清偿原有贷款债务、未落实原有贷款债务的承担责任或提供相应担保；（7）有其他严重违法的经营行为。

二、客户及担保人的组织机构是否合理，产权关系是否明晰

商业银行还应当要求借款人提供真实、完整的信息资料，以反映并证明借款人及其所属分支机构、子公司的名称、法定代表人、实际控制人、注册地、注册资本、主营业务、股权结构、高级管理人员情况、财务状况、重大资产项目、担保情况和重要诉讼情况等。必要时，商业银行可要求借款人聘请独立的第三方出具资料的真实性证明。

三、客户及担保人的法定代表人、高级管理层有无不良记录

主要依据客户经理查询的情况判断，是否列入商业银行黑名单、失信人员名单。

四、对贷款决策文件的审查

借款人申请借款的决策文件，是指借款人作为法人的内部组织性文件，以及内部决策机关依据内部组织性文件或者法律规定的程序作出的以借款人名义向金融机构申请借款的决策性文件以及其他有关文件，如公司章程、股东会决议、董事会决议、法定代表人或主要负责人的证明文件和委托文件等。如果缺乏申请借款决策文件或者申请借款的决策文件存在法律瑕疵，借款人与贷款人签订的授信合同、贷款合同及其从合同可能被认定为无效。因此，应当审查借款人的申请借款决策文件是否齐备及合法有效。

（一）章程

1. 借款人应当提供内容完整、从借款人的工商登记档案中复制并加盖工商登记管理机关查阅档案章的复印件。

2. 根据章程确认借款人申请借款决策的内部决策机关的职权范围、议事方式、表决程序以及有权代表借款人签署借款合同的法定代表人或其委托的代理人。

3. 如果章程中有限制对外申请借款的规定，借款人的申请借款行为及相关决策文件不得违反上述规定。

（二）股东会（大会）决议和董事会决议

根据章程规定，必须由股东会（大会）或董事会作出申请本次借款决议的，应当出具股东会（大会）决议或董事会决议。

股东会（大会）决议或董事会决议一般应当包括以下内容：（1）一定期限内申请授信或者申请某笔具体的借款；（2）借款种类；（3）借款的币种及最高限额；（4）贷款银行。

（三）有关会议记录

（四）法定代表人或主要负责人的身份证明书

1. 应当载明法定代表人或主要负责人的姓名、职务和身份证号码，与市场监督管理机关或其他有权机关颁发的借款人主体资格证明的记载内容一致。

2. 应当加盖借款人公章。

3. 贷款合同的签订日应当在证明书有效期限之内。

（五）法定代表人或主要负责人的授权委托书

授权委托书是法定代表人或主要负责人委托他人代理其从事签订贷款合同等特定民事法律行为的书面文件，审查要点如下：（1）应当载明代理人的姓名、职务、身份证号码、授权范围和期限等内容；（2）应当由法定代表人或主要负责人签章，并由借款人加盖公章；（3）贷款合同的签订日应当在授权委托书载明的授权期限之内；（4）应当提供经银行经办人员核对与原件一致的，并由借款人加盖公章的身份证件复印件。

3-7 微课：信贷决策文件的审查

【知识链接 3-1】

企业有哪些类型?

企业是指一切从事生产流通或服务性活动的营利性经济组织，是国民经济的基本单位。目前我国因划分企业的标准不同，企业的类型也有所不同。

1. 按照企业的财产组织方式划分，有独资企业、合伙企业和公司企业。

2. 按照企业的组织形式划分，有公司企业和非公司企业。公司企业又分为有限责任公司和股份有限公司，有限责任公司包括独资公司，股份有限公司又分为上市公司和非上市公司。

3. 按照企业的所有制形式划分，有全民所有制企业、集体所有制企业、外商投资企业（包括中外合资经营企业、中外合作经营企业和外商独资企业）及私营企业。

4. 按照企业在社会再生产过程中的职能划分，有工业企业、商业企业、建筑企业、金融企业等。

在公司企业登记过程中，企业类型是按照资本构成和责任形式即按组织形式划分的，在非公司企业登记过程中，企业类型是按经济性质划分的。

1. 有限责任公司。股东以其认缴的出资额为限对公司承担责任。

2. 股份有限公司。股东以其认购的股份为限对公司承担责任。

3. 国有独资公司是指国家授权的投资机构或者国家授权的部门单独投资设立的有限责任公司。

4. 个人独资企业是指依照《个人独资企业法》在中国境内设立的，由一个自然人投资，财产为投资人个人所有，投资人以其个人财产对企业债务承担无限责任的经营实体。

5. 合伙企业是指自然人、法人和其他组织依照《合伙企业法》在中国境内设立的普通合伙企业和有限合伙企业。

6. 个体工商户是指生产资料属于私人所有，主要以个人劳动为基础，劳动所得归个体劳动者自己支配的一种经济形式。个体工商户有个人经营、家庭经营与个人合伙经营三种组织形式。由于个体工商户对债务承担无限责任，因此个体工商户不具备法人资格。

7. 外商投资企业是指外国企业和其他经济组织或个人以各种方式在中国境内投资，并依法律设立的承担民事责任的企业。外商投资企业分为外商独资企业、中外合作企业和中外合资企业。

8. 私营企业是指由自然人投资设立或由自然人控股，以雇佣劳动为基础的营利性经济组织。

3-8 资料：
某商业银行贷款审查
审批流程规定（节选）

9. 全民所有制企业是指生产资料归全体人民所有，由国家作为代表行使所有权，从事商品生产经营活动，实行自主经营、自负盈亏、独立核算的经济组织。

10. 集体所有制企业是指生产资料或财产归劳动群众集体所有，劳动群众共同劳动，实行以按劳分配为主、适当分红为辅、提取一定公共积累的企业。

活动3 授信政策审查

【知识准备】

授信政策审查主要审查授信用途是否合规、合法，是否符合国家有关政策；授信用途、期限、方式、利率或费率等是否符合银行授信政策。

一、贷款用途的审查

借款人应该按照约定的用途使用贷款，不能将贷款用于非法目的。贷款合同载明的借款用途不得违反国家限制经营、特许经营以及法律、行政法规明令禁止经营的规定。

对于流动资金贷款，审查要点包括：（1）是否真正用于生产经营，防止挪用于项目建设和对外投资；（2）是否真正用于本企业生产经营，防止转借其他企业使用（集团公司实行统贷统还的除外）或代其他企业融资；（3）流动资金贷款原则上只能用于短期生产资金周转，不能作为生产经营过程中铺底流动资金长期占用；（4）注意贷款期限与企业生产经营周期的衔接，对发放中期流动资金贷款要从严控制。

对于项目贷款，审查要点包括：（1）审查项目建设是否合规，如项目产品是否在国家产业政策支持范围之内，项目建设是否经有权部门批准立项或核准，可行性研究报告是否已获有权部门批准，项目环境评价报告是否已获有权部门审批通过，项目占用土地的审批是否依法合规，建设用地是否符合国家规定等；（2）审查项目资金来源落实情况，包括项目评估总投资及自筹资金比例是否符合国家规定，项目自筹资金到位情况、到位计划及出资能力分析，他行融资落实情况，注意防范借款人通过关联关系虚假出资或抽回投资；（3）审查项目建设条件是否具备，如项目建设用地及水电气供应、交通设施能否满足项目建设需要，工艺技术是否成熟可靠，主要生产设备来源及设备先进程度，项目关键设备的研制或引进情况，项目建成后主要原材料供应渠道及可靠性，专业机构或其他中介机构对项目的评估情况等；（4）项目产品市场及竞争能力分析，包括国内市场供求、价格变动、项目产品目标市场供求状况，本项目产品替代产品的发展情况及趋势，主要竞争对手情况及与本企业、本项目竞争能力的比较等；（5）项目效益测算及投资回收期预测、偿债能力分析等。

3-9 微课：
流动资金贷款
用途的审查

二、贷款的期限、方式、利率或费率的审查

1. 贷款币种和金额审查。贷款币种和金额是贷款合同中的数量条款，是贷款人向借款人提供的具体货币及其数量。这是计算贷款利息的主要依据。

2. 贷款种类审查。贷款按照安全保障性可分为信用贷款、担保贷款和票据贴现。我国法律规定，贷款人不得向关系人发放信用贷款，发放担保贷款的条件不得优于其他借款人同类贷款的条件。其中关系人是指：商业银行的董事、监事、管理人员、授信业务人员及其近亲属；上述人员投资或者担任高级管理职务的公司、企业和其他经济组织。

3. 贷款期限审查。贷款期限根据借款人的生产经营周期、现金流量、还款能力和贷款人的资金供给能力由借贷双方共同商议后确定，并在贷款合同中载明。

借款人不能按期归还贷款的，应当在贷款到期日之前，向贷款人申请贷款展期。

4. 贷款利息审查。随着我国利率市场化的推进，原来由中国人民银行发布的贷款基准利率被贷款市场报价利率（Loan Prime Rate，LPR）取代。贷款人应当根据 LPR 确定每笔贷款利率，并在贷款合同中载明。

短期贷款（期限在 1 年以下，含 1 年），按贷款合同签订日的 LPR 确定具体贷款利率。短期贷款利率一般为固定利率。短期贷款按季结息的，每季度末月的 20 日为结息日；按月结息的，每月的 20 日为结息日。具体结息方式、还款方式由借、贷双方协商确定。对不能按期支付的利息按约定利率计收复利；贷款本金逾期的，按罚息利率计收罚息。

中长期贷款（期限在 1 年以上）的利率可以实行固定利率或者浮动利率。按贷款合同生效日的 LPR 加点约定贷款利率。约定贷款利率为浮动利率的，可以约定贷款利率调整周期。中长期贷款一般按季结息，每季度末月的 20 日为结息日。对不能按期支付的利息按约定利率计收复利；贷款本金逾期的，按罚息利率计收罚息。

票据贴现按贴现日确定的贴现率于贴现时一次性收取利息。

委托贷款利率由委托双方在不超过法律保护的民间借贷利率的范围内协商确定。

贷款利息的计算通常"算头不算尾"，即提款日计利，还款日不计利。每年的基础天数固定为 360 天，以此由年利率计算出日利率。生息天数以实际天数为准。贷款清偿时，利随本清。

 【实践操作】

请对活动 1 中的某水泥熟料生产线项目进行分析，讨论应如何进行授信政策审查。

 【问题探究】

为什么要对贷款用途加以限制？

对贷款用途加以限制的原因是：首先，如果借款人将贷款用于非法用途，如违反国家法律、行政法规的禁止性规范，将导致贷款合同无效。即使贷款人在贷款使用时对此非法目的尚不知情，一旦贷款人知悉此非法目的后，必须阻止借款人继续提款。其次，限制贷款用途是为了保证还款资金的来源。如果贷款不按协议的用途加以运用，借款人可能因经营不当导致丧失还款能力。再次，贷款行的内部经营方针可能对发放贷款的行业或部门有限制，政府规则和法令有时也有类似规定。最后，限制贷款的用途还可能是因为涉及第三人的利益，比如在出口授信项目中，贷款用途就仅限于特定的支付对象。

明确此项条款，对借款人而言，可以维护自己使用资金的权利；对贷款人而言，可以监督资金的流向，确保资金回笼，控制风险。

活动 4　　授信风险审查

 【知识准备】

银行的授信审查人员在对客户的主体资格和授信政策审查的基础上，还应对授信风险进行审查。

一、审查核定客户部门测定的客户信用等级和授信额度

在一般情况下，商业银行等金融机构会将 A 级及 A 级以上客户作为基本客户，其中 AA 级及 AA 级以上客户是授信业务的主要营销对象；BBB 级属于调整对象，BB 级及以下级属于应尽快采取措施清户的对象。某一客户的信用等级随着对该客户的监测和分析，根据其经营情况变化而不断调整。在对客户评级的基础上，银行再对客户进行统

3－10 微课：
授信风险审查

一授信。评定信用等级和取得授信额度是企业借款人向商业银行等金融机构申请借款的前提条件。

二、分析、揭示客户的财务风险、经营管理风险、市场风险等，提出风险防范措施

根据商业银行等金融机构的要求，借款人一般应具有以下经济和财务条件：

1. 借款人应有按期还本付息的能力，其原应付贷款利息和到期贷款已清偿；

2. 借款人应当已经在银行开立基本账户或一般存款账户；

3. 对外投资符合公司章程、法律法规的规定；

4. 资产负债率符合贷款人的要求；

5. 申请中期或长期贷款的，新建项目的企业法人所有者权益与项目所需总投资的比例不低于国家规定的投资项目的资本金比例。

借款人还应向贷款人提交包括资产负债表、利润表、现金流量表在内的经会计师事务所审计的近三年的年度财务报表及其附注的说明，以及有关未来三年销售收入、税后利润、折旧等的预测数据及其依据。同时还应出示应收账款账龄及集中程度分析表、存货结构变动表、税收优惠政策及三年纳税实际数据和未来三年预测数额，供信贷管理人员审查。审查其是否符合银行贷款要求。根据审查结果，提出相应的风险防范措施。

当一个集团客户的借款要求超过一家银行风险的承受能力时，商业银行一般可以采取组织银团贷款、联合贷款和贷款转让等措施以分散风险。

三、提出审查结论和有关限制性条款

提出明确的审查意见，包括授信业务的种类、币种、金额、期限、利率或费率、还款方式、担保方式和限制性条款等。

审查意见包括：（1）融资金额及结构。（2）期限，若为项目贷款须明确宽限期及从何时开始还款，提款期多长。（3）利率（或收费水平）及结息方式、周期。（4）还款计划和还款方式。超过一年的中长期贷款原则上要从宽限期满后实行等额还款，每半年或每季度或每月归还一次，以降低贷款集中到期的压力。确实无法做到等额还款的，要按评估测算的结果确定分年还款计划，但也必须坚持每半年或每季度或按月还款一次，防止贷款集中到期无足够现金流量还款。（5）担保方式。

控制风险措施一般有：（1）设定必要的前提条件或提款条件，只有在满足银行贷款条件或提款条件后才能发放贷款或提款。（2）约定必要的财务限制条款及提前还款条

款，包括但不限于：①当借款人生产经营或财务指标发生严重影响贷款安全的变化时，贷款人有权宣布贷款提前到期；②根据客户具体情况约定未经银行允许，合同期内不得因主观原因关闭，分红不得超过税后净收入的一定比例；③资本支出不得超过银行要求的一定数额，不得出售特定资产（主要指固定资产）。（3）进行必要的风险提示，提出相关管理要求。

【实践操作】

1. 请对活动 1 中的水泥熟料生产线项目进行授信风险审查。
2. 以小组为单位，对本小组所寻找企业和个人的授信业务的风险进行审查。

【案例解析】

对水泥熟料生产线项目的有利因素和风险因素进行分析，结论如下。

一、有利条件分析

借款人是 FL 集团下属的水泥生产企业，FL 集团是目前全国重要的水泥生产企业之一，规模优势明显，实力雄厚，目前已形成完善的销售网络。作为集团的重点发展企业，借款人的营销体系纳入 FL 集团统一管理，可充分依托集团在品牌、资金、管理、技术、营销等各方面的优势，增强自身的竞争能力。项目日产 8 000 吨水泥熟料，达到了一定的经济规模。借款人地处沿江地带，毗邻石灰石矿山，距离目标市场较近，有利于降低制造成本和销售费用。考虑到水泥行业的区域性较强、运输成本高等特点，项目区域优势、成本优势和市场优势明显，竞争力强。项目采用联合贷款方式，有利于分散贷款风险。

二、风险因素分析

FL 集团近几年的产能扩张速度过快，集团融资总额已达 17.5 亿元，接近整个集团的年销售收入。特别是除本项目外，FL 集团近期拟实施的项目总投资约 30 亿元，需新增融资约 15 亿元。如果资金供给未能满足产能扩张需求、市场不能吸纳新增产能、项目未能产生预期效益、管理水平跟不上扩张步伐或融资银行对借款人的授信投入发生变化等，都将给企业经营和贷款偿还带来风险。本项目产品的销售对建筑市场及基础设施项目建设有较强的依赖，市场波动较大。水泥行业进入门槛低，中小水泥企业众多，相当部分地区的市场还存在地方保护主义，加上产品受运输半径的影响较大，这将妨碍借款人对目标市场的拓展。评估测算的综合偿债保证比仅为 1.01，项目偿债能力较弱。本项目贷款拟由 FL 集团提供保证，保证人本身没有生产经营职能，缺乏现金流量，代偿能力差。FL 集团下属企业众多，关联关系复杂，一旦集团内部出现问题，容易形成连锁反应。

三、综合评审意见

FL 集团近年扩张较快，融资余额较高，特别是目前拟建项目的投资额大、融资需求大，将进一步加重借款人的资金压力，容易形成流动性风险。水泥行业进入门槛低，各地还存在数量众多的中小水泥企业，其对借款人的影响也不可忽视。考虑到借款人为我国主要水泥生产企业 FL 集团的子公司，FL 集团在国内水泥行业中处于领先地位，市场占有率高，技术先进，已形成明显的规模优势、品牌优势和技术优势。本项目的建设已经国家有关部门审批立项，符合国家产业政策，建设条件基本具备。项目靠近原料产地和产品销售市场，目标市场对高标号水泥的需求大，项目资源优势、运输优势和技术优势明显，在成本、质量和价格方面具有较强的竞争力。借款人的营销体系纳入 FL 集团统一管理，可充分依托集团的优势，增强市场竞争能力。项目采用联合贷款方式，有利于分散贷款风险。综合权衡，同意有条件地对借款人发放 4.3 亿元贷款，期限 7 年（含宽限期 1.5 年），还贷期内按年等额还款，每季度还款一次。前提条件如下：（1）项目资本金先于银行贷款到位。（2）其他银行 3.85 亿元贷款落实，A 银行贷款条件不低于他行。（3）借款人向 A 银行出具书面承诺（或在借款合同中约定）：①按约定的还款计划先还贷后分红；②全部销售收入按不低于该行贷款比例归集该行指定账户，并授权该行对账户资金运用进行监管，按约定优先用于偿还贷款本息。（4）FL 股份向 A 银行出具书面承诺：①在借款人未按还款计划偿还该行当年到期贷款本息前不要求其对股东分红；②如借款人不能按还款计划偿还该行到期贷款本息，FL 股份承诺提供相应的资金支持，代其偿还贷款本息；③在本项目建设资金不足时给予资金支持，保证本项目按时完工投产。

【知识链接 3－2】

不同行业授信项目的审查要点

一、加工产业授信项目

1. 借款人在行业中的地位和优势。
2. 投资规模与借款人现有的经营规模是否匹配。
3. 借款人目前的财务状况是否健康（特别是现有融资余额、资产质量、销售收入、盈利状况和现金流量是否匹配）。
4. 本行融资总量和占比。
5. 市场情况，主要分析供求关系、成本和价格，判断本项目有无竞争优势。
6. 项目资本金落实情况。
7. 贷款期限和还款方式。

二、城建（开发区）领域授信项目

1. 当地经济发展情况与信用环境，包括财政收入规模、财政性负债情况、政府信用记录以及项目投融资总额与当地财政规模和实力是否匹配。
2. 总行核定的融资总量控制指标是否突破。
3. 还贷资金来源和渠道是否明确。是项目本身的效益，还是土地开发收益或财政承诺还贷。

4. 采取银团融资模式，本行承贷份额应遵守国家金融监督管理部门关于银团贷款业务的相关管理办法规定。

5. 政府承诺的有效性和可靠性。

6. 项目审批合法性（开发区项目要特别关注土地审批的合法性）。

三、房地产行业授信项目

1. 土地和在建工程抵押，争取追加股东担保（房地产项目一般不接受单纯的保证担保）。

2. 落实按销售进度还贷（一般要求在销售 80% 以前全额还贷。对一些风险较高的房地产项目，可要求加速还贷）。

3. 承诺本项目的按揭在本行办理。

4. 如有股东贷款和工程垫款，应约定本行贷款偿还顺序优于股东借款。

四、教育行业授信项目

1. 是重点院校还是一般院校。

2. 是新建、扩建还是迁建。

3. 银行融资是主要来源还是补充。

4. 教育部或当地教育主管部门是否批准或同意向银行融资。

五、电力行业授信项目

1. 项目建设规模（主要考察有无政策性风险及竞争能力）。

2. 项目审批手续是否完备（包括核准、土地审批和环评审批）。

3. 股东实力（考察出资能力、技术及与电网公司的协调能力）。

4. 年发电利用小时、上网电量和上网电价（分析市场风险）。

5. 项目燃煤供应的可靠性（分析建设条件）。

六、公路行业授信项目

1. 借款人或股东的综合实力。

2. 项目在国家及区域路网规划中的地位。

3. 项目审批手续，特别是用地审批手续是否完备。

4. 项目资本金能否足额到位（对民营企业建设的高速公路项目重点审查出资能力和出资来源，并尽可能要求资本金先于银行贷款到位）。

5. 项目单位公里造价、项目通车年车流量和收费标准（项目未来产生的现金流量能否支持融资的数量）。

6. 贷款期限（项目贷款期限要短于项目收费年限、经营期限和项目寿命。

7. 项目收费权益质押（防止重复抵押）。

3-11 案例：
违规审查审批贷款

活动5　撰写授信审查报告

【知识准备】

授信审查报告包括以下内容：

1. 客户（含项目）基本情况：（1）客户基本情况；（2）项目背景及基本情况；（3）客户现有信用及与本行的合作情况。

2. 客户财务、生产经营管理和市场评价（含项目效益评价）：（1）客户财务状况评价；（2）生产经营管理情况评价；（3）产品市场评价；（4）效益评价。

3. 授信风险评价和防范措施。

4. 审查结论。

【实践操作】

1. 针对小组所找的企业和个人的授信业务撰写授信审查报告。

2. 请分析以下企业流动资金贷款审查报告的各个要素。

关于 A 电子材料有限公司申请流动资金贷款的审查报告

一、贷款（授信）方案和授信情况

（一）贷款（授信）方案

2024 年 9 月 A 电子材料有限公司（以下简称 A 公司）向我行申请流动资金贷款 800 万元，经我行信贷人员初步调查，符合贷款条件，现经审查，同意该公司申请贷款 800 万元，期限 1 年，年利率 9.512%，由 B 电子股份有限公司提供担保，还款来源包括但不限于企业的经营收入。

（二）授信情况

经我行查询借款人征信及侧面调查了解，A 公司在我行及其他金融机构贷款授信情况如下。

贷款种类	贷款金额	贷款日	到期日	利率（%）	担保
×行国内保理	1 700 万元	2024.9.7	2025.3.6	6.71	B 电子股份有限公司
×行流动资金贷款	450 万元	2023.12.20	2024.12.19	6.56	B 电子股份有限公司
××银行	2 000 万元	2023.11.23	2024.11.22	6.116	B 电子股份有限公司

经我行调查，截至目前，以上贷款为正常类贷款，A 公司及相关集团客户无授信用信超比率的情况出现，授信用信情况正常。

二、贷款（授信）资格审查

A 公司是由 B 电子股份有限公司和世界 500 强之一的韩国 SK 集团下属子公司 SKC

株式会社于 2017 年 12 月合资建设的中外合资企业。公司地处××省××经济技术开发区××工业园，依法注册成立，证件齐全，均在有效期内，相关证件按要求进行了年审。A 公司是一家以高科技为依托，专业生产电容器用 BOPET 薄膜及其他电子材料的厂家。

经我行审查了解，A 公司及其法定代表人王××信用情况良好，无不良记录，今后违约风险较小。

三、贷款（授信）业务可行性审查

（一）经营情况

A 公司主营电容器用 BOPET 薄膜，公司拥有一条 BOPET 电容器膜生产线。总投资 2 400 万美元，分别从德国、韩国、奥地利等国及国内知名厂家购进 21 世纪世界最先进电容器 PET 制膜设备，采用 SKC 公司 PET 制膜技术。该生产线年产 3～12μm 电容器用 PET 膜 2 600 吨，该项目于 2018 年 10 月开工建设，2020 年 12 月竣工投入生产，给公司带来了巨大经济效益。随后 A 公司又对现有设备进行改良，产品得到广大客户的认可，代表着当前和未来国内外市场的发展方向。2023 年 A 公司实现销售收入 6 494.44 万元，截至 2024 年 8 月企业累计实现销售收入 9 791.40 万元，可以看出企业的产品具有一定的科技含量，市场占有率较好，从而创下了良好效益，经营风险较小，但由于市场竞争激烈，产品更新换代快，在此我行建议 A 公司应不断更新技术，保持企业的良好发展局面。

（二）财务分析

1. 短期及长期偿债能力分析：2024 年 8 月末流动比率和速动比率分别为 109.32%、97.27%，较 2023 年末有大幅上升，主要是负债的减少，其中应付票据到期减少 2 000 万元，向工行××分行××支行的长期借款余额 1 200 万元到期已归还，同时企业的其他应付款也减少 69.27%，这主要是由于企业经营良好，负债减少，从而使得短期偿债能力提升。2024 年 8 月企业的资产负债率为 28.58%，负债较年初下降 43.85%。负债的下降，从侧面反映企业在今后的融资能力会较强。

2. 盈利情况：2023 年企业的销售收入为 9 869.35 万元，净利润为 1 006.38 万元，利润率为 10.20%，较 2022 年实现扭亏为盈的局面，处于行业较好水平。2024 年 8 月企业累计收入为 9 791.40 万元，净利润为 1 229.76 万元，利润率为 12.56%，2024 年以来企业供销两旺，经营情况日趋良好。

3. 现金流分析：综观企业的现金流，自 2021 年以来一直处在上升趋势，企业有足够的现金流偿还我行贷款。

（三）信贷资金安全性审查

A 公司预计营运资金需求约为 2 345.44 万元，2023 年企业供销两旺，经营情况良好，对资金需求较大，公司目前自有货币不足，资金缺口较大。且该公司于 2024 年 9 月 13 日与珠海××聚酯有限公司签订了购买原材料（有光切片 F109）的合同，资金压力较大。经我行审查，用途真实，符合我行贷款条件。

（四）还款来源审查

A 电子材料有限公司拥有一条 BOPET 电容器膜生产线，总投资 2 400 万美元。该公司设备先进，生产能力较强。公司生产的电容器用聚酯薄膜占据了一定的优势地位，市场巨大，经济效益和社会效益相当可观。2024 年以来企业的销售收入增长较快，截至 8 月公司已累计实现销售收入 9 791.40 万元，净利润为 1 229 万元，第一还款来源充足。若公司保持稳步经营，能够保证今后贷款的如期归还。

（五）担保情况审查

A 公司向我行申请流动资金贷款 800 万元，担保方式为保证，保证单位为其母公司 B 电子股份有限公司。B 电子股份有限公司注册资本为 40 000 万元，为国家重点高新技术企业，该公司资金实力雄厚，经济效益好，2023 年实现销售收入 75 910.53 万元，2024 年前 7 个月累计实现销售收入 50 489.17 万元，2024 年以来公司的销售收入有明显提高，具备担保能力。

四、贷款（授信）资料完整性审查

经我行调查、审查，A 公司本次向我行申请 800 万元贷款提供的基本情况材料、财务报表、担保资料、还款来源和其他材料真实、完整。

五、贷款（授信）流程合规性审查

根据我行的贷款操作规程或管理办法规定，A 公司本次申请 800 万元贷款从申请到上报期间的每个程序在时间先后上符合要求。该笔贷款业务符合我行信贷授权规定。

六、风险分析

1. 行业风险：该借款人经营行业竞争激烈，产品更新换代快，我行建议该申请单位应加大产品的技术研发，保持企业现有的良好发展局面。

2. 道德风险：A 公司与我行合作多次，系我行重点支持单位，经查询中国人民银行征信系统及我行长期接触了解，企业及法定代表人信用情况良好，无不良信用记录，今后违约可能较小。

七、审查结论

经审查：

1. 借款人申请情况属实，资金用途明确，经营风险小，还款来源充足，贷款方式为保证，同意贷款 800 万元，期限为 1 年，执行利率为 9.512%，还款来源包括但不限于企业的经营收入。

2. 因该单位申请 800 万元流动资金贷款，为确保该笔贷款业务的真实性应要求其提供税票及相关材料，采用受托支付方式发放该笔贷款。贷款发放后我行应加强贷后管理，并定期对借款人进行走访，随时了解客户的经营状况，以掌握其收入和资金变动情况，确保信贷资金安全。

审查人：×××
2024 年 10 月 ×日

任务二
授信审议与审批

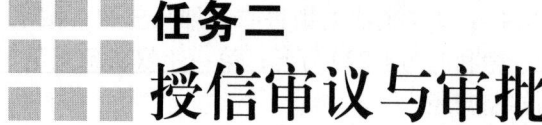

活动1　认知贷审会

【知识准备】

贷审会办公室收到信贷管理部门移交的审查资料后，应及时登记，对内部运作资料的完整性进行审核。审核合格后，提前将材料发送给贷审会委员。

根据贷审会工作规则要求，在主任委员主持下，贷审会对授信业务进行审议。审议的主要内容有：（1）授信业务是否合法、合规，是否符合国家产业政策和授信政策；（2）授信业务定价及其带来的综合效益，包括存款、结算、收益、结售汇业务等；（3）授信业务的风险和防范措施；（4）根据授信业务的特点需审议的其他内容。

3-12 微课：
审议与审批

贷审会办公室对贷审会审议过程进行记录，并在委员投票表决后，根据贷审会记录和表决结果，形成贷审会会议纪要，同时，填制贷审会审议表，送主任委员审批。

贷审会会议纪要的内容包括会议召开的时间、地点、参加人员、审议事项（授信业务概况、风险和不确定因素揭示、贷审会评议）、审议结果等。

对复议的授信业务，贷审会办公室直接通知信贷管理部门，由信贷管理部门根据会议纪要和行长在审议表上的签批意见，准备复议报告。

对授权范围内的授信业务，信贷管理部门起草文件，由有权审批人签批，或由有权审批人直接在授信业务审批表上签批。批复文件要明确授信业务的种类、币种、金额、期限、利率或费率、还款方式、担保方式、限制性条款及信贷管理措施等。

有权审批人审批同意的授信业务，由信贷管理部门向上级行信贷管理部门报备，上级行同意后，由该级行信贷管理部门通知下级行具体办理授信业务发放手续。

对超授权授信业务，由行长（或授权的副行长）审核后，信贷管理部门起草请示文件，明确授信业务的种类、币种、金额、期限、利率、还款方式、担保方式、限制性条款及信贷管理的措施等，把请示文件连同相关资料上报有权审批行；或由行长（或授权的副行长）在授信业务审批表上签字后连同相关资料上报有权审批行，由有权审批行信贷管理部门审查，贷审会审议，有权审批人审批。

【实践操作】

分小组把本项目中某开发区土地开发及基础设施建设项目贷款的案例模拟提交贷审会讨论审议，简单列出审议流程及其规则。

【问题探究】

贷款审查委员会的工作机制

贷款审查委员会（以下简称贷审会）是行长领导下的授信业务决策议事机构，对有权审批人审批授信业务起智力支持作用和制约作用。

一、组织机构

贷审会设主任委员一名，由行长担任；副主任委员由主管授信业务的副行长担任。贷审会实行部门委员和个人委员相结合，委员由信贷管理部门、客户部门、资金计划部门、风险资产管理部门、国际业务部门、法规部门的负责人和本行具有评审能力的人员组成。部门负责人是指正职和副职，但不含助理和其他享受相应级别的人员。贷审会委员应当为单数。其他人员可以列席会议，但不得作为委员参加。各级行的贷审会人员的组成应以文件明确，并报上级行贷审会办公室备案。

部门委员工作变动时，其贷审会委员的职务同时自动变更。具有评审能力的人员作为贷审会委员要符合从事授信或相关业务工作三年以上、具有较强的评审能力和原则性强的条件，并按程序确定，报上级行贷审会办公室确定。

贷审会下设办公室，作为贷审会的具体办事机构。贷审会办公室主任由信贷管理部门的一名负责人兼任，贷审会办公室的工作职责应列入部门职责。成立贷审会办公室应正式行文，发送本级行各部门，抄报上级行贷审会办公室，抄送下级各单位。

二、职责和议事范围

（一）主要职责

审议职责范围内的授信事项；督促有关部门落实贷审会审议、行长审批的各类授信事项；指导和协调下级行贷审会工作。

（二）审议范围

审议超过本行审批权限的贷款、贸易融资、贴现、承兑、信用证、担保等形式的本、外币授信业务和公开统一授信、可循环使用信用、贷款承诺函等；审议超过本行审批权限，按规定需要贷审会审议、报请上级行审批的上述事项；审议行长认为有必要提交贷审会审议的特别授权、内部授信、特别授信及其他授信特别事项；审议按规定应提交贷审会审议的客户信用等级评定；审议经本行贷审会审议通过、行长批准的授信业务执行情况和贷后检查报告。

（三）可不经贷审会审议的事项

以全额保证金、存单或国债质押方式办理的贷款、银行承兑汇票、开立的信用证和投标保函；100%外汇质押的人民币贷款业务；银行承兑汇票质押办理承兑、贷款；本行已授信国外银行开立的备用信用证项下的担保贷款；银行承兑汇票的贴现；出口信用证项下的票据贴现；公开统一授信项下和可循环使用信用项下的短期授信业务；扶贫到户贷款；总行规定的其他业务。

（四）其他

对个人消费贷款、农户贷款、个体工商户贷款等业务，由一级分行根据贷款额度大小、风险高低、经营管理水平和业务量等因素，在有效控制授信风险、有利于提高授信决策质量和效率的基础上，对辖内的贷审会审议范围作出统一规定，并报总行贷审会办公室备案。

三、工作程序

（一）受理

凡提交贷审会审议的授信业务，由信贷管理部门按规定进行审查后，撰写授信审查报告，经本部门盖章、部门负责人签字后，连同贷款申请报告、调查报告、评估报告（或专家咨询意见）和内部运作等资料，送贷审会办公室。

（二）要件审查

贷审会办公室按规定对拟提交审议的有关事项进行要件审查，对符合规范要求的授信事项及时安排提交贷审会审议；对不符合规范要求的，应要求提请审议的授信部门补充完善。

（三）会议准备

提请会议主持人及时召开贷审会例会，做好会议资料准备，将审查报告提前至少一天发送贷审会委员，通知贷审会委员和汇报、列席人员按时参加会议。

（四）审议

会议主持人负责组织对提交贷审会的授信事项进行审议。由审查人员向贷审会汇报授信审查报告，参加会议的委员就授信审查报告中的主要方面和突出问题进行审议后，就审议的授信事项实行无记名投票表决。贷审会办公室根据会议记录整理成会议纪要，根据投票结果填制贷款审查委员会审议表，连同会议纪要一并呈报有权审批人审批。

（五）审批

有权审批人在会议纪要和审议表上签署审批意见。对贷审会审议通过的授信事项，有权审批人可行使一票否决权；对经投票未通过（包括不同意和复议）的授信事项，有权审批人不得行使一票赞成权。但不论投票结果如何，有权审批人均有复议决定权。

（六）批复

贷审会办公室根据有权审批人在审议表的会议纪要上的签批意见印发《贷款审查委员会会议纪要》，依据会议纪要起草文件批复有关行。授信批复可以采取行发文件和贷款审批表的方式进行。

3-13 资料："违法发放贷款罪"解读

职场小知识

什么是"违法发放贷款罪"？

　　《中华人民共和国刑法》第一百八十六条规定，银行或者其他金融机构的工作人员违反国家规定发放贷款，数额巨大或者造成重大损失的，处5年以下有期徒刑或者拘役，并处1万元以上10万元以下罚金；数额特别巨大或者造成特别重大损失的，处5年以上有期徒刑，并处2万元以上20万元以下罚金。

　　银行或者其他金融机构的工作人员违反国家规定，向关系人发放贷款的，依照前款的规定从重处罚。

活动2　贷款定价

【知识准备】

　　贷款是商业银行主要的盈利资产，贷款利润与贷款价格有着直接的关系。贷款价格高，利润就高，但贷款的需求将因此而减少。相反，贷款价格低，利润就低，但贷款需求将会增加。因此，合理确定贷款价格既能为银行取得满意的利润，又能为客户所接受，是商业银行贷款管理的重要内容。

【实践操作】

　　分小组对本项目中某水泥熟料生产线项目贷款案例进行贷款定价讨论，讨论案例中影响贷款定价的因素及定价是否合理。

【问题探究】

贷款定价的原理及方法

3-14 微课：贷款定价

一、贷款定价的规范

　　按照我国现行监管法律法规规定，商业银行服务价格根据服务的性质、特点和市场竞争状况分别实行政府指导价、政府定价和市场调节价。对客户普遍使用、与国民经济发展和人民生活关系重大的银行基础服务，实行政府指导价或政府定价。除实行政府指导价、政府定价的服务价格以外，商业银行服务价格实行市场调节价。

　　商业银行信贷融资业务定价应遵循以下原则。

（一）合理测算服务支出

银行制定与调整服务价格应遵循公开、公平、诚实、信用的原则，合理测算各项服务支出，充分考虑市场因素进行综合决策，不得利用协议定价方式收取高于合理水平的费用。细化收费制度执行要求，针对不同适用情形实行差异化处理，避免分支机构在执行中"一刀切"。

（二）价格信息充分披露

商业银行应充分披露服务价格信息。通过营业场所、官方网站和手机 APP 等渠道，以清晰、醒目方式公示价格信息和优惠政策，维护客户知情权、自主选择权和公平交易权。定期评估所公示信息，及时更新服务收费项目和价格标准。银行应在与客户签订的借款合同或服务协议中列明服务内容、所收取利息和费用、收费方式，不得在合同约定之外收取费用。对于先收费后服务、已收费但业务提前终止的，应确保收费与服务内容匹配。

（三）不得收取不合理的费用

严格执行贷存挂钩、强制捆绑搭售等禁止性规定。除存单质押贷款、保证金类业务外，不得将客户预存一定数额或比例的存款作为信贷申请获得批准的前提条件。不得要求客户将一定数额或比例的信贷资金转为存款。不得忽视客户实际需求将部分授信额度划为银行承兑汇票，或强制以银行承兑汇票等非现金形式替代信贷资金。不得在信贷审批时，强制客户购买保险、理财、基金或其他资产管理产品等。在借款人生产经营、财务状况和外部环境等未发生明显恶化时，不得无故提出导致融资综合成本明显提高的新的增信要求；不得以断贷为由提高贷款利率，确保有资金需求的客户以合理成本获得贷款。

二、影响贷款价格的主要因素

（一）资金成本

这是在贷款定价时银行应当考虑的主要因素。资金成本分为资金平均成本和资金边际成本。资金平均成本是指每一单位的资金所花费的利息和费用额，它不考虑未来利率费用变化后的资金成本变动，主要用来衡量银行过去的经营状况，如果银行的资金来源构成、利率、费用等不变，银行可以以资金平均成本来对新贷款定价。但如果银行资金来源的结构、利率和费用等都处于变动状态中，它对贷款定价的意义就不大。资金边际成本是指银行每增加一个单位的投资所需花费的利息和费用额，因为它反映的是未来新增资金来源的成本，所以，在资金来源结构变化，尤其是在市场利率条件下，以它作为对新贷款定价的基础较为合适。

（二）贷款的风险程度

由于贷款的期限、种类、保障程度及贷款对象等各种因素不同，贷款的风险程度也有所不同。不同风险程度的贷款，银行所花费的管理费用或对可能产生的损失的补偿费用也不同。这种银行为承担贷款风险而花费的费用，称为贷款的风险费用，也是贷款的风险成本。银行在贷款定价时必须将风险成本纳入贷款价格之中。

（三）贷款费用

商业银行向客户提供贷款，需要在贷款之前和贷款过程之中做大量的工作，如进行信用调查、分析和评估，对担保品进行鉴定、估价和管理，对贷款所需的各种材料、文件进行整理、归档和保管等，所有这些工作，都需要花费人力、物力，发生各种费用。在贷款定价时，应将这些费用考虑进去，作为构成贷款价格的一个因素。

（四）借款人的信用及与银行的关系

借款人的信用状况主要是指借款人的偿还能力和偿还意愿。借款人的信用越好，贷款风险越小，贷款价格也应越低；反之，银行就应以较高的价格和较严格的约束条件限制其借款。

借款人与银行的关系也是银行在对贷款进行定价时必须考虑的重要因素。这里的关系，是指借款人与银行的正常业务关系，如借款人在银行的存款情况、借款人使用银行服务的情况等。那些在银行有大量存款、广泛使用本行提供的各种金融服务，或长期地、有规律地借用银行贷款的客户，就是与银行关系密切的客户，在制定贷款价格时，可以适当低于一般贷款的价格。

（五）银行贷款的目标收益率

贷款是银行主要的资金运用项目，贷款收益率目标是否能够实现直接影响到银行总体盈利目标能否实现。因此，在进行贷款定价时，必须考虑能否在总体上实现银行的贷款收益率目标。当然，贷款收益率目标本身应当制定得合理，过高的收益率目标会使银行的贷款价格失去竞争力。

（六）资金供求状况

市场供求状况是影响价格的一个基本因素。贷款作为一种金融商品，自然也受这一规律的制约。

（七）贷款的期限

不同期限的贷款，其定价标准是不同的。贷款的期限越长，各种变动出现的可能性越大，银行承担的风险也就越大。因此，中长期贷款的利率通常高于短期贷款的利率。为了规避利率风险，目前对中长期贷款多采用浮动利率的方式计息，或采用前期固定、后期浮动的混合利率方式计息。

三、贷款的定价方法

（一）目标收益率定价法

这是根据银行贷款的目标收益率来确定贷款价格的方法，公式如下：

$$税前产权资本（目标）收益率 = \frac{贷款收益 - 贷款费用}{应摊产权资本}$$

其中：

$$贷款收益 = 贷款利息收益 + 贷款管理手续费$$

$$贷款费用 = 借款者使用的非股本资金的成本 + 办理贷款的服务费用 +$$
$$收贷费用$$

应摊产权资本＝银行全部产权资本对贷款的比率×未清偿的贷款余额

例如，某授信主管人员对某一公司客户以12%的年利率发放了一笔100万元的贷款。借款人使用贷款的资金成本率为10%，贷款管理成本为2 000元，银行全部产权资本对贷款的比率为8%，假定借款人未归还的贷款余额为100万元，运用上述的定价公式可得

$(12\% \times 1\,000\,000元 - 10\% \times 1\,000\,000元 - 2\,000元) / (8\% \times 1\,000\,000元) = 22.5\%$

即该笔贷款的税前预期收益率为22.5%。将该收益率与银行的目标收益率相比较，若贷款收益率低于目标收益率，该笔贷款就需要重新定价。

（二）成本加成定价法

这种方法也叫宏观差额定价法。它是以借入资金的成本加上一定的利差来决定贷款利率的方法。这种定价法的特点在于不考虑承诺费、服务费和补偿余额等因素，贷款价格主要依据资金总成本及一定的利润目标来确定。其计算公式为

贷款利率＝贷款成本率＋利率加成

其中，贷款成本包括资金成本、贷款服务成本和营业成本，利率加成则是银行应取得的合理利润。我国商业银行目前使用的主要是这种方法。

 【知识链接3-3】

贷款市场报价利率

为进一步推进利率市场化，完善金融市场基准利率体系，指导信贷市场产品定价，2013年10月25日，贷款市场报价利率（Loan Prime Rate，LPR）集中报价和发布机制正式运行。LPR是由具有代表性的报价行，根据本行对最优质客户的贷款利率，以公开市场操作利率（主要是指中期借贷便利利率）加点形成的方式报价，由中国人民银行授权全国银行间同业拆借中心计算并公布的基础性的贷款参考利率，各金融机构应主要参考LPR进行贷款定价。LPR市场化程度较高，能够充分反映信贷市场资金供求情况，使用LPR进行贷款定价可以促进形成市场化的贷款利率，提高市场利率向信贷利率的传导效率。

现行LPR包括1年期和5年期以上两个品种。截至2025年2月，LPR报价行包括20家银行，每月20日（遇节假日顺延）9时前，各报价行以0.05个百分点为步长，向全国银行间同业拆借中心提交报价，全国银行间同业拆借中心按去掉最高和最低报价后算术平均，并向0.05%的整数倍就近取整计算得出LPR，于当日9时公布，公众可在全国银行间同业拆借中心和中国人民银行网站查询。

目前，LPR已成为贷款利率定价的主要参考基准。银行发放贷款时，利率按照LPR，以"LPR＋××个基点""LPR－××个基点"（其中，1个基点＝0.01%），或"LPR＋××%""LPR－××%"的形式来确定。个人和企业向银行申请贷款的利率，都主要以LPR加减点的方式表示。

活动3　填写贷款审查审批表

 【实践操作】

　　分小组按照规定程序对本小组企业和个人的授信业务进行审查，并填写贷款审查审批表。

表3－2　　　　　　授信业务审查审批意见表［一级、直属分行（含）以下］

经办行（盖章）：

信贷审查部门意见： 　　　　　　　　　　　经办人签字：　　　　　　负责人签字：　　　　年　月　日
相关部门意见： 　　　　　　　　　　　经办人签字：　　　　　　负责人签字：　　　　年　月　日
主管副行长审查（审批）意见： 　　　　　　　　　　　　　　　　　　　　签字：　　　　　　年　月　日
信贷审查委员会意见： 　　　　　　　　　　　　　　　　　　　主任签字：　　　　　　年　月　日
行长审查（审批）意见： 　　　　　　　　　　　　　　　　　　　　签字：　　　　　　年　月　日

表3－3　　　　　　　　授信业务审查审批意见表（总行）

分行（总行营业部）意见： 一、审查结论： 二、附加条件或限制性条款： 　　　　　　　　　　负责人签字：　　　　　盖章：　　　　年　月　日
主审查人意见： 一、审查结论： 二、附加条件或限制性条款： 　　　　　　　　　　主审查人签字：　　　　部门负责人签字：　　　年　月　日

续表

总行信贷审批中心审查意见：
 	
一、审查结论：
 	
二、表决情况：
 	
     总行信贷审批中心审贷委员　人，出席　人，表决　人。
     表决结果：同意　票，不同意　票，再议　票。
 	
三、附加条件或限制性条款（或再议条件）：
 	
               信贷审批中心主任签字：   年　月　日

总行信贷管理部总经理意见：   签字：   年　月　日

信贷政策委员会意见：
 	
一、审查结论：
 	
二、表决情况：
 	
     信贷政策委员会委员　人，出席　人，表决　人。
     表决结果：同意　票，不同意　票，再议　票。
 	
三、附加条件或限制性条款（或再议条件）：
 	
                 签字：   年　月　日

主管副行长意见：   签字：   年　月　日
行长意见：   签字：   年　月　日

【知识链接 3 - 4】

流动资金贷款需求量测算

《流动资金贷款管理办法》中指出，流动资金贷款需求量应基于借款人日常生产经营所需营运资金与现有流动资金的差额（即流动资金缺口）确定。一般来讲，影响流动资金需求的关键因素为存货（原材料、半成品、产成品）、现金、应收账款和应付账款。同时，流动资金需求还会受到借款人所属行业、经营规模、发展阶段、谈判地位等重要因素的影响。

《流动资金贷款管理办法》对流动资金需求量给出了测算参考公式。

一、估算借款人营运资金量

借款人营运资金量的影响因素主要包括现金、存货、应收账款、应付账款、预收账款、预付账款等。在调查基础上，预测各项资金周转时间变化，合理估算借款人营运资金量。在实际测算中，借款人营运资金需求可参考如下公式：

营运资金量＝上年度销售收入×（1－上年度销售利润率）×（1＋预计销售收入年增长率）/营运资金周转次数

其中：营运资金周转次数＝360/（存货周转天数＋应收账款周转天数－应付账款周转天数＋预付账款周转天数－预收账款周转天数）

周转天数＝360/周转次数

应收账款周转次数＝销售收入/平均应收账款余额

预收账款周转次数＝销售收入/平均预收账款余额

存货周转次数＝销售成本/平均存货余额

预付账款周转次数＝销售成本/平均预付账款余额

应付账款周转次数＝销售成本/平均应付账款余额

二、估算新增流动资金贷款额度

将估算出的借款人营运资金需求量扣除借款人自有资金、现有流动资金贷款以及其他融资，即可估算出新增流动资金贷款额度。

新增流动资金贷款额度＝营运资金量－借款人自有资金－现有流动资金贷款－其他渠道提供的营运资金

三、需要考虑的其他因素

1. 各银行业金融机构应根据实际情况和未来发展情况（如借款人所属行业、规模、发展阶段、谈判地位等）分别合理预测借款人应收账款、存货和应付账款的周转天数，并可考虑一定的保险系数。

2. 对集团关联客户，可采用合并报表估算流动资金贷款额度，原则上纳入合并报表范围内的成员企业流动资金贷款总和不能超过估算值。

3. 对小企业融资、订单融资、预付租金或者临时大额债项融资等情况，可在交易真实性的基础上，确保有效控制用途和回款情况下，根据实际交易需求确定流动资金额度。

4. 对季节性生产借款人，可按每年的连续生产时段作为计算周期估算流动资金需求，贷款期限应根据回款周期合理确定。

在上述公式的实践运用中，借款人自有资金应当为企业用于生产经营的自有营运资金。企业自有资金一般指企业的净资产，净资产可用于购建固定资产、对外投资以及生产经营，其中用于生产经营的部分可视为企业的自有营运资金。因此，借款人自有资金应为净资产减去用于固定资产、对外投资等非流动资产的部分来确定。如果企业的非流动资产的资金来源构成中有负债，则应以净资产＋对应非流动资产的负债－非流动资产的方法来确定自有营运资金。

 【课后练习】

一、单项选择题

1. 对客户部门或下级行移交的客户资料和授信调查资料进行审查的部门是（　　）。

A. 信贷管理部门　　　　B. 客户经理　　　　C. 行长　　　　　D. 柜台

2. 信贷管理部门对客户部门或下级行移送的授信资料不全、调查内容不完整、不清晰的授信业务，（　　）。

A. 应该直接拒绝　　　　　　　　　　　B. 可要求客户部门或下级行补充完善

C. 可以直接通过　　　　　　　　　　　D. 直接提交贷审会

3. 信贷管理部门对不符合国家产业政策、授信政策的授信业务，（　　）。

A. 经有权审批人批准后，不再提交贷审会审议

B. 转换变通

C. 可不记录

D. 材料不予退还

4. 借款人及保证人负债查询不包括（　　）。

A. 负债综合查询　　　B. 不良负债查询　　　C. 当前负债查询　　D. 民间借贷

5. 不符合借款人主体资格规定的是（　　）。

A. 企业法人　　　　　B. 事业法人　　　　　C. 个体工商户　　　D. 未成年人

6. 股东出资审查不包括（　　）。

A. 审查验资报告

B. 是否按照公司章程规定如期足额出资到位

C. 出资方式

D. 资金来源

7. 可以贷款的对象有（　　）。

A. 不具备贷款主体资格和基本条件

B. 生产、经营或投资国家明文禁止的产品、项目

C. 违反国家外汇管理规定

D. 尚未盈利的企业

8. 根据章程规定，必须由股东会或董事会决议通过的借款，其决议形式是（　　）。

A. 应当出具股东会（大会）决议或董事会决议

B. 应当由董事会作出决议真实性的保证

C. 应当由律师见证

D. 应当进行工商登记

9. 对于流动资金贷款，审查要点不包括（　　　）。

A. 是否真正用于生产经营　　　　　　　　B. 是否真正用于本企业生产经营

C. 是否用于短期生产资金周转　　　　　　D. 对发放短期流动资金贷款要从严控制

10. 我国法律规定贷款人不得向关系人发放信用贷款，发放担保贷款的条件不得优于其他借款人同类贷款的条件，其中关系人不包括（　　　）。

A. 商业银行的董事　　B. 商业银行监事　　C. 授信业务人员　　D. 管理人员朋友

二、多项选择题

1. 下列属于商业银行授信审查的内容有（　　　）。

A. 基本要素　　　　　　B. 客户主体资格　　　C. 授信政策　　　　　D. 授信风险

2. 下列属于授信主体资格审查的有（　　　）。

A. 客户及担保人主体资格、法定代表人有关证明材料是否符合规定

B. 客户及担保人组织机构是否合理，产权关系是否明晰

C. 客户及担保人法定代表人、主要部门负责人有无不良记录

D. 客户及担保人是否有负债

3. 下列内容属于授信政策审查的是（　　　）。

A. 授信用途是否合规合法　　　　　　　　B. 授信用途是否符合国家有关政策

C. 授信用途是否符合银行授信政策　　　　D. 利率是否符合银行授信政策

4. 下列属于授信风险审查内容的是（　　　）。

A. 审查核定客户部门测定的客户信用等级

B. 分析、揭示客户的财务风险

C. 审查核定客户部门测定的客户授信额度

D. 提出授信方案

5. 贷款审查委员会审议范围有（　　　）。

A. 审议本行审批权限内的贷款、贸易融资、贴现、承兑、信用证、担保等形式的本外币授信业务

B. 审议超过本行审批权限，按规定需要贷审会审议、报请上级行审批的事项

C. 行长认为有必要提交贷审会审议的特别授权、内部授信、特别授信及其他授信特别事项

D. 审议所有客户信用等级评定

三、判断题

1. 贷款按照安全保障性可分为信用贷款、担保贷款和票据贴现。　　　　　　　（　　　）

2. 贷款期限根据借款人的生产经营周期、现金流量、还款能力和贷款人的资金供给能力由商业银行确定，并在贷款合同中载明。　　　　　　　　　　　　　　（　　　）

3. 贷款人应当按照中国人民银行贷款基准利率确定每笔贷款利率，并在贷款合同中载明。　　　　　　　　　　　　　　　　　　　　　　　　　　　　　　（　　　）

4. 借款人申请贷款应有按期还本付息的能力，其所有贷款利息和贷款已清偿。

（　　　）

5. 在对贷款进行定价时，必须考虑能否在总体上实现银行的贷款收益率目标。

（　　）

四、名词解释

1. 贷款审查委员会

2. 贷款定价

五、思考题

1. 影响贷款定价的主要因素包括哪些？

2. 贷款审查委员会的工作程序是怎样的？

3. 如何对贷款决策文件进行审查？

3-15 项目三
课后练习答案

项目四 授信合同签订与贷款发放

【学习目标】

知识目标：

1. 了解《民法典》等法律法规关于合同、担保的相关规定；

2. 掌握授信合同主要条款的解释规则；

3. 了解合同签订的注意事项；

4. 了解放款流程，掌握贷款发放审核的要点。

能力目标：

1. 能按照法律规定正确与客户签订信贷业务合同、担保合同；

2. 能够正确审核放款资料，发放贷款。

素养目标：

1. 培养契约精神和守法意识，树立合同是解决民事纠纷的主要规则的法律意识；

2. 培养严谨认真、细致耐心的工匠精神；

3. 养成主动接纳新事物、与时俱进的终身学习习惯。

任务一
签订授信业务合同

活动1 解读合同条款

【知识准备】

目前，商业银行的授信业务合同多采用格式合同。我国《民法典》第四百九十八条规定："对格式条款的理解发生争议的，应当按照通常理解予以解释。对格式条款有两种以上解释的，应当作出不利于提供格式条款一方的解释。格式条款和非格式条款不一致的，应当采用非格式条款。"因此，合同的解释权不属于任何一方，格式条款的制定者更无权把最终解释权强行划归于自己。

4-1微课：
合同解释

【实践操作】

请阅读以下"固定资产借款合同"，解释其合同条款。

4-2案例：
格式合同
条款的效力

合同编号：

固定资产借款合同

重要提示

请借款人认真阅读本合同全文，尤其是带有▲▲标记的条款。如有疑义，请及时提请贷款人予以说明。

借款人：_____

法定代表人（负责人）：_____

法定地址：_____

通信地址：_____

贷款人：××银行股份有限公司_____分（支）行

负责人：_____

通信地址：_____

鉴于借款人向贷款人申请固定资产贷款，为明确双方权利义务，借款人与贷款人经协商一致，特订立本合同。

第一条　贷款

1.1　币种：_____

1.2　金额（大写）：_____

1.3　本合同项下的贷款仅限用于_____

1.4　贷款期限：自_____年____月____日至_____年____月____日。

第二条　利率及利息的计付

2.1　提用贷款为人民币的，实行人民币浮动利率，具体利率约定为：

2.1.1　合同利率为 □本合同生效时 □首次放款日_____（期限）□LPR □LPR 上浮_____ □LPR 下浮_____。

2.1.2　合同期内遇 LPR 调整，按以下第_____种方式确定本合同利率调整日。自合同利率调整日起，按合同利率调整日相应档次 LPR 执行调整后的利率，上（下）浮幅度不变。

（1）固定不变；

（2）自贷款实际发放日起（分笔发放的以第一笔贷款发放日为准），每满 □月 □季 □半年 □年 的当日为合同利率调整日；

（3）次年的 1 月 1 日为合同利率调整日；

（4）_____。

2.2　提用贷款为外币的，利率约定为：

_____（外币币种），利率为_____。

2.3　日利率＝月利率/30，月利率＝年利率/12。

2.4　利息的计算

2.4.1　正常利息＝本合同约定利率×放款金额×占用天数。占用天数从放款日计算至到期日。

2.4.2　逾期贷款和挪用贷款的罚息依逾期或挪用的金额和实际天数计算。贷款币种为人民币的，逾期贷款的罚息利率按本合同约定利率上浮50%，挪用贷款的罚息利率按本合同约定利率上浮100%；浮动利率贷款逾期或挪用后遇 LPR 调整，贷款人有权相应调整本合同罚息利率，按2.1.2调整日起适用新的罚息利率。贷款币种为外币的，罚息利率为：□按本合同约定利率上浮_____；□_____。

2.5　本合同项下的贷款按下列第_____种方式结息，贷款最后到期时利随本清。结息日为付息日：

（1）每季末月的 20 日结息；

（2）每月的 20 日结息；

（3）每年 6 月和 12 月的 20 日结息；

（4）每年 12 月的 20 日结息；

（5）_____。

2.6　其他利率约定

_____

_____

第三条　贷款的发放与支付

▲▲**3.1**　本合同项下贷款可分次提款，但借款人各次提款金额之和不得超过第一条约定金额。根据本合同第九条的约定，借款人可以其他币种（指第1.1条约定币种外的币种）提用贷款的，仅为确定剩余可提款金额的目的，按××银行公布的每日日始的汇率折算，若没有可直接适用的汇率，由××银行按合理方式确定的汇率折算。

3.2　借款人首次提款时，在下列条件全部符合前，贷款人有权拒绝放款：

（1）借款人已办妥与贷款项目及借款事项有关的政府许可、批准、核准、备案及登记等法定手续及贷款人要求办理的其他手续，且前述许可、批准、核准、备案及登记等手续持续有效；

（2）本合同项下担保合同（如有）已生效并持续有效，担保合同系抵押合同及（或）质押合同的，担保物权已设立并持续有效；

（3）借款人已按贷款人要求在贷款人处开立专门的贷款发放账户、还款准备金账户和项目收入账户（如有）；

（4）借款人的经营和财务状况未发生重大不利变化；

（5）借款人提供了贷款人认可的与贷款同比例的资本金已足额到位、项目实际进度与已投资额相匹配的相关证明文件；

（6）贷款的支付方式符合本合同约定，采用贷款人受托支付的，贷款人同意支付；

（7）提用外币贷款的，借款人已提供了贷款符合相关外汇管理政策的证明文件，包括但不限于有效的外汇用途证明或登记文件；

（8）首次提款日不迟于_____年____月____日；

（9）贷款人认为贷款项目的各项主要经济技术指标没有发生负面变化，贷款项目进展正常；

（10）未发生本合同约定的"提前到期事件"。

3.3　后续每次提款时，在下列条件全部符合前，贷款人有权拒绝放款：

（1）第3.2条第（1）、（2）及（7）项所列事项及文件持续有效；

（2）借款人提供了贷款人认可的与贷款同比例的资本金已足额到位、项目实际进度与已投资额相匹配的相关证明文件；

（3）贷款的支付方式符合本合同约定，采用贷款人受托支付的，贷款人同意支付；

（4）借款人的经营和财务状况未发生重大不利变化；

（5）提款日不迟于_____年____月____日；

（6）贷款人认为贷款项目的各项主要经济技术指标没有发生负面变化，贷款项目进展正常；

（7）未发生本合同约定的"提前到期事件"；

（8）其他：_____
_____
_____

3.4　借款人指定下述账户为放款账户，该账户□是□不是借款人在贷款人处开立的专门贷款发放账户。

户名：_____

账号：_____

开户行：_____

开立专门贷款发放账户的，贷款的发放和支付应通过该账户办理。该账户仅用于贷款资金的发放和对外支付，只出售"结算业务申请书"凭证，不可以办理支票、汇票、银行承兑汇票等业务，不得用于其他结算。借款人自主支付办理贷款资金划拨时，必须在开户网点柜面办理。该账户的存款利息计入还贷结算账户。

3.5 在每次提款前，借款人须至少提前_____个银行工作日办理相关提款手续，并明确支付方式（贷款人受托支付或借款人自主支付），每次提款只能采用一种支付方式。

单笔金额超过人民币_____万元（根据项目总投资金额的5%、500万元人民币或贷款人要求的其他金额中金额低者确定）的贷款资金支付，采用贷款人受托支付方式。单笔金额未超过前述限额的贷款资金支付，采用借款人自主支付方式。

3.6 贷款人受托支付是指贷款人根据借款人的受托支付委托书，在按本合同约定发放贷款后，直接将贷款资金通过借款人账户支付给符合本合同约定用途的借款人交易对手。

采用贷款人受托支付的，借款人须向贷款人提交提款申请书、贷款人规定格式的受托支付委托书、借款凭证、相应的结算业务申请书/支票/贷记凭证及贷款人要求的其他资料，明确提用贷款的金额及付款的对象和金额，提用贷款的金额应与需付款的总额相等。

贷款人有权要求借款人、独立中介机构和承包商等共同检查设备建造或者工程建设进度，并根据出具的、符合合同约定条件的共同签证单进行贷款支付。相关条件约定如下：

_____

_____

借款人拟进行的支付不符合本合同约定的，贷款人有权拒绝支付，并退回借款人提交的受托人支付委托书。

贷款人同意支付的，如因借款人提供的信息有误而无法对外支付或发生支付退款的，借款人须在贷款人规定的时限内重新提交载有正确信息的相关凭证和资料。

3.7 借款人自主支付是指贷款人根据本合同约定将贷款资金发放至借款人账户后，由借款人自主支付给符合本合同约定用途的借款人交易对手。

采用借款人自主支付的，借款人须向贷款人提交提款申请书、借款凭证、资金使用说明及贷款人要求的其他材料。借款人须于_____（日期）向贷款人汇总报告贷款资金支付情况。贷款人有权通过账户分析、凭证查验、现场调查等方式核查贷款支付是否符合约定用途，借款人须配合贷款人的核查。

3.8 实际的放款日和放款金额以"借款凭证"的记载为准。

第四条 贷款的偿还

4.1 贷款的还款来源包括但不限于贷款项目产生的销售收入、补贴收入、折旧及借款人的其他收入。本款关于还款来源的约定在任何情况下均不应影响借款人按本合同约定还本付息的义务。

4.2 借款人须按本合同第1.4条的到期日及下述约定归还贷款本金，"借款凭证"记载的到期日与本合同约定不一致时，以"借款凭证"的记载为准：

还款时间　　　　　　币种　　　还款金额

_____年____月____日；_____（大写金额）；

_____年____月____日；_____（大写金额）；

_____年____月____日；_____（大写金额）；

_____年____月____日；_____（大写金额）。

▲▲4.3 未经贷款人书面同意，借款人不能提前归还贷款。

4.4 开立专门贷款发放账户的，借款人指定下述账户为还贷结算账户，用于贷款还贷、贷款资金划转费用等核算处理。

户名：_____

账号：_____

开户行：_____

4.5　借款人在贷款人处□开立□不开立专门还款准备金账户。

户名：_____

账号：_____

开户行：_____

借款人承诺，在归还全部贷款本息前，未经贷款人书面同意，不变更或注销专门还款准备金账户，并符合下述约定：

□固定资产投资项目的收入现金流的_____%须进入该账户；

□借款人的收入现金流的_____%须进入该账户；

□该账户内的资金日平均存量不低于_____；

□_____

4.6　借款人在贷款人处□开立□不开立专门的项目收入账户，在归还全部贷款本息前，所有项目收入须进入该账户，与项目相关的全部结算业务须在××银行办理。

户名：_____

账号：_____

开户行：_____

该账户对外付款的条件和方式如下：

_____

_____

▲▲第五条　借款人的陈述与保证

5.1　借款人依法设立并合法存续，具备所有必要的权利能力，能以自身名义履行本合同的义务并承担民事责任，且具备贷款项目投资主体资格和经营资质要求。

5.2　签署和履行本合同是借款人真实的意思表示，并经过所有必需的同意、批准及授权，不存在任何法律上的瑕疵。

5.3　借款人在申请贷款以及签署和履行本合同过程中向贷款人提供的全部文件、报表、资料（含与交易对手的交易资料）及信息是真实、准确、完整和有效的，未遗漏、隐瞒可能影响贷款人评价其财务状况、还款能力和贷款项目情况的任何信息。

5.4　贷款项目符合国家的产业、土地、环保等相关政策，并按规定履行了固定资产投资项目的合法管理手续。

5.5　在签订本合同时，借款人不是担保人的股东或《公司法》所定义的"实际控制人"，也没有关于成为担保人的股东或实际控制人的计划。

第六条　贷款人的权利

6.1　贷款人有权按照本合同约定收回贷款本金、利息（包括复利、逾期及挪用罚息），收取借款人应付的费用，行使法律规定或本合同约定的其他权利。

6.2　贷款人有权按相关监管规定和本合同约定对贷款资金支付进行管理和控制，并有权按本合同约定对相关账户实施监控。

第七条　借款人的义务

7.1　借款人应当按本合同约定的时间、金额和贷款提用的币种偿还本合同项下的贷款本金并支付利息。

7.2　借款人应按本合同约定用途使用贷款，不应将本合同项下贷款挪作他用。借款人应按约定方式支用贷款资金，不得以化整为零方式规避贷款人受托支付；采用借款人自主支付的，单笔贷款资金支付应不超过合同约定限额。

▲▲7.3　借款人应承担本合同项下的费用支出，包括但不限于公证费、鉴定费、评估费、登记费等。

借款人应承担贷款资金支付（包括贷款人受托支付和借款人自主支付）的结算费用，应按贷款人规定的收费项目、费率和时间等按时足额支付相应费用。

开立专门贷款发放账户的，贷款资金支付（包括贷款人受托支付和借款人自主支付）时，收款账户不属于在××银行开立的账户的，资金支付均通过人民银行支付系统办理。

放款账户不是专门贷款发放账户的，贷款资金支付（包括贷款人受托支付和借款人自主支付）时，收款账户为异地他行账户的，资金支付均通过人民银行支付系统办理。

▲▲7.4　借款人应遵循贷款人与办理贷款业务相关的业务制度及操作惯例，包括但不限于配合贷款人对贷款使用情况和借款人经营情况的监督检查，及时提供贷款人要求的一切财务报表、其他资料及信息，并保证所提供文件、资料和信息是真实、完整、准确的。

▲▲7.5　借款人有下列任一事项时，应当至少提前30天书面通知贷款人，并且，在清偿本合同项下全部贷款本息或提供贷款人认可的还款方案及担保前不应采取行动：

（1）出售、赠与、出租、出借、转移、抵押、质押或以其他方式处分全部或大部分资产或重要资产；

（2）经营体制或产权组织形式发生或可能发生重大变化，包括但不限于实施承包、租赁、联营、公司制改造、股份合作制改造、企业出售、合并（兼并）、合资（合作）、分立、设立子公司、股权转让、产权转让、减资等；

（3）对外投资超过人民币_____万元或实质性增加债务融资超过人民币_____万元。

▲▲7.6　借款人应当在下列事项发生或可能发生之日起7日内书面通知贷款人：

（1）修改章程，变更企业名称、法定代表人（负责人）、住所、通信地址或营业范围等工商登记事项，作出对财务、人事有重大影响的决定；

（2）借款人或担保人拟申请破产或可能或已被债权人申请破产；

（3）涉及重大诉讼、仲裁、行政措施，或者主要资产、贷款项目资产或本合同项下担保物被采取了财产保全或其他强制措施；

（4）为第三方提供担保，并因此而对其经济状况、财务状况或履行本合同项下义务的能力产生重大不利影响；

（5）签署对其经营和财务状况有重大影响的合同；

（6）借款人或担保人停产、歇业、解散、停业整顿、被撤销或营业执照被吊销；

（7）借款人、借款人的法定代表人（负责人）或主要管理人员涉及违法违规或违反所适用的交易所规则；

（8）经营出现严重困难，财务状况恶化，或发生对借款人经营、财务状况或偿债能力或经济状况有负面影响的其他事件；

（9）发生关联交易，且交易金额达到或超过最近经审计的净资产的10%；

（10）在清偿本合同项下全部债务前，借款人成为或可能成为担保人的股东或《公司法》所定义

的"实际控制人";

（11）贷款项目建设过程中出现下列任一情形：进度未按计划进行、出现延误，出现质量问题，总投资金额被突破；

（12）贷款项目运营过程中出现下列任一情形：运营未达预期效益目标，项目运营现金流未达项目评估报告的要求，项目生产经营和销售有异常情况；

（13）贷款项目的主要经济技术指标发生负面变化。

▲▲7.7　本合同项下的担保发生不利于贷款人债权的变化时，借款人应按贷款人的要求及时提供贷款人认可的其他担保。

本款所称"变化"包括但不限于：担保人合并、分立、停产、歇业、解散、停业整顿、被撤销、营业执照被吊销、申请或被申请破产；担保人的经营或财务状况有重大变化；担保人涉及重大诉讼、仲裁、行政措施，或主要资产被采取了财产保全或其他强制措施；担保物的价值减少或可能减少或被采取财产保全等强制措施；担保人或其法定代表人（负责人）或主要管理人员涉及违法违规或违反所适用的交易所规则；担保人为个人的，担保人失踪、死亡（宣告死亡）；担保人在担保合同项下有违约行为；担保人与借款人发生争议；担保人要求解除担保合同；担保合同未生效或无效或被撤销；担保物权未设立或无效；或影响贷款人债权安全的其他事件等。

7.8　借款人承诺：在本合同签订之日起至本合同项下全部贷款本息及相关费用清偿完毕前，借款人的财务指标始终受如下约定约束：

（1）＿＿＿＿＿＿＿＿＿＿＿＿＿＿＿＿＿＿＿＿＿＿＿＿

（2）＿＿＿＿＿＿＿＿＿＿＿＿＿＿＿＿＿＿＿＿＿＿＿＿

（3）＿＿＿＿＿＿＿＿＿＿＿＿＿＿＿＿＿＿＿＿＿＿＿＿

7.9　在清偿全部贷款本息前，借款人承诺贷款项目始终符合下述要求：

（1）项目进度不落后于资金使用进度；

（2）用于建设项目的其他资金按时足额到位，与贷款资金同比例支用；

（3）项目环保设施与主体工程同步设计、同时施工、同时投产使用；

（4）项目符合国家关于节能减排的各项规定；

（5）项目完工后及时通过项目竣工环评审批。

第八条　保险

8.1　借款人应按贷款人的要求为固定资产项目投保商业保险，贷款人应为项目所保商业保险的第一顺位保险金请求权人。保险手续办妥后，借款人将保单正本交贷款人保管。

8.2　在本合同有效期内，借款人应按时支付所有保费，并履行维持保险的有效存续所必需的其他义务。

8.3　借款人未能投保或续保的，贷款人有权自行投保、续保，代为缴付保费或采取其他保险维持措施。借款人应提供必要协助，并承担贷款人因此支出的保险费用和相关费用。

第九条　其他约定事项

＿＿

＿＿

＿＿

＿＿

＿＿

▲▲第十条 贷款的提前到期

10.1 出现以下任一情形的，均视为本合同的"提前到期事件"：

（1）借款人在第五条项下所作陈述与保证不真实；

（2）第7.6条所列应通知的任何事项之一实际发生，贷款人认为将影响其债权的安全；

（3）借款人违反本合同的约定；

（4）借款人在履行与贷款人订立的其他合同或与第三人订立的合同时，有违约行为或债务可能或已经被宣布提前到期的。

10.2 当出现任一"提前到期事件"时，贷款人有权采取以下一项、多项或全部措施：

（1）停止发放借款人尚未提用的贷款；

（2）对借款人已提用但尚未使用的贷款，停止办理支付；

（3）要求借款人在限定时限内与贷款人协商补充贷款发放和支付条件；

（4）要求借款人按贷款人的要求变更支付方式，开立专门贷款发放账户；

（5）单方面宣布合同项下已发放的贷款本金全部提前到期并要求借款人立即偿还所有到期贷款本金并结清利息。

▲▲第十一条 违约

11.1 借款人未按时足额偿还贷款本金、支付利息或未按本合同约定用途使用贷款的，贷款人按逾期贷款的罚息利率或挪用贷款的罚息利率计收利息，并对应付未付利息计收复利。

11.2 借款人未按时足额偿还贷款本金、支付利息的，应当承担贷款人为实现债权而支付的催收费、诉讼费（或仲裁费）、保全费、公告费、执行费、律师费、差旅费及其他费用。

11.3 借款人有逃避贷款人监督、拖欠贷款本金及利息、恶意逃废债等行为时，贷款人有权将该种行为向有关单位通报，并在新闻媒体上公告。

▲▲第十二条 扣划约定

12.1 借款人授权：有到期应付的贷款本金、利息、罚息、复利或其他费用时，贷款人有权扣划借款人在××银行开立的任一账户中的资金用于清偿。

12.2 扣划后，贷款人应将扣划所涉账号、借款合同号、"借款凭证"编号、扣划金额及剩余的债务金额通知借款人。

12.3 扣划所得款项不足以清偿借款人全部债务时，应首先用于抵偿到期未付的费用。本金及利息逾期不足90天的，抵偿费用后的余额先用于抵偿到期未付的利息或罚息、复利，再用于抵偿到期未付的本金；本金或利息逾期90天及以上的，抵偿费用后的余额先用于抵偿到期未付的本金，再用于抵偿到期未付的利息或罚息、复利。

12.4 扣划所得款项与需抵偿的债务币种不一致的，按××银行在扣划时公布的汇率折算为抵偿债务的金额。

第十三条 通知

13.1 借款人在本合同中填写的联系方式（包括通信地址、联系电话、传真号码等）均真实有效。任一联系方式发生变更，借款人应立即以书面方式将变更信息寄/送至贷款人在本合同中填写的通信地址。该等信息变更仅在贷款人实际收到更改通知并更改有关记录后生效。

13.2 除本合同另有明确约定外，对借款人的任何通知，贷款人有权通过以下任一方式进行。贷款人有权选择其认为合适的通知方式，且在任何情况下均无须对邮递、传真、电话或任何其他通信系统所出现的任何传送失误、缺漏或延迟承担任何责任。贷款人同时选择多种通知方式的，以其中较快到达借款人的为准。

（1）公告，以贷款人在其网站、网上银行、电话银行或营业网点发布公告之日视为送达日；

（2）专人送达，以借款人签收之日视为送达日；

（3）邮递（包括特快专递、平信邮寄、挂号邮寄）送达于贷款人最近所知的借款人通信地址，以邮寄之日后的第 3 日（同城）/第 5 日（异地）（即使该邮件可能被退回）视为送达日；

（4）传真或其他电子通信方式送达于贷款人最近所知的借款人传真号码或电子通信地址，以发送之日视为送达日。

第十四条　信息披露与保密

14.1 贷款人应对借款人的商业秘密及其他书面标注需保密的信息和资料负保密责任，但下列情形除外：

（1）适用法律法规或上市规则要求披露的；

（2）司法部门或政府部门要求披露的；

（3）向贷款人的外部专业顾问披露的；

（4）借款人同意或授权贷款人进行披露的。

14.2 借款人同意××银行在如下情形可以使用或披露所有有关借款人的信息和资料，包括但不限于借款人的基本信息、信贷交易信息及其他相关信息和资料等，愿意承担由此产生的一切后果。

（1）为下列目的向业务外包机构、第三方服务供应商、其他金融机构及贷款人认为必要的其他机构或个人，包括但不限于××银行的其他分支机构，或者××银行完全或部分拥有的子公司，披露和允许其使用该等信息和资料：①为开展贷款业务或与贷款业务有关，例如推广××银行贷款、催收借款人欠款、转让贷款债权等；②为贷款人向借款人提供或可能提供新产品或服务或进一步提供服务；③为更好地维护、管理和提升客户关系。

（2）将该等信息和资料提供给中国人民银行征信中心和其他经中国人民银行批准建立的征信机构或信用信息数据库。

（3）为业务运营、管理、统计、分析和风险控制的目的使用或允许第三方在保密的基础上使用该等信息和资料。

第十五条　争议解决

本合同适用中华人民共和国法律。合同项下争议向贷款人所在地有管辖权的法院起诉。争议期间，各方仍应继续履行未涉争议的条款。

第十六条　其他条款

▲▲16.1 借款人同意贷款人因贷款申请及贷后管理查询并留存借款人的信用信息。

16.2 本合同项下的"提款申请书"格式以及双方签署的"提款申请书""受托支付委托书""借款凭证"和双方确认的相关文件、资料均为本合同不可分割的组成部分。

16.3 本合同经借款人法定代表人（负责人）或授权代表签字（或盖章）并加盖公章、贷款人负责人或授权代表签字（或盖章）并加盖单位印章后生效。

16.4　本合同正本一式____份，签约双方及担保人（如有）各执一份。

附件："提款申请书"格式

借款人已通读上述条款，贷款人已应借款人的要求作了相应说明，借款人对所有内容无异议。

借款人（公章）　　　　　　　　　　贷款人（单位印章）

法定代表人（负责人）或授权代表　　　负责人或授权代表

（签字或盖章）　　　　　　　　　　（签字或盖章）

签署日期：_____年____月____日　　签署日期：_____年____月____日

附件：

编号：

提款申请书

××银行股份有限公司_____分（支）行（简称贷款人）：

根据借款人与贷款人签订的编号为_____的"固定资产贷款合同"（以下简称合同）的约定，借款人现申请提用合同项下的贷款。具体情况如下：

1. 贷款币种：_____；金额（大写）：_____。 2. 支付方式： □受托支付。 具体信息详见编号为_____的"受托支付委托书"。 □自主支付。
一、本申请书是对合同的补充。除本申请书另有约定外，借款人与贷款人之间的权利义务及有关事项仍按合同的约定执行。 二、贷款人同意发放贷款的，具体放款金额、放款日、到期日以"借款凭证"的记载为准。 三、借款人保证合同项下的陈述与保证继续有效。 　　　　　　　　　　　　借款人（公章） 　　　　　　　　　　　　法定代表人（负责人）或授权代表 　　　　　　　　　　　　（签字或盖章） 　　　　　　　　　　　　　申请日期：　　年　月　日
贷款人同意按上述条件于签署之日起三个银行工作日内发放贷款。 　　　　　　　　　　　　贷款人（单位印章） 　　　　　　　　　　　　负责人或授权代表 　　　　　　　　　　　　（签字或盖章） 　　　　　　　　　　　　　签署日期：　　年　月　日

注：本申请书一式两份，借款人、贷款人各持一份。

4－3 资料：

某银行对公授信法律性

文件使用规则

📖 【问题探究】

贷款合同重要条款的解释

一、贷款的基本要素

贷款合同中应对贷款的基本要素进行约定，包括：（1）贷款的用途；（2）贷款币种与金额；（3）贷款的种类；（4）贷款期限；（5）贷款利率和计息；（6）支付条件；（7）支付方式；（8）支付对象。

贷款利率应当遵循市场化原则，由借贷双方在遵守国家有关规定的前提下协商确定，并在合同中载明。

二、担保条款

贷款合同既可以设置担保条款，也可以另行签订担保合同。

担保合同是借款合同的从合同，其效力依附于主合同。

三、提款及还款

（一）提款

贷款合同应规定借款人提款时应具备的先决条件。贷款合同并不都是在签字后立即执行提款，有些必须等到合同所规定的某些条件已经具备的时候才能执行提款，甚至在贷款开始执行后，通常还要求在以后每次提款时还要满足进一步的条件，这些条件就是提款的先决条件。先决条件的内容可以因情况的不同而有所不同，一般可以分为两类：一类是涉及贷款合同项下全部义务的先决条件，另一类是涉及每一笔贷款的先决条件。

设定涉及贷款合同项下全部义务的先决条件的目的，是使贷款人在收到令人满意的书面证据和有关文件，证实有关贷款合同的一切法律事宜已经安排妥帖，并且他所要求的担保已经得到落实以前，暂时停止承担给予贷款的义务。这对于保障贷款人的利益是十分重要的。这类先决条件通常可能包括：（1）提供借款人的公司营业执照和组织文件，如公司章程等；（2）提供借款人对于借款的一切必要的文件，包括股东大会或董事会的决议、授权委托书等；（3）按照约定由借款人在贷款人的营业场所开立账户；（4）提供律师意见书；（5）提供有关的项目协议；（6）办妥约定的担保手续、监管手续等，贷款人经核实确认担保合同的订立是担保人的真实意思表示；（7）提交提款通知及提款的授权委托书；（8）借款人在签订贷款合同时所做的陈述和保证，在其提取贷款之日仍然保持正确，没有发生任何实质性的不利变化；（9）借款人没有发生任何违约事件，或有可能构成违约的其他事件。

上述可以在合同中约定的提款的先决条件，并非合同成立的条件，而是在合同已经成立的前提下借款人在提款时应当具备的条件。只要借款人一旦具备约定的条件，贷款人就负有放款之义务。如果贷款人不按贷款合同的规定向借款人发放贷款，借款人可以要求给予损害赔偿。

贷款合同通常都规定借款人可提取贷款的具体期限，并规定借款人应在提款前若干天通知贷款人。贷款合同一般不规定借款人承担提取贷款的义务，而只是授予借款人在需要资金时有提取贷款的选择权，但如果借款人届时不提取贷款，贷款人通常会要求借款人支付一笔贷款人承诺贷款的费用，以补偿贷款人因所承诺贷款的资金搁置而造成的损失。

（二）还款

贷款合同对借款人偿还贷款的期限和方式一般都有具体的规定。借款人应当按照贷款合同的规定按时、足额归还贷款本息。对于提前还款，贷款合同中一般都有一些限制，规定得较为详尽，主要是因为贷款人为了保证其投资能得到预期的收益。具体内容主要从以下几个方面来加以规定：（1）自愿提前还款，一般适用于经双方协商一致的提前还款，根据情况贷款人可以要求借款人支付一定比例的费用；（2）强制提前还款，一般适用于因借款人违约或预期违约而实行的违约制裁；（3）自愿取消授信额度；（4）特定原因导致的提前还款和取消额度，如因为税务、市场紊乱和成本增加等。

四、陈述与保证

借款人对与借贷有关的事实，包括其法律地位、财务状况、商务活动等的陈述与保证是贷款人评估贷款交易的安全性和盈利性的基本依据。借款人对上述情况任何不真实、不准确或者不完整的说明，无论是故意还是过失，都会使银行得出错误的结论，作出违反其真实意思的贷款决策。因此，在贷款合同中通常会给借款人规定严格的陈述与保证义务，即要求借款人对其法律地位、签约能力和交易的授权、政府审批、诉讼状况、资产状况、财务状况、业务经营情况、项目合同情况、违约情形等多方面内容作出陈述与保证，并且该等陈述与保证不仅要求在贷款合同的签署日作出，通常还要求在提款日重复作出。对于陈述与保证的违反将被视为违约事件，银行会进而宣布贷款提前到期，并强制执行有关担保。

五、违约

贷款合同中的违约可分为两类：一类是违反贷款合同本身的约定，如到期不还本付息、不履行约定的义务或对事实的陈述与保证不正确等；另一类是所谓的预期违约，即从某种征兆来看，借款人已经丧失履行贷款合同项下的义务的能力。预期违约主要包括以下几种。

（一）交叉违约

其基本含义是，如果本合同项下的债务人在其他贷款合同项下出现违约，则也视为对本合同的违约。一般来说，债权人都是以当事人未履行其在本合同项下的义务为由，追究债务人的违约责任，但交叉违约条款突破了这一限制，使贷款人能够赶在借款人在其他贷款合同项下的债务出现偿还危机之前采取救济措施，以避免自己处于比其他债权人更糟糕的处境。

（二）借款人丧失清偿能力

凡借款人经司法程序宣告破产或无清偿能力，或明示无力清偿到期债务，或向债权人让与财产或提出让与财产的建议，即视为违约事件。

（三）借款人的状况发生了其他重大不利变化

对贷款人来说，这是一个兜底性的保护条款。此类条款一般规定，不论是由于什么原因引起的，也不管是借款人自愿的或者是非自愿的，或者是由于法院的命令或法律、规章的规定所造成的，都应视为违约。这样规定的目的是防止借款人主张违约的发生是由于不可抗力造成的，借此解脱其对违约所应承担的责任。

贷款人可在贷款合同中约定，借款人有下列情形之一的，贷款人有权单方决定停止支付借款人尚未使用的贷款，并提前收回部分或全部贷款本息：（1）提供虚假材料或隐瞒重要经营财务事实的；（2）未经贷款人同意擅自改变贷款原定用途、挪用贷款或用贷款从事非法、违规交易的；（3）利用与关联方之间的虚假合同，以无实际贸易背景的应收票据、应收账款等债权到银行贴现或质押，套取贷款人资金或授信的；（4）拒绝接受贷款人对其贷款使用情况和有关经营财务活动进行监督和检查的；（5）出现重大兼并、收购重组等情况，贷款人认为可能影响到贷款安全的；（6）通过关联交易，有意逃废贷款人债权的。

六、协议管辖

经双方协商一致，可以按照《民法典》的规定，对因本合同提起的诉讼约定管辖法院。

七、合同的生效条件

在贷款合同中，可以约定该合同的生效条件，例如担保文件的取得、担保合同的签订、抵押登记的办理、质物的交付、公证书的出具等。

八、关于合同术语的规定

对于合同中出现的一些术语，应当在附则中作出双方一致认可的定义。

活动2   签订信贷业务合同

【知识准备】

贷款合同签订的过程，就是当事人各方就合同条款通过协商最终达成协议的过程。在这个过程中，贷款发放所涉及的借款人、银行及担保人等各方当事人应遵循当事人地位平等、等价有偿、自愿协商、诚实守信等原则。

在贷款合同的签订过程中，要注意四个方面：第一，合同的严密性。即贷款合同的内容要严密、完整，合同中除了要载明贷款的金额、期限、利率、担保品或保证人等必要条件之外，还应载明必要的附加条件，如银行在必要时要求提前清偿债务的权利、变更合同的权利、银行处理担保品的权利，以及有关担保品的保管、保养或维修的责任和权利，还有保证人的连带赔偿责任等。第二，合同的明晰性。贷款合同的文字要言简易懂，使用通用的符合法律规范的语言。合同中的各项规定必须条理清楚，不能含糊其词，模棱两可。第三，合同的准确性。合同中所有的规定必须准确具体，不能使用抽象化的概念。表达事实的文字必须与事实绝对相符，尤其是对担保品的名称、种类、数量、价值和地址等的记载更应准确具体。第四，合同的合法性。贷款合同的格式、语言等都必须符合国家的法律规定，否则即使其内容严密、明晰和准确，也只是一纸空文，没有法律效力。

目前，为了更好地进行授信管理，部分商业银行专门设立了放款中心，要求首次授信客户和首次为银行授信提供担保的客户必须由放款中心协同客户经理到客户办公地址现场办理预留印鉴手续。预留印鉴时必须核实营业执照、法定代表人身份的真实性，核对签字人身份证，并复印留底。取印手续必须由放款中心和客户经理双人办理。

授信预留印鉴为一枚公章，若干枚私章或签字样本，私章可以是法人印章或被授权人印章。若受信人或担保人出现更名、更换印鉴、变更法定代表人等重大事项，经办机构应立即向放款中心提供相关资料并联系放款中心重新办理相应的取印工作，填制印章样本（变更）后由放款中心负责更换后印鉴的录入并留档。

4－4案例：
伪造印章骗贷

合同签署前，经办机构需根据授信审批的条件和合同填写要求，认真、规范地填写合同文本，经办机构或放款中心要对合同要素进行认真审核，确保合同要素填写的准确性和规范性，同时要审核需签订的各份合同要素填写是否一致等。

合同签订前，客户经理必须打印最新的工商登记信息，面签人员必须核对工商登记信息上登记的信息与受信人信息是否一致，包括受信人名称、法定代表人等。

所有授信合同、协议的签订，必须有双人与客户面签，合同印章必须在面签人员面前当面签盖章，面签人员必须保证签字、盖章过程的真实性。

4－5微课：
贷款合同签订

随着计算机技术的迅速发展，利用电脑终端、移动终端来办理业务的情况更加普遍。为了缩短业务办理时间，提高贷款发放效率，在采取有效措施核验客户身份的前提下，有些个人贷款或小额的企业贷款也可以通过手机银行、网上银行等渠道办理。

【实践操作】

1. 根据项目三中的某水泥熟料生产线项目贷款案例所给信息及本任务活动1中的合同文本填写一份固定资产借款合同。

2. 根据本小组的企业或个人授信业务签订一份信贷业务合同。

【问题探究】

签订授信合同的注意事项

信贷合同必须按规定使用银行统一制式的合同文本。对情况特殊的信贷业务，在不违背制式合同文本基本要求的基础上，合同双方可以在协商一致的前提下签订信贷合同，并经法律合规部门审定。

贷款合同由贷款业务合同和担保合同组成，贷款业务合同是主合同，担保合同是从合同，主、从合同必须相互衔接。

一、合同填写和签章的要求

1. 合同必须采用钢笔书写或打印，内容填制必须完整，正、副文本的内容必须一致，不得涂改。

2. 信贷业务合同的信贷业务种类、币种、金额、期限、利率或费率、还款方式和担保合同应与信贷业务审批的内容一致。

3. 客户部门必须当场监督客户、保证人、抵押人、质押人的法定代表人或授权委托人在合同文本上签字、盖章，核对预留印鉴，确保签订的合同真实、有效。

客户部门对信贷合同进行统一编号，并按照合同编号的顺序依次登记在信贷合同登记簿上，客户部门应将统一编制的信贷合同号填入信贷业务合同和担保合同中。主、从合同的编号必须相互衔接。

二、法规部门的审查

客户部门填制上述合同后，交有权签字人签章，送法规部门或信贷管理部门审查，审查以下内容：

1. 合同文本的使用是否恰当；

2. 合同填制的内容是否符合要求，主、从合同的编号是否衔接；

3. 合同的补充条款是否合法合规，是否符合制式合同文本的基本条款；

4. 客户、保证人、抵押人和质押人的法定代表人或授权委托人是否在合同文本上签字、盖章。

经法规部门或信贷管理部门审核无误后，将信贷合同交客户部门，加盖信贷合同专用章或公章。

抵押或质押贷款需办理登记、交付等手续的，客户部门还应与客户、抵押人或质押人共同办理相关事宜。

4-6案例：格式合同条款无约束力

【知识链接4-1】

借款合同的审查

一、对于格式合同的审查

1. 应当审查该格式合同的制定时间，从制定以来国家关于银行信贷工作的法律、法规和政策规范是否有重大变化，是否需要对该格式合同作整体性的修改。

2. 填写合同应当符合制定格式合同时的使用说明，合同待定内容应当填写完整，空白处应当画线删除。

3. 贷款合同载明的主合同编号、金额、币种、期限、借款用途等内容必须与授信审批表、授信合同、担保合同、借据等相关文件保持一致。

4. 办理借新还旧贷款的，均应当重新设置担保，签订担保合同。

5. 当事人签字、盖章应当正确齐备，合同签订的时间应当填写正确。

6. 借款人的法定代表人或主要负责人的签章应当与市场监督管理机关或其他有权机关颁发的借款人主体资格证明的记载内容一致。

7. 代理人的签章与授权委托书载明的代理人姓名一致。

8. 如果发生以下任一影响贷款人格式合同或其中某些条款适用的情形，应当经过上级有管理权限的部门审查批准并附有书面意见：（1）直接排除适用或者修改格式条款的；（2）合同的其他约定事项排除适用或者修改格式条款的。

9. 合同的其他约定事项（排除适用或者修改贷款人格式合同的格式条款的除外）应当经银行法务部门审查批准并附有法律意见书。

10. 如果修改合同的，修改处应当加盖双方公章或校对章。

11. 如果贷款合同附有担保合同、公证等合同生效条件的，生效条件应当成就。

12. 如果有最高额担保的，该笔贷款业务的债权数额应当在最高额担保约定的最高债权额度尚未使用的余额之内，该笔贷款合同的签订日期和放款日期应当在最高额担保合同约定的主债权发生的期间之内。

13. 如有最高额抵押的，应当在该笔贷款业务放款前由贷款经办人采取向抵押登记部门查询或其他方式了解抵押物是否已被国家有权机关采取查封措施。在确认抵押物无限制转让情况后，贷款经办人应当出具内容为"已采取向抵押登记部门查询或其他方式了解抵押物状态，该抵押物未被国家有权机关采取查封措施"的书面说明。

二、对于非格式合同的审查

如果确有不能使用贷款人格式合同的特殊原因（包括但不限于重大客户提供了格式合同或者根据贷款业务的具体情况需要另行制定合同的），该非格式合同应当经过管辖行或直属行的法务部门审查批准并附有法律意见书。

4-7案例：
格式合同条款无效

活动3　　签订担保合同

【知识准备】

担保贷款，主要是指保证担保贷款、抵押担保贷款和质押担保贷款。签订担保贷款协议的主要法律、法规依据有《民法典》《公司法》《最高人民法院关于适用〈中华人民共和国民法典〉有关担保制度的解释》等。借款人与银行签订的担保合同有保证担保借款合同、抵押担保借款合同和质押担保借款合同，需要注意担保合同的法律效力。

【实践操作】

1. 分小组依据项目三中的某水泥熟料生产线项目贷款签订一份保证合同。

2. 根据实际情况，分小组对本小组的企业和个人授信业务签订相应的担保合同。

保证合同和抵押合同的合同样本如下。

合同编号：

最高额保证合同

保证人：＿＿＿＿＿＿＿＿＿＿＿＿＿＿＿＿＿＿＿＿

住所：

邮政编码：

法定代表人：

委托代理人：

经办人：

电话：

传真：

开户银行：

账号：

授信人：××银行＿＿＿＿＿＿＿＿＿＿＿＿＿＿＿＿＿

住所：

邮政编码：

法定代表人/负责人：

委托代理人：

经办人：

电话：

传真：

第一章　总则

为了确保＿＿＿＿年＿＿月＿＿日＿＿＿＿＿＿＿＿＿＿＿（以下简称"受信人"）与授信人签订的编号为＿＿＿＿＿＿＿＿＿＿＿＿"综合授信协议"（以下简称"综合授信协议"）的履行，保证人愿意向授信人提供最高额连带责任保证担保，以担保受信人按时足额清偿其在"综合授信协议"项下将产生的全部债务。

授信人经审查，同意接受保证人所提供的保证。为明确保证人与授信人双方的权利、义务，本着平等互利的原则，依照国家有关法律法规之规定，特制定本合同。

第二章　定义

第一条　除非上下文另有规定或本合同文义要求另作解释，在本合同中：

主合同：是指授信人与受信人签订的"综合授信协议"以及授信人与受信人根据"综合授信协议"就每一笔具体授信业务所签订的具体授信业务合同或协议。

具体授信业务合同或协议：是指授信人根据"综合授信协议"向受信人提供包括本外币贷款、贸易融资、贴现、承兑、信用证、保函、保理、担保等表内外信用发放形式（统称"具体授信业务"）时，与受信人所签订的单笔具体授信业务合同或协议。

第三章　被担保的主债权

第二条　保证人所担保的主债权为依据"综合授信协议"授信人与受信人签订的全部具体授信业务合同或协议项下发生的全部债权，所担保的主债权最高本金余额为"综合授信协议"约定的最高授信额度，即＿＿＿＿＿＿＿＿＿＿＿＿。

出现下列情形，主合同的债权确定：

1. 主合同约定的债权确定期间届满；

2. 新的债权不可能发生；

3. 授信人与受信人终止主合同或授信人与保证人终止本合同；

4. 受信人、保证人被宣告破产或者被撤销、吊销、注销、解散；

5. 法律规定债权确定的其他情形。

第四章　保证方式

第三条　保证人在本合同项下提供的担保为连带责任保证。

第五章　保证范围

第四条　本合同项下担保的范围包括受信人在主合同项下应向授信人偿还或支付的债务本金、利息（包括法定利息、约定利息及罚息）、复利、手续费、违约金、损害赔偿金、实现债权的费用（包括但不限于诉讼费用、律师费用、公证费用、执行费用等）和所有其他应付的费用（以上各项合称为"被担保债务"）。

第五条　授信人用于表明任何被担保债务或本合同项下任何应付款项的证明，除非有明显错误，应是双方债权债务关系的最终证据，对保证人具有约束力。

第六章　保证期间

第六条　"综合授信协议"项下的每一笔具体授信业务的保证期间单独计算，为自具体授信业务合同或协议约定的受信人履行债务期限届满之日（如因法律规定或约定的事件发生而导致具体授信业务合同或协议提前到期，则为提前到期之日）起两年。

第七章　保证人应提交的文件

第七条　保证人应确保在受信人首次使用授信人在主合同项下提供的具体授信业务前，授信人已收到保证人提交的以下文件：

1. 经保证人法定代表人或其委托代理人有效签字或盖章并加盖公章的本合同的正本；

2. 保证人的公司章程或批准设立文件和保证人存续状态的企业法人营业执照，或事业单位法人证书，或其他能够证明保证人合法存续状态的文件；

3. 证明保证人资信情况的财务报表或其他资料；

4. 保证人的董事会或者有权决定本保证事宜的其他保证人内部机构同意保证人按照本合同提供保证担保的决议；

5. 授信人合理要求保证人提供的其他文件。

以上文件如为复印件，则须经保证人加盖公章确认该复印件为真实、完整、有效的文件。

第八章　保证人的声明和保证

第八条　保证人在此向授信人作出如下声明和保证：

1. 保证人是一家依照中国法律成立并有效存续的法人实体/其他组织，具有独立的民事行为能力，并享有充分的权力、授权及权利以其全部资产承担民事责任并从事经营活动。

2. 保证人具有充分的权力、授权及权利签署本合同及进行本合同项下的交易，并已采取或取得所必要的所有法人行为及其他的行动和同意以授权签署和履行本合同。本合同由保证人的法定代表人或其委托代理人有效签署。

3. 保证人已仔细阅读并完全理解接受主合同和本合同的内容，保证人签署和履行本合同是自愿的，其在本合同项下的全部意思表示真实。

4. 保证人向授信人提供的所有文件、资料、报表和凭证是准确、真实、完整和有效的，并且以复印件形式提供的文件均与原件相符。

5. 保证人已取得为签署本合同所需的一切政府部门的批准和第三方同意，其签署及履行本合同不违反保证人的法人组成文件/批准文件（如有）及其作为一方当事人的任何其他合同或协议。本合同项下的保证不会受到任何限制。

6. 为确保本合同的合法性、有效性或可强制执行性，保证人已完成或将完成所需的所有登记、备案或公证手续。

7. 本合同是合法有效的，对保证人构成具有法律约束力的义务。

8. 目前并不存在任何涉及保证人或其重大经营性资产，并将会对保证人的财务状况或保证人根据本合同履行其义务的能力构成严重不利影响的诉讼、仲裁或行政程序。

9. 保证人未发生或存在任何违约事件。

第九条　保证人的上述声明和保证在本合同有效期内须始终保持正确无误，并且保证人将随时按授信人的要求提供进一步的文件。

第九章　保证人的承诺

第十条　在被担保债务全部清偿完毕之前，保证人应遵守以下条款的规定：

1. 保证人应立即通知授信人以下任何事件：

（1）任何违约事件的发生；

（2）任何涉及保证人或其重大经营性资产的诉讼、仲裁或行政程序；

（3）保证人财务状况恶化、停业、歇业、被宣告破产、解散、被吊销企业法人营业执照/事业单位法人证书或被撤销。

2. 在本合同有效期内，只要被担保债务尚未全部清偿完毕，未经授信人事先书面同意，保证人不进行任何联营、承包、租赁、合并、分立、股份制改造或其他经营方式和产权结构的变更安排；如确因经营需要或国家政策、法律调整需要而进行联营、承包、租赁、合并、分立、股份制改造或以其他方式变更其经营方式或产权结构的，保证人应事先取得授信人的书面同意，并对其在本合同项下的保证责任和义务作出令授信人满意的安排。

3. 在本合同有效期内，只要被担保债务尚未全部清偿完毕，除非得到授信人的事先书面同意，保证人不得出售、转移、分割或以其他形式处分任何重大经营性资产。

4. 在本合同有效期内，在被担保债务全部清偿完毕之前，保证人将不会就其已代受信人向授信人

清偿的任何款项或其对受信人可能享有的任何其他债权，向受信人追偿或主张权利。

5. 本合同有效期内，保证人如在市场监督管理部门进行任何变更登记，应在变更后 10 个授信人工作日内书面通知授信人并将有关登记文件的副本送交授信人。

6. 如果受信人未按期支付任何到期应付的被担保债务，保证人应在收到授信人书面付款通知之日起 7 个授信人工作日内，无条件地以授信人要求的方式代受信人向授信人支付该笔债务。

7. 如果保证人未按授信人的要求按时支付本合同项下的任何款项，授信人有权直接自保证人在授信人或授信人系统内其他任何分支机构处开立的任何账户中直接划扣，而无须事先取得保证人的同意。

8. 一经授信人提出要求，保证人应按要求立即向授信人支付或补偿下列费用和损失：

（1）授信人为实现本合同项下的权利而发生的所有成本和费用（包括但不限于律师费、诉讼费、执行费及其他所有实际开支）；

（2）因保证人违反本合同约定而给授信人造成的任何其他损失。

第十章　担保的性质和效力

第十一条　本合同所设立的担保独立于授信人为被担保债务所取得的任何其他担保。授信人行使本合同项下的权利前无须首先执行其持有的任何其他担保（无论是物的担保还是人的担保），也无须首先向受信人或其他任何第三人采取任何其他救济措施。

第十一章　违约事件

第十二条　下述每一事件及事项均构成保证人在本合同项下的违约事件：

1. 主合同项下发生任何违约事件；

2. 保证人在本合同项下所作的声明、保证或承诺被确认为是不正确的或不真实的；

3. 主合同的任何部分由于任何原因不再充分合法有效，或由于任何原因而被终止或受到限制；

4. 保证人中止或停止营业或进入破产、清算、歇业或其他类似程序，或保证人被申请破产、清算或被主管部门决定停业或暂停营业；

5. 发生了针对保证人或其重大经营性资产的重大诉讼、仲裁或行政程序；

6. 保证人违反其在本合同项下的其他义务或发生授信人认为将会严重影响授信人在本合同项下权利的其他事件。

第十三条　上述违约事件发生后，授信人有权视情况采取以下任何一项或数项措施：

1. 行使授信人在主合同及本合同项下所享有的违约救济措施；

2. 要求保证人按照本合同约定承担保证责任；

3. 行使授信人就被担保债务可能享有的任何其他担保权益。

第十二章　其他

第十四条　未经授信人事先同意，保证人不得转让或以其他方式处分其在本合同项下的全部或部分义务。

第十五条　授信人给予保证人任何宽限、优惠或延缓，均不影响、损坏或限制授信人依本合同和法律、法规而享有的一切权利；并不应被视为授信人对本合同项下权利和权益的放弃，也不影响保证人在本合同项下承担的任何责任和义务。

第十六条　如果在任何时候，本合同的任何条款在任何方面变得不合法、无效或不可执行，本合同其他条款的合法性、有效性或可执行性不受任何影响或减损。

第十七条　在本合同项下，保证人应当全额支付被担保债务，不得提出任何抵销主张，亦不得附带任何条件。

第十八条　本合同双方互相发出与本合同有关的通知、要求，应以书面方式作出，发送至本合同首页列出的有关方的地址或传真。任何一方如变更其地址或传真，需及时通知对方。

双方之间的文件往来，如以专人送递，在交付后即被视为送达；如以挂号信方式发送的，在挂号信寄出后3天即被视为送达；如以传真发送，在发出时即被视为送达。

第十三章　适用法律和争议解决

第十九条　本合同及本合同所涉及的任何事项适用中国法律，并按照中国法律进行解释。

第二十条　在履行本合同中发生的或与本合同有关的一切争议，由双方友好协商解决。协商不能达成一致时，任何一方可以依法向授信人所在地人民法院起诉。

第十四章　合同的生效、变更和解除

第二十一条　本合同自保证人和授信人双方的法定代表人或其委托代理人签字或盖章并加盖公章之日起生效。

第二十二条　本合同生效后，任何一方不得擅自变更或提前解除本合同。如本合同需变更或解除时，应经保证人和授信人双方协商一致，并达成书面协议。书面协议达成之前，本合同各条款仍然有效。

第十五章　附件

第二十三条　本合同未尽事宜，保证人和授信人双方可另行达成书面协议，作为本合同之附件。本合同附件是本合同不可分割的组成部分，与本合同正文具有同等法律效力。

第二十四条　本合同的附件包括：

1. _____

2. _____

第十六章　附则

第二十五条　本合同正本一式_____份，保证人持_____份，授信人持_____份，其法律效力相同。

第二十六条　本合同于_____年___月___日由保证人和授信人于___签订。

第二十七条　合同双方当事人同意对本合同进行公证，承诺赋予本合同强制执行效力。当受信人、保证人不履行、不完全履行债务或出现法律法规规定、本合同约定的授信人实现债权、担保权的情形时，授信人有权向具有管辖权的人民法院直接申请强制执行。受信人、保证人对授信人根据本合同提出的强制执行申请没有任何异议。（本条为可选条款，双方当事人选择在本合同中【_____】。1. 适用；2. 不适用。）

保证人（盖章）：　　　　　　　　　授信人（盖章）：

法定代表人：　　　　　　　　　　　法定代表人/负责人：

（或委托代理人）　　　　　　　　　（或委托代理人）

合同编号：___年___字第___号

抵 押 合 同

抵押人（甲方）：_____

住所（地址）：

法定代表人：

抵押权人（乙方）：_____

住所（地址）：

法定代表人（负责人）：

为了确保____年____月____日____（借款人）与本合同乙方____签订的____年____字第____号借款合同（以下简称主合同）项下借款人的义务得到切实履行，甲方愿意提供抵押担保。为明确双方的权利、义务，依照我国《民法典》及其他有关法律、法规，甲、乙双方经平等协商一致，订立本合同。

第一条　甲方保证及声明

1.1　自己是本合同项下抵押物的完全的、有效的、合法的所有者或国家授权的经营管理者；该抵押物不存在所有权或经营管理权方面的争议。

1.2　完全了解主合同借款人的借款用途，为主合同借款人提供抵押担保完全出于自愿，在本合同项下的全部意思表示真实。

1.3　已对本合同项下抵押物的瑕疵作出充分合理说明。

1.4　本合同项下的抵押物依法可以设定抵押。

1.5　设立本合同的抵押不会受到任何限制。

1.6　本合同项下的抵押物未被依法查封、扣押或监管。

1.7　本合同项下的抵押物如已部分出租或全部出租，保证将设立抵押事宜告知承租人，并将有关出租情况书面告知乙方。

第二条　被担保的主债权种类及数额

2.1　本合同担保的主债权为乙方依据主合同发放的贷款，金额为人民币____万元。

第三条　主合同借款人履行债务的期限

3.1　主合同履行期限为____个月，自____年____月____日起至____年____月____日止。如有变更，依主合同之约定。

第四条　抵押担保范围

4.1　甲方抵押担保的范围包括主合同项下全部借款本金、利息、复利、罚息、违约金、赔偿金、实现抵押权的费用和所有其他应付的费用。

第五条　抵押物

5.1　抵押物详见抵押物清单。

5.2　抵押物清单对抵押物价值的约定，并不作为乙方依本合同第九条对抵押物进行处分的估价依据，也不构成对乙方行使抵押权的任何限制。

5.3　抵押物的相关有效证明和资料由甲、乙双方确认封存后，由甲方交与乙方保管，但法律、法规另有规定的除外。

第六条　抵押登记

6.1　法律、法规规定或双方约定应当办理抵押登记的，甲、乙双方应在本合同签订后15日内到当地有关抵押登记机关办理抵押登记手续。

6.2　抵押登记事项发生变化，依法需进行变更登记的，甲、乙双方应在登记事项变更之日起15日内到有关抵押登记机关办理变更登记手续。

第七条　抵押物的占管

7.1　本合同项下的抵押物由甲方占管。甲方在占管期间应维护抵押物的完好，不得采用非合理方式使用抵押物而使抵押物价值产生减损。乙方有权检查抵押物的使用管理情况。

7.2　抵押物发生毁损、灭失的，甲方应及时告知乙方，并立即采取措施防止损失扩大，同时应及时向乙方提交有关主管机关出具的发生毁损、灭失的原因证明。

第八条　保险

8.1　本合同签订后15日内，甲方应到有关保险机构办理抵押物的财产保险基本险及附加_____险手续；保险期限不短于主合同履行期；保险金额不低于主合同贷款本息。

8.2　甲方应在保险单中注明，出险时乙方为第一受益人。保险单中不应有任何限制乙方权益的条款。

8.3　在本合同有效期内，甲方不得以任何理由中断或撤销保险；如保险中断，乙方有权代为办理保险手续，一切费用由甲方承担。

8.4　在本合同有效期内，抵押物如发生保险事故，保险赔偿金应当全额作为抵押财产提前向乙方清偿，或经乙方同意用于恢复抵押物的价值。

第九条　抵押权的实现

9.1　乙方在行使抵押权时，有权依据法律规定，经与甲方协商对抵押物进行折价以抵偿主合同借款人所欠债务或对抵押物进行拍卖、变卖以取得价款优先受偿。

9.2　乙方依本合同第9.1条处分抵押物时，甲方应给予配合，不得设置任何障碍。

第十条　甲方的权利和义务

10.1　本合同生效后，未经乙方书面同意，保证不将本合同项下的抵押物再设立任何形式的抵押、质押，也不将抵押物出租、转让、馈赠给任何第三人。

10.2　本合同生效后，乙方依法将主债权转让给第三人的，在原抵押担保范围内继续承担担保责任。

10.3　除展期和增加贷款金额外，乙方与主合同借款人协议变更主合同，无须经甲方同意，仍在本合同确定的抵押担保范围内承担抵押担保责任。

10.4　甲方的行为足以使抵押物价值减少的，应停止其行为；造成抵押物价值减少时，有义务恢复抵押物的价值，或提供与减少的价值相当的担保。

10.5　甲方对抵押物价值减少无过错的，应当在所获损害赔偿的范围内向乙方提供担保。抵押物价值未减少的部分，仍作为债权的担保。

10.6　因国家建设需要征用本合同项下的抵押物时，应当以所获得的征用补偿金提前清偿所担保的主债权或向双方约定的第三人提存。

10.7　承担本合同项下有关的费用支出，包括但不限于律师服务、财产保险、鉴定、估价、登记、过户、保管及诉讼的费用。

10.8　在本合同生效后，如发生分立、合并、股份制改造等变更情形，应妥善落实本合同项下的担保义务。

10.9　在抵押权受到或可能受到来自任何第三方的侵害时，有义务通知乙方并协助乙方免受侵害。

10.10　有下列情形之一，应及时以书面形式通知乙方：

10.10.1　经营机制发生变化，如实行承包、租赁、联营、合并、分立、股份制改造、与外商合资合作等；

10.10.2　经营范围及注册资本发生变更，股权发生变动；

10.10.3　涉及重大经济纠纷诉讼；

10.10.4　抵押物权属发生争议；

10.10.5　破产、歇业、解散、被停业整顿、被吊销营业执照、被撤销；

10.10.6　住所、电话、法定代表人发生变更。

10.11　发生第10.10.1条和第10.10.2条的情形时，应提前30日书面通知乙方；发生第10.10条约定的其他情形的，应在事后5日内书面通知乙方。

10.12　主合同借款人清偿了主合同项下全部债务后，有权要求解除本合同项下抵押。

第十一条　乙方的权利和义务

11.1　主合同履行期届满，借款人未依约归还借款本金、利息及其他费用的，有权处分本合同项下的抵押物。

11.2　出现下列情形之一时，有权提前处分抵押物，并从处分所得价款中优先受偿：

11.2.1　依据主合同约定或法律规定解除主合同；

11.2.2　依据主合同约定的其他情形提前收回贷款，其主合同项下的债权未实现或未能全部实现。

11.3　有权要求甲方协助以避免抵押权受到来自任何第三方的侵害。

11.4　在本合同有效期内，依法转让主债权的，应及时通知甲方。

11.5　实现抵押权后，应尽力配合甲方行使其对借款人的追偿权。

11.6　处分本合同项下抵押物所得，在偿还本合同抵押担保范围内的全部债务后还有剩余的，将剩余部分退还甲方。

第十二条　违约责任

12.1　甲方在本合同第一条中作虚假陈述与声明，给乙方造成损失的，应予赔偿。

12.2　本合同生效后，甲、乙双方当事人均应履行合同约定的义务，任何一方不履行或不完全履行本合同所约定义务的，应当承担相应的违约责任，并赔偿由此给对方造成的损失。

12.3　如因甲方的过错造成本合同无效，甲方应在原抵押担保范围内赔偿乙方的全部损失。

第十三条　合同的生效、变更、解除和终止

13.1　本合同自甲、乙双方签字并盖章之日起生效，需办理抵押登记的，自到有关抵押登记机关

办理完毕抵押登记手续之日起生效，至主合同项下借款本金、利息、复利、罚息、违约金、赔偿金、实现债权的费用和所有其他应付费用全部清偿之日终止。

13.2 本合同独立于主合同，不因主合同的无效而无效。如主合同无效，甲方仍应承担本合同项下的抵押担保责任。

13.3 本合同生效后，甲、乙双方任何一方不得擅自变更或提前解除本合同。如本合同需要变更或解除时，应经甲、乙双方协商一致，并达成书面协议。书面协议达成之前，本合同各条款仍然有效。

第十四条 争议的解决

14.1 甲、乙双方在履行本合同过程中发生的争议，首先由甲、乙双方协商解决；协商不成的，则采用下述第_____种方式解决：

14.1.1 由_____进行仲裁；

14.1.2 在乙方所在地法院通过诉讼方式解决。

第十五条 双方约定的其他事项

15.1 _____。

15.2 _____。

15.3 _____。

第十六条 附件

16.1 本合同附件是本合同不可分割的组成部分，与本合同正文具有同等法律效力。

16.2 本合同的附件包括：

附件一：抵押物清单

附件二：

第十七条 附则

17.1 本合同正本一式三份，甲方、乙方、有关抵押登记机关各执一份，具有同等法律效力。

甲方（公章）：　　　　　　　　　　　　　　乙方（公章）：
法定代表人：　　　　　　　　　　　　　　　法定代表人（负责人）：
（或委托代理人）　　　　　　　　　　　　　（或委托代理人）
____年____月____日　　　　　　　　　　　　____年____月____日

 【问题探究】

担保合同签订的操作要点

一、保证合同的订立

（一）保证人应提交的材料

1. 法人及其他组织为保证人的，应提交下列材料：

（1）营业执照（或事业单位法人证书，属于金融、建筑、食品、医药等需要批准方能经营的特殊行业的，须同时提交政府主管部门颁发的经营许可证）；

（2）法定代表人（负责人）身份证明及签字样本或印鉴；

（3）法定代表人的授权委托书、委托代理人的身份证明及签字样本或印鉴；

（4）章程；

（5）当期及经依法成立的中介机构审计的近三年，至少是近一年的财务报表，报表主要包括资产负债表、利润表、现金流量表等；

（6）预留印鉴卡；

（7）或有负债清单及情况说明；

（8）贷款行认为需要提交的其他材料。

境外机构为保证人的，不需提交上述材料。

国家政策性银行、国有商业银行或全国性股份制商业银行为保证人的，不需提交上述第（1）、第（4）、第（5）、第（6）、第（7）项材料。

2. 有限责任公司或股份有限公司为保证人的，还应当提交下列材料：

（1）公司董事会或股东大会依公司章程作出的同意提供该保证担保的决议；

（2）公司董事会或股东大会依公司章程作出的签约人授权委托书及签字样本或印鉴。

3. 承包经营企业为保证人的，还应当提交发包人同意该保证担保的书面文件。

4. 专业担保机构为保证人的，还应当提交下列材料：

（1）商业银行或依法成立的中介机构出具的实收资本验资报告或有关实收资本来源的证明文件；

（2）一定数额的担保基金已存入在本行设立的专门账户，实行专项储存、专户管理的证明文件，但事先报经总行批准无须将担保基金存入本行的除外；

（3）担保责任余额清单；

（4）同意提供该保证担保的书面文件。

5. 以保证保险为担保的，应提交下列材料：

（1）保险监督管理机构同意保险人开办保证保险业务的批文；

（2）投保人已全额投保的保证保险并一次性缴清全部保费的证明文件；

（3）保证保险合同及保证保险单。

6. 自然人为保证人的，应提交下列材料：

（1）保证人及配偶的有效身份证件（居民身份证或其他有效居留证件）；

（2）保证人的居住证明（户口簿或近3个月的房租、水、电费收据）；

（3）保证人的财产及收入状况证明（合法、有效的财产所有权证明；单位财务或人事部门出具的收入证明、个人所得税纳税证明，或贷款行认可的其他证明材料）；

（4）保证人及配偶同意提供担保的书面文件；

（5）贷款行要求提供的其他有关材料。

（二）保证合同的订立

1. 贷款行经过审查，确认借款人提供的保证担保具有合法性、有效性和可靠性，并经有权签批人批准后，方可与保证人订立保证合同。

保证合同订立的时间原则上不得迟于借款合同订立的时间。保证合同自合同双方当事人签字并盖章之日起生效。

2. 保证合同的成立可以采取下列形式：

（1）保证人与贷款行签订书面保证合同；

（2）保证人向贷款行出具无条件、不可撤销、对主债务承担连带责任的保函、备用信用证或其他书面担保文件。

3. 贷款行与保证人可以就单个借款合同分别订立保证合同，也可以协议在最高债权额限度内就一定期间连续发生的借款合同订立一个最高额保证合同。

4. 保证合同应当包括以下主要内容：

（1）被保证的主债权种类及数额；

（2）主合同借款人履行债务的期限；

（3）保证方式；

（4）保证范围；

（5）保证期间；

（6）双方的权利和义务；

（7）违约责任；

（8）合同的生效、变更、解除和终止。

5. 贷款行应当确保保证合同的编号与借款合同担保条款约定的担保合同编号一致，保证合同中保证人的名称与借款合同担保条款约定的保证人名称一致。

6. 贷款行应当确保保证合同上各方加盖的公章、法定代表人或授权代理人的签字真实、有效。

7. 贷款行应当与保证人约定下列特别条款，由保证人签字并盖章确认：

（1）有限责任公司或股份有限公司作保证人的，应当声明：被担保人不是本保证人的股东，本保证人的担保行为符合本公司章程及章程规定的程序和权限，不违反法律、法规及其他相关规定；如果上述声明有虚假或隐瞒，本保证人愿承担由此产生的全部责任。

（2）上市公司作保证人的，除了约定上述声明之外，还应当承诺：本保证人保证按照《证券法》《证券交易所股票上市规则》等法律、法规和规章制度的要求及时就该担保事项履行信息披露义务；如果因未及时履行信息披露义务影响贷款人担保债权的实现，本保证人愿承担由此产生的全部责任。

（3）需要约定的其他特别条款。

贷款行认为确有必要，可以在保证合同中与保证人约定其他特别条款，但须经二级分行（含）以上法律事务部门审查同意。

8. 同一笔贷款有两个以上保证人的，贷款行应当与保证人分别签订保证合同。

同一笔贷款既有保证又有抵押（或质押）担保的，贷款行应当与保证人和抵押人（或出质人）分别签订保证合同和抵押合同（或质押合同）。

二、抵（质）押合同的订立

（一）抵押人应提交的材料

1. 依法对抵押物享有所有权或者处分权的法人、其他组织或者自然人，可以作为借款人在本行贷款的抵押人。

2. 抵押人应当向贷款行提交下列材料：

（1）营业执照（或事业单位登记表，属于金融、建筑、食品、医药等需要批准方能经营的特殊行业的，须同时提交政府主管部门颁发的经营许可证）；

（2）法定代表人身份证明及签字样本或印鉴；

（3）法定代表人的授权委托书、委托代理人的身份证明及签字样本或印鉴；

（4）章程；

（5）抵押人同意提供抵押担保的书面文件；

（6）抵押人对抵押物享有所有权或者使用权或者依法处分权的权属证明文件；

（7）抵押物的清单及基本资料，包括抵押物的名称、数量、质量、状况及所在地，同一抵押物已向其他债权人设定抵押的情况证明等；

（8）贷款行认为需要提交的其他材料，如税务机关出具的抵押人纳税情况证明等。

抵押人为借款人时，可以不再重复提交上述第（1）至第（4）项材料。

抵押人为自然人时，不需提交上述第（1）至第（5）项材料，但需另行提交下列材料：

（1）抵押人及配偶的有效身份证件（居民身份证或其他有效居留证件）；

（2）抵押人的居住证明（户口簿或近3个月的房租、水、电费收据）；

（3）抵押人及配偶同意提供抵押担保的书面文件。

3. 以共同共有的财产抵押的，还应有全体共有人同意以该财产设定抵押的书面文件，抵押人为全体共有人。

以按份共有的财产抵押的，还应有抵押人对该财产占有份额的证明及其他共有人同意抵押人以其所占份额设定抵押的书面文件。

4. 国有企业、事业单位的法人以国家授予其经营管理的财产抵押的，还应有其政府主管部门同意抵押的批准文件，但法律、法规、司法解释或政府主管部门另有规定的除外。

5. 以集体所有制企业的财产抵押的，还应有该企业职工（代表）大会同意抵押的书面决议。

以乡（镇）、村企业的厂房及其占用范围内的集体土地使用权抵押的，还应有乡（镇）、村出具并经村民大会或村民代表大会审议通过的载明同意以该集体土地使用权抵押、同意在实现抵押权时按照法律规定的土地征用标准转为国有土地使用权等内容的书面文件。

6. 以中外合资企业、合作经营企业和外商独资企业的财产抵押的，还应有该企业董事会或联合管理机构依企业章程作出的同意抵押的书面决议。

7. 以有限责任公司或股份有限公司的财产抵押的，还应有该公司董事会或者股东大会依公司章程作出的同意抵押的书面决议。

国有独资公司未设董事会的，应有国家授权的投资机构或者国家授权部门同意抵押的书面文件。

8. 以承包经营企业的财产抵押的，还应有发包方同意抵押的书面文件。

9. 以非法人联营企业的财产抵押的，还应有联营各方同意抵押的书面文件。

10. 以尚在海关监管期内的进口设备或货物为抵押物的，还应有该设备或货物的原始产地证、买卖合同、付款凭证、运输单据、商品检验证明、主管海关审批单据及核准抵押的书面证明等。

11. 以已出租的财产抵押的，还应有证明租赁在先的材料以及抵押人已将设定本次抵押告知承租人的书面文件。

12. 以房地产抵押的，还应有国有土地使用权证、房屋所有权证或房地产权证及证明建设工程价款预、决算及拖欠情况的书面材料。共有的房屋还应有房屋共有权证。

以在建工程抵押的，应有国有土地使用权证、建设用地规划许可证、建设工程规划许可证、建设许可证、开工证明、建筑工程规划图纸；证明已交纳的土地使用权出让金或需交纳的相当于土地使用权出让金的款额、已投入在建工程的工程款、施工进度及工程竣工日期、已完成的工作量和工程量等事项的书面材料；建设工程承包合同及证明建设工程价款预、决算及拖欠情况的书面材料。

以预售房屋抵押的，应有商品房预售许可证及生效的预购房屋合同。

贷款行认为必要时，还可以要求抵押人提交由前述各款规定的抵押物的建设工程承包人出具的同意放弃应得未得工程价款优先受偿权的书面承诺。

13. 以民用航空器抵押的，还应有民用航空器所有权证书或者相应的所有权证明文件和民用航空器国籍登记证书。

14. 以船舶抵押的，还应有船舶所有权证书、未先期抵押给其他债权人的证明材料以及 2/3 以上份额或者约定份额的共有人同意抵押的证明文件。

15. 以机动车辆抵押的，还应有机动车登记证书。

16. 以除航空器、船舶、车辆以外的机器设备、原辅材料、产品或商品以及其他动产抵押的，还应有抵押物的所有权或者使用权证明以及抵押物的存放状况资料。

（二）抵押合同的订立

1. 贷款行应当比照订立保证合同规定的程序和时间，与抵押人订立抵押合同。

2. 抵押合同的成立应当采取贷款行与抵押人签订书面合同的形式。

3. 贷款行与抵押人可以就单个借款合同分别订立抵押合同，也可以协议在最高债权额限度内就一定期间连续发生的借款合同订立一个最高额抵押合同。

4. 抵押合同应当包括以下主要内容：

（1）被担保的主债权种类和数额；

（2）主合同借款人履行债务的期限；

（3）抵押物的名称、数量、质量、状况、所在地、所有权权属或者使用权权属；

（4）抵押担保的范围；

（5）抵押物的登记与保险；

（6）双方的权利和义务；

（7）违约责任；

（8）合同的生效、变更、解除和终止。

5. 贷款行可以在签订抵押合同时争取与抵押人预先就以自愿拍卖、变卖抵押物所得的价款优先受偿达成协议，并在抵押合同中约定为特别条款。但不得与抵押人约定在债务履行期届满贷款未受清偿时，抵押物的所有权转移为贷款行所有。

质押合同的签订参照抵押合同签订的规则办理。

三、抵（质）押权的设立与抵（质）押物的登记和保险

（一）关于抵（质）押权设立的法律规定

《民法典》对于抵（质）押权的设立做了相关规定。

关于抵押权设立的规定。第四百零二条规定："以本法第三百九十五条第一款第一项至第三项规定的财产或者第五项规定的正在建造的建筑物抵押的，应当办理抵押登记。抵押权自登记时设立。"第四百零三条规定："以动产抵押的，抵押权自抵押合同生效时设立；未经登记，不得对抗善意第三人。"第四百零四条规定："以动产抵押的，不得对抗正常经营活动中已经支付合理价款并取得抵押财产的买受人。"第四百零五条规定："抵押权设立前，抵押财产已经出租并转移占有的，原租赁关系不受该抵押权的影响。"

关于质押权设立的规定。第四百二十九条规定："质权自出质人交付质押财产时设立。"第四百四十一条规定："以汇票、本票、支票、债券、存款单、仓单、提单出质的，质权自权利凭证交付质权人时设立；没有权利凭证的，质权自办理出质登记时设立。法律另有规定的，依照其规定。"第四百四十三条规定："以基金份额、股权出质的，质权自办理出质登记时设立。"第四百四十四条规定："以注册商标专用权、专利权、著作权等知识产权中的财产权出质的，质权自办理出质登记时设立。"第四百四十五条规定："以应收账款出质的，质权自办理出质登记时设立。"

（二）登记的办理

贷款行与抵押人、出质人签订抵（质）押合同后一定期限内，应依照有关法律规定，到有关机关办理登记手续，取得他项权利证书或者抵（质）押登记证书。抵（质）押登记手续办妥的日期原则上不得迟于抵（质）押贷款的实际发放日期。

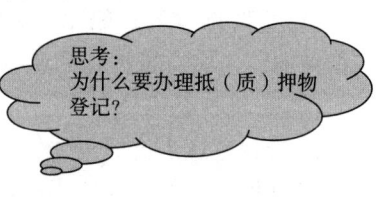

思考：
为什么要办理抵（质）押物登记？

1. 不动产抵押登记

我国《民法典》第二百零八条规定："不动产物权的设立、变更、转让和消灭，应当依照法律规定登记。动产物权的设立和转让，应当依照法律规定交付。"第二百一十条规定："不动产登记，由不动产所在地的登记机构办理。国家对不动产实行统一登记制度。统一登记的范围、登记机构和登记办法，由法律、行政法规规定。"统

一登记制度的建立，为当事人办理物权登记提供了极大的便利，并且提升了物权公示的权威性。

不动产登记由不动产所在地的县级人民政府不动产登记机构办理；直辖市、设区的市人民政府可以确定本级不动产登记机构统一办理所属各区的不动产登记。跨县级行政区域的不动产登记，由所跨县级行政区域的不动产登记机构分别办理。不能分别办理的，由所跨县级行政区域的不动产登记机构协商办理；协商不成的，由共同的上一级人民政府不动产登记主管部门指定办理。国务院确定的重点国有林区的森林、林木和林地，国务院批准项目用海、用岛，中央国家机关使用的国有土地等不动产登记，由国务院国土资源主管部门会同有关部门规定。

2. 动产、权利抵（质）押登记

2020 年 12 月，《国务院关于实施动产和权利担保统一登记的决定》发布，明确自 2021 年 1 月 1 日起，在全国范围内实施动产和权利担保统一登记。纳入统一登记范围的动产和权利担保，由当事人通过中国人民银行征信中心动产融资统一登记公示系统自主办理登记。2021 年 12 月，中国人民银行发布了《动产和权利担保统一登记办法》，于 2022 年 2 月 1 日正式施行。

纳入动产和权利担保统一登记范围的担保类型包括：生产设备、原材料、半成品、产品抵押；应收账款质押；存款单、仓单、提单质押；融资租赁；保理；所有权保留；其他可以登记的动产和权利担保，但机动车抵押、船舶抵押、航空器抵押、债券质押、基金份额质押、股权质押、知识产权中的财产权质押除外。

机动车抵押、船舶抵押、航空器抵押仍由运输工具登记部门负责。债券质押、基金份额质押、股权质押、知识产权中的财产权质押仍由相关主管机关负责。

依法必须办理抵（质）押登记或备案、记载手续的，抵（质）押合同签订后，因登记部门的原因致使无法办理登记或备案、记载手续的，或抵押人、出质人违背诚实信用原则拒绝办理登记或备案、记载手续的，贷款行应当停止发放贷款；贷款行已经发放贷款的，应当提前收回贷款或者要求借款人另行提供令贷款行满意的担保。

表 4 - 1 抵押权的设立与登记效力

抵押财产	抵押权的设立条件	抵押登记效力
建筑物、其他土地附着物	登记设立	抵押权设立要件
建设用地使用权	登记设立	抵押权设立要件
依法取得的荒地等土地承包经营权	登记设立	抵押权设立要件
生产设备、原材料、半成品、产品	抵押合同生效时设立	对抗善意第三人
正在建造的建筑物	登记设立	抵押权设立要件
正在建造的船舶、航空器	抵押合同生效时设立	对抗善意第三人
交通运输工具	抵押合同生效时设立	对抗善意第三人
动产浮动抵押	抵押合同生效时设立	对抗善意第三人

表 4 - 2   押品登记部门

担保物	担保物登记机构
国有土地范围内的房屋（包括在建工程）或者乡（镇）、村、企业的厂房等建筑物	房屋所在地的不动产登记中心
土地使用权	土地所在地的不动产登记中心
民用航空器（包括正在建造的民用航空器）	国务院民用航空主管部门
船舶（包括正在建造的船舶）	船籍港船舶登记机关
机动车	机动车登记地车辆管理所
林权	不动产登记中心
应收账款、保本型理财产品	中国人民银行征信中心动产融资统一登记公示系统
公路收费权	中国人民银行征信中心动产融资统一登记公示系统，有条件的地区应同时落实在地、市以上交通主管部门的登记
企业的设备和其他动产	中国人民银行征信中心动产融资统一登记公示系统
基金份额、证券登记结算机构登记的股权	中国证券登记结算有限责任公司

（三）保险

一般情况下，为保障抵（质）押财产的安全，确保银行的权益，抵押和质押财产应办理保险手续。抵押合同或质押合同（动产质押）签订后 15 日内，贷款行应当要求抵押人或出质人到有关保险机构按照下列条件办理抵（质）押物的财产保险手续：

（1）办理抵（质）押物的足额财产保险；

（2）保险期限不得短于主合同履行期限；

（3）保险金额不得小于主合同贷款本息；

（4）保险合同及保险单中应当注明，出险时贷款行为保险赔偿金的第一请求权人；

（5）保险单中不得有任何限制贷款行权益的条款；

（6）银行作为抵（质）押物财产保险索赔权益人的，保险费用由银行和借款人、抵（质）押人按合理比例共同承担。

4-8 资料：
某银行质押担保合同的
订立规定（节选）

 【知识链接 4 - 2】

合同的变更或解除

借贷合同依法订立以后，当事人就必须全面履行各自在合同中所承担的义务，直至所有的义务履行完毕。但是在一定情况下，是允许进行合同变更或解除的。这些情况包括以下几种。

1. 当事人经过协商一致，自愿变更或解除合同。这种对合同设立、变更和终止的自愿原则在法律上是允许的，但不应损害第三方和社会的利益。

2. 签订的合同有悖于国家新颁布的法律、法规，使合同不能全部或部分继续履行，从而需要加以变更或解除。

3. 由于借款人经营问题合同无法履行的，如借款人关闭、停产、转产、合并、兼并、破产、倒闭的。但只要借款人有部分履行债务的能力，或保证人、借款人、保证人的债务接替人有履行债务能力的，就不应变更或解除合同。

4. 不可抗力事件的发生造成合同无法履行。对于这类人力所无法抵抗的突发性事件（自然的比如地震、洪灾、风暴、火灾等，社会性的比如战争、罢工、暴乱等），当事人或是在事前不能预料，或虽能预料但尽最大努力后仍无法与之抗衡。

5. 当事人一方违约而使合同中有关条款的继续履行成为不必要。在这种情况下，如果要求非违约方继续履约将损害其权益。比如，如果银行发现借款人挪用贷款，银行即可限制或终止借款人对剩余贷款本金继续提取的权利。

合同的变更是对原合同中有关条款的修改或补充，合同的变更必须以有效成立的合同为对象。合同变更后，当事人应按变更后的合同内容履行。一般来讲，合同的变更不涉及已经履行的部分，只能对未履行的部分发生效力。但当事人一方对合同变更之前遭受的损失，可要求对方予以补偿。通常对贷款合同变更的部分有增减贷款金额、修改贷款期限、调整贷款利率等。

合同的解除是原合同当事人之间权利、义务关系的消失。合同的解除也必须以有效成立的合同为对象。合同的解除行为是合同当事人的行为，可以是当事人各方的协商一致，也可以是有解除权的一方行使解除权。合同的解除使合同关系归于消失，该关系消失的效力，可以是自解除之时起向将来发生，也可以是向以往发生。

变更或解除贷款合同时应注意以下几点。

1. 其程序与合同订立的程序一样，也要经过要约和承诺阶段，最后达成新的协议。如果协议不成，原来的合同仍具有法律效力，当事人仍须认真履行。

2. 由于不可抗力事件的发生合同变更或解除的，应该提供相应不可抗力的有效证明。

3. 贷款合同的变更或解除应采取书面形式。如果原合同的订立是经过公证、核准登记、第三人证明、具备某些文件等特殊程序的，则在变更或解除时也应经过相应的程序。

4. 如果由于合同的变更或解除当事人一方遭受了损失，除法律规定的可免除责任外，受损失方拥有要求责任方赔偿损失的权利。

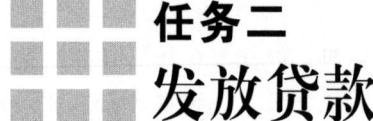

任务二
发放贷款

活动1　了解放款流程

【知识准备】

一般而言，贷款发放流程如下：

1. 开立或指定贷款资金发放账户并作为专户管理，根据需要限制相关功能；

2. 借款人提出用款支付申请；

3. 客户经理落实信用发放条件及贷款使用条件，并进行支付前审核；

4. 放款审核岗审核；

5. 资金发放与支付；

6. 客户经理登记贷款资金使用情况；

7. 柜员协助客户经理做好账户控制工作。

按照现行规定，商业银行应设立独立的责任部门或岗位，负责贷款发放和支付审核。图4-1是某商业银行放款中心的贷款发放工作流程。

4-9资料：某银行放款中心介绍

【实践操作】

学生分小组，每个小组对应一家商业银行，查找该银行发放贷款的操作流程规定，并在课上进行模拟演示，对不同银行的操作流程进行比较。

【问题探究】

贷款的支付方式

《流动资金贷款管理办法》《固定资产贷款管理办法》《个人贷款管理办法》（以下

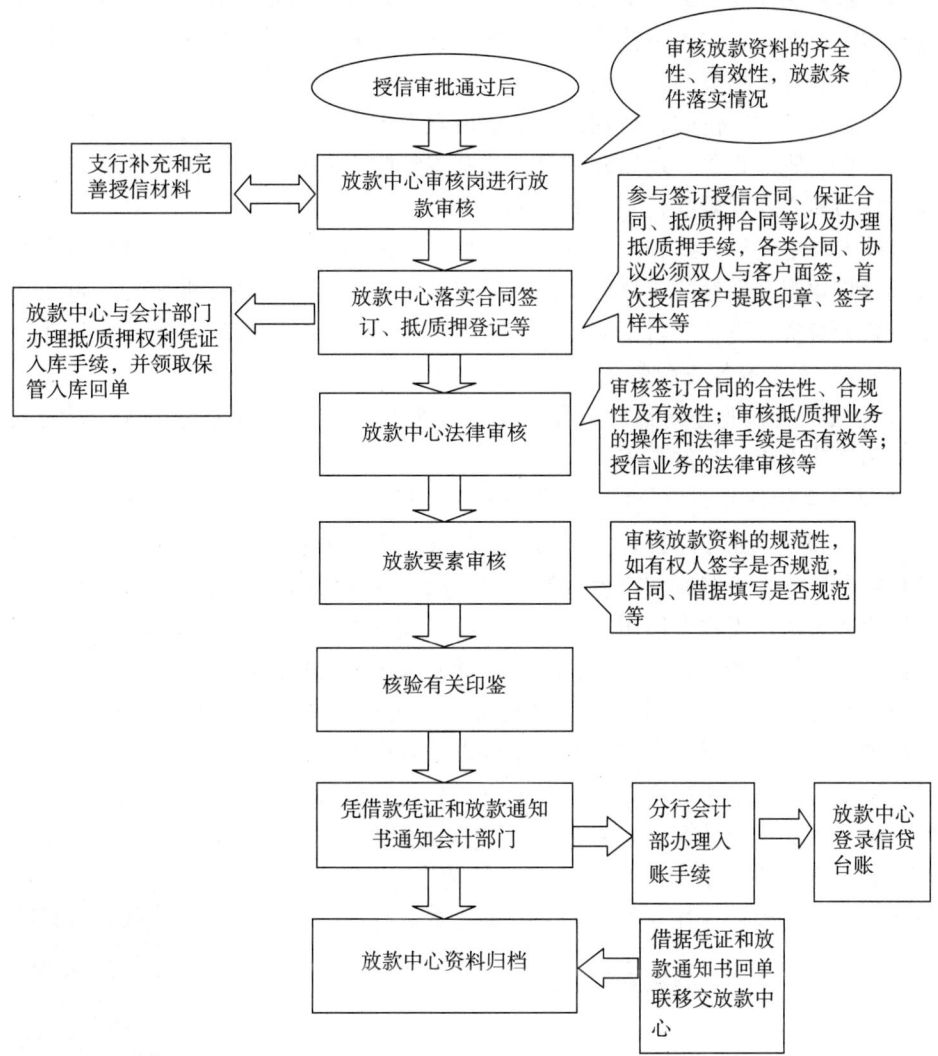

图 4 - 1 某商业银行放款中心贷款发放工作流程

简称"三办法")中,对贷款的支付方式进行了明确规定:贷款人在发放贷款前应确认借款人满足合同约定的提款条件,并按照借款合同约定通过贷款人受托支付或借款人自主支付的方式对贷款资金的支付进行管理与控制。贷款人应健全贷款资金支付管控体系,加强金融科技应用,有效监督贷款资金按约定用途使用。

贷款人受托支付是指贷款人根据借款人的提款申请和支付委托,将贷款资金支付给符合合同约定用途的借款人交易对象。

借款人自主支付是指贷款人根据借款人的提款申请将贷款资金发放至借款人账户后,由借款人自主支付给符合合同约定用途的借款人交易对象。即贷款资金可以由借款人自行使用,无须经过银行审批,但如果借款人违反借款合同约定使用贷款资金的话,银行有权随时提前清收。

采用贷款人受托支付的，贷款人应在贷款资金发放前审核借款人相关交易资料是否符合合同约定条件。贷款人审核同意后，将贷款资金通过借款人账户支付给借款人交易对象，并应做好有关细节的认定记录。

采用借款人自主支付的，贷款人应要求借款人定期汇总报告贷款资金支付情况，并通过账户分析、凭证查验、现场调查等方式核查贷款支付是否符合约定用途，以及是否存在以化整为零方式规避受托支付的情形。

与借款人自主支付方式相比，贷款人受托支付的最大区别就在于，在贷款发放前增加了银行对贷款资金用途的审核环节，从而将贷款资金与贷款用途捆绑在一起。这种捆绑将使借款人对贷款资金的自由使用受到限制，从而有效解决贷款资金被挪用问题。

"三办法"对于受托支付的适用情况规定如下。

1. 固定资产贷款业务向借款人某一交易对象单笔支付金额超过 1 000 万元人民币的，应采用贷款人受托支付方式。

2. 流动资金贷款业务中贷款人应根据借款人的行业特征、经营规模、管理水平、信用状况等因素和贷款业务品种，合理约定贷款资金支付方式及贷款人受托支付的金额标准。具有以下情形之一的流动资金贷款，应采用贷款人受托支付方式：（1）与借款人新建立信贷业务关系且借款人信用状况一般；（2）支付对象明确且向借款人某一交易对象单笔支付金额超过 1 000 万元人民币；（3）贷款人认定的其他情形。

3. 个人贷款资金应当采用贷款人受托支付方式向借款人交易对象支付，但有下列情形之一的个人贷款，经贷款人同意可以采取借款人自主支付方式：（1）借款人无法事先确定具体交易对象且单次提款金额不超过 30 万元人民币的；（2）借款人交易对象不具备条件有效使用非现金结算方式的；（3）贷款资金用于生产经营且单次提款金额不超过 50 万元人民币的；（4）法律法规规定的其他情形。

以下是某商业银行受托支付方式下的委托支付协议。

委托支付协议

4 - 10 案例：
限制个贷资金使用途径，
防范贷款挪用风险

委托人（借款人）：

地址：

法定代表人：

受托人（贷款人）：

地址：

负责人：

鉴于：

1. 借款人与贷款人签订编号为_____的"_____借款合同"，贷款人依据借款合同的约定向借款人提供借款。

2. 根据国家监管部门相关规定和贷款人管理要求对于符合条件的借款资金支付或经借款人同意由贷款人受托支付的其他资金应采用贷款人受托支付方式。

为明确借款委托支付事宜，借款人和贷款人经平等协商一致订立本协议。

第一条　受托支付条件

借款人在借款合同项下单笔提款金额达到或超过_____万元，或符合下列条件的，应采用贷款人受托支付方式：_____

_____

第二条　受托和委托

对符合本协议约定的受托支付条件的提款，借款人授权和委托贷款人在将借款划入指定的借款人账户后，将借款资金转入符合借款合同约定用途的支付对象账户，并根据贷款人要求提供支付凭证等相关资料。

第三条　受托支付

1. 在办理受托支付时，借款人应在每次提款时向贷款人提供其放款账户和支付对象账户信息以及证明本次提款符合借款合同约定用途的证明材料。借款人应保证提供给贷款人的所有资料都是真实、完整和有效的。

2. 在办理受托支付时，贷款人只对借款人提供的支付对象信息、借款用途证明材料等相关资料进行形式审查，因借款人提供的相关资料不真实、不准确、不完整导致贷款人未及时完成受托支付的，贷款人不承担任何责任。

3. 贷款人经审核发现借款人提供的用途证明材料等相关资料有不一致或其他瑕疵的，有权要求借款人补充、替换、说明或重新提交材料，在借款人提交令贷款人满意的资料前，贷款人有权拒绝相关款项的发放和支付。

4. 贷款人经审核，认为借款人提供的资料与借款合同约定的用途一致且提款符合借款合同约定的前提条件的，首先将借款划入借款人指定账户，然后根据需要将相应款项转入借款人支付对象账户。

第四条　账户冻结或止付

如果因借款人指定放款账户或其支付对象账户被有权机关冻结或止付，导致贷款人无法及时按照借款人委托完成受托支付，贷款人不承担任何责任也不影响借款人在借款合同项下已经产生的还款义务。

第五条　生效和终止

本协议自签订之日起生效，至借款人在借款合同项下的款项全部提取完毕，且贷款人受托支付事宜办理完毕之日终止。

贷款人（盖章）：　　　　　　　　借款人（盖章）：

负责人（授权代理人）：　　　　　法定代表人（授权代理人）：

　　　　　　　　　　　　　　　　　　　　　　年　　月　　日

活动2　审核与放款

【知识准备】

一、审核放款资料

授信业务审批后，主办客户经理负责将审批意见通知客户，并受理客户的提款申请。按照审批意见落实授信业务发放的前提条件，落实担保手续，签署授信业务合同及相关协议。将该笔业务的纸质资料移交支行放款审核人员进行放款审核。对于需放款中心审核的放款申请，按照规定备齐所有放款申请资料并经行长复核后，通过信贷管理影像系统上传总行放款中心，发起放款申请，并提交至放款中心审查岗，同时将有关申请放款的纸质文件材料送交放款中心，具体文件材料如下。

（一）客户基础信息资料

（1）营业执照；（2）法定代表人身份证明、法定代表人身份证复印件；（3）经办人身份证以及授权委托书；（4）公司章程；（5）董事签字样本；（6）股东会或董事会决议；（7）担保单位基础资料（如有）；（8）其他资料。

（二）客户授信信息资料

（1）额度授信申报书；（2）额度授信审批批复；（3）变更额度授信申报书（如有）；（4）变更授信审批批复（如有）；（5）客户评级报告；（6）客户评级审批批复；（7）客户评级报告综合结论表；（8）最近三年财务报表；（9）其他资料。年度内多次办理放款业务且客户基础信息和客户授信信息无变化的，相关资料文件只需在第一次办理时提供。

（三）客户授信支用信息资料

（1）授信业务放款支用申请书；（2）授信业务支用审批批复；（3）借款合同书/协议；（4）担保合同书（包含各类保证金质押/保证/抵押/质押合同）；（5）抵质押权利凭证；（6）最近一期财务报表；（7）董事会决议；（8）核准通知书（如有）；（9）贷款价格优惠审批表（如有）；（10）授信业务合同合规性审查表；（11）授信业务审批条件落实情况审查表；（12）其他资料。

（四）放款中心需要提供的其他资料

信贷经营部门应对所提交文件资料的真实性、合法性、合规性、完整性和有效性负责，且有责任、有义务向放款中心及时提供最新的文件资料。

信贷经营部门在自身审查范围内对授信业务进行合规性审查、合同审查、落实贷前条件审查后，向放款中心提出授信业务发放的申请。信贷经营部门客户经理与放款中心审查岗人员办理授信业务文件资料、合同资料等交接手续，放款中心审查人员不对信贷经营部门送审业务文件资料的真实性负责。放款中心审查岗按照审查要求对授信业务条件的落实情况进行审查。放款中心复核岗主要根据授信业务资料和合同资料，对审查岗提交的初步审查意见进行复核。

表4-3为某商业银行抵质押担保的授信业务放款审查表。

表4-3　　　　　　　　授信业务放款审查表（抵、质押担保）

借款人全称			
授信时间		审批文件编号	
授信金额		授信期限	
申请用信金额		用信起止日	
业务部门 发起意见	客户经理签名： 　　　年　月　日		业务部门负责人签字： 　　　年　月　日

放款初审岗 初审意见	 放款初审岗签名： 年 月 日
业务部门办理 抵（质）押登记 手续的意见	客户经理签名： 业务部门负责人签字： 年 月 日 年 月 日
放款复审岗 复审意见	 放款复审岗签名： 年 月 日

符合放款条件的，审查人员在授信业务合同合规性审查表和授信业务审查条件落实情况审查表中签署审查合格意见，将相关授信文件材料和签字后的纸质审查意见表移交给信贷档案中心。经审查认定有关授信业务不符合放款条件的，审查人员在授信业务合同合规性审查表和授信业务审查条件落实情况审查表中签署审查不合格意见，并列明不符合审查要求的具体内容，签署书面或电子文件退回客户经理，待其完备有关手续后再送审。

二、贷款发放

经放款中心资料齐全性、有效性的审核，以及核保、授信法律审核、授信资料要素等审核后，如果授信资料符合要求，则放款中心审核员填制放款通知书，由放款中心负责人签字同意并加盖"放款专用章"，将放款信息初始录入系统后，交会计部门审核。

放款中心须在分行会计部门预留放款专用章印模和有权签字人的签字样本，作为会计人员审核放款通知书有效性的依据。

会计部门收到放款通知书和借款凭证，对单证的真实性和合规性进行审核，无误后对放款信息进行复核，并办理入账手续，同时会计部门将借款凭证和放款通知书交放款中心归档。

会计人员在审核放款通知书和借款凭证的各项要素时，应按照要求办理，同时对借款凭证签字审批的完整性进行要素式的审核。

贷款发放后，借款凭证由放款中心存档。如是贴现业务，则指贴现凭证复印件；如是承兑业务，则指开出的承兑汇票复印件；如是担保业务，则指开出的保函复印件。

4-11 微课：
贷款发放

三、贷款发放变更或中止的情形

按照"三办法"的规定，在贷款发放或支付过程中，借款人出现以下情形的，贷款人应与借款人协商补充贷款发放和支付条件，或根据合同约定变更贷款支付方式、停止或中止贷款资金的发放和支付：

（1）信用状况下降；

（2）经营及财务状况明显趋差；

（3）贷款资金使用出现异常或规避受托支付；

（4）固定资产贷款项目进度落后于资金使用进度；

（5）其他重大违反合同约定的行为。

 【实践操作】

分小组根据本小组的个人贷款案例填写贷款凭证。

表4-4 个人贷款凭证（第一联）

××银行		贷款凭证			

年　月　日　　　合同编号：

借款人		身份证号码				第一联 借据正本 会计部门办理转账后送信贷部门存档
贷款账号		贷款月利率	‰	还款方式		
还贷	户名	贷款	实贷日	年　月　日	用途	
	账号		到期日	年　月　日		
核准借款金额（大写）				百 十 万 千 百 十 元 角 分		

兹根据_____规定申请办理_____，请将上列借款金额转（划）入_____行开户的_____存款户，账号_____。本借款由_____归还。

此致

××银行

借款人（签章）

上列款项已办理转账。

此致

信贷部门

会计部门（盖章）

 【问题探究】

贷款发放注意事项

经营行应根据信贷合同的生效时间办理信贷业务发放手续。

1. 保证担保的信贷业务自签订信贷业务合同和担保合同之日起生效，按信贷业务合同约定用款计划的日期使用信用。

2. 抵押担保的信贷业务自签订信贷业务合同和抵押合同并办妥抵押登记之日起生

效，按信贷业务合同约定用款计划的日期使用信用。

3. 质押担保的信贷业务自签订信贷业务合同和质押合同并办妥质物移交之日起生效，按信贷业务合同约定用款计划的日期使用信用。

客户部门应依据信贷业务合同约定的用款计划，一次或分次填制借款凭证，签字并盖章。借款凭证填制要求：

1. 填制的借款人名称、借款金额、还款日期、借款利率等内容要与信贷业务合同的内容一致；借款日期要在信贷业务合同生效日期之后。

2. 借款凭证的大、小写金额必须一致；分笔发放的，借款凭证的合计金额不得超过相应信贷业务合同的金额。

3. 借款凭证的签章应与信贷业务合同的签章一致。

客户部门将信贷业务合同、借款凭证，连同有权审批人的批复（或复印件）送交会计结算部门办理账务处理。

会计部门收到贷款凭证，应认真进行审查：信贷业务是否经有权审批人审批同意，借款凭证要素是否齐全，填制内容是否符合要求。发放抵押、质押贷款的，还应审核业务部门出具的"担保物、待处理抵债资产收妥通知书"及抵（质）押协议、抵押物权证、权利质押的权利凭证。审查无误后，办理信贷业务账务手续。

放款中心要参与或监控各类授信合同、协议的签订，授信合同、协议的签订必须双人与客户面签，授信合同、协议原件要及时移交放款审核员，并送放款中心验印岗验印，验印通过后一份交还客户，一份由放款中心归档管理。对抵（质）押授信业务，放款中心要参与抵（质）押登记过程，抵（质）押权利凭证的领取必须由放款中心参与办理，并由放款中心人员领取后负责保管并与会计部门办理入库、交接手续，并领取入库保管单、权利凭证复印件和入库保管单作为档案留底保存。所有合同、抵（质）押登记等法律文件和手续都必须经过放款中心法律审核，确保合同以及抵（质）押登记的合法性、合规性、有效性。授信合同、协议签订后，必须经放款中心验印岗验印核实。对授信条件不明确或存在异议的，可向该授信终审人申请解释，并形成书面记录备案。

 【课后练习】

一、单项选择题

1. 商业银行授信业务合同多数采用的是（　　　）合同。

A. 口头　　　　　　　B. 单方　　　　　　　C. 电子　　　　　　　D. 格式

2.《民法典》第四百九十八条规定对格式条款的理解发生争议的，应当（　　　）。

A. 有利于银行解释　　　　　　　B. 不利于银行解释

C. 按照通常理解予以解释　　　　D. 有利于客户解释

3. 商业银行授信业务合同解释权归属于（　　　）。

A. 银行　　　　　　　　　　　　B. 国家金融监督管理机构

C. 中国人民银行　　　　　　　　D. 合同的解释权不属于任何一方

4. 对于担保贷款（　　　）。

A. 贷款合同可以设置担保条款 　　　B. 可以由商业银行与借款人协商

C. 担保合同比借款合同重要 　　　D. 担保合同是主合同

5. 借款人应当按照贷款合同规定按时足额归还贷款本息。对于提前还款（　　　）。

A. 一般没有限制 　　B. 一般有限制 　　C. 银行单方要求 　　D. 客户决定

6. 如果本合同项下的债务人在其他贷款合同项下出现违约，则也视为对本合同的违约。这是（　　　）。

A. 交叉违约 　　　B. 实质违约 　　　C. 合同违约 　　　D. 违法行为

7. 可以作为借款人贷款抵押人的有（　　　）。

A. 依法对抵押物享有所有权的法人

B. 依法对抵押物享有所有权的自然人

C. 依法对抵押物享有使用权的法人

D. 依法对抵押物享有使用权的自然人

8. 抵押合同的成立应当采取贷款行与抵押人签订（　　　）合同的形式。

A. 口头 　　　B. 单方 　　　C. 书面 　　　D. 任意选择

9. 关于抵押登记不正确的是（　　　）。

A. 抵押权的设立有的是自登记之日起设立

B. 质押权有的是自交付之日起设立

C. 法律对所有的抵（质）押物都有强制登记的规定

D. 为了保证贷款的安全，获得对抗第三人的权利，贷款抵押、质押担保均应办理登记或公证

10. 与借款人自主支付方式相比，贷款人受托支付的最大区别就在于（　　　）。

A. 在贷款发放前增加了银行对贷款资金用途的审核环节

B. 借款人对贷款资金的自由使用不受到限制

C. 有效解决贷款资金不予归还问题

D. 贷款资金与借款人捆绑在一起

二、多项选择题

1. 贷款人可在贷款合同中约定，借款人有下列情形之一，贷款人有权单方决定停止支付借款人尚未使用的贷款，并提前收回部分或全部贷款本息（　　　）。

A. 提供虚假材料或隐瞒重要经营财务事实的

B. 未经贷款人同意擅自改变贷款原定用途的

C. 利用与关联方之间的虚假合同，以无实际贸易背景的应收票据、应收账款等债权到银行贴现或质押，套取贷款人资金或授信的

D. 出现兼并、收购重组等情况

2. 合同填写和签章的要求有（　　　）。

A. 合同必须采用钢笔书写或打印

B. 信贷业务合同的信贷业务种类、币种、金额、期限、利率或费率、还款方式和担

保合同应与信贷业务审批的内容一致

C. 客户部门必须当场监督客户、保证人、抵押人、质押人的法定代表人或授权委托人在合同文本上签字、盖章，核对预留印鉴

D. 合同填写可以涂改

3. 贷款发放注意事项有（　　）。

A. 经营行应根据信贷合同的生效时间办理信贷业务发放手续

B. 抵押担保的信贷业务自签订信贷业务合同和抵押合同并办妥抵押登记之日起生效，按信贷业务合同约定用款计划的日期使用信用

C. 借款凭证的签章与信贷业务合同的签章可以不一致

D. 借款日期要在信贷业务合同生效日期之后

4. 采取受托支付的个人贷款例外情形主要包括（　　）。

A. 借款人无法事先确定具体交易对象且单次提款金额不超过 30 万元人民币的

B. 购买消费品的

C. 贷款资金用于生产经营且单次提款金额不超过 50 万元人民币的

D. 借款人交易对象不具备条件有效使用非现金结算方式的

5. 根据"三办法"的规定，受托支付目前适用的情况是（　　）。

A. 固定资产贷款向借款人某一交易对象单笔支付超过 1 000 万元人民币

B. 与借款人新建立信贷业务关系且借款人信用状况一般的流动资金贷款

C. 支付对象明确且单笔支付金额较大的流动资金贷款

D. 所有的流动资金贷款

三、判断题

1. 借款合同是担保合同的从合同。　　　　　　　　　　　　　　　　　　　　（　　）

2. 贷款合同一般都是在签字后立即执行提款。　　　　　　　　　　　　　　　（　　）

3. 经双方协商一致的提前还款，根据情况贷款人可以要求借款人支付一定比例的费用。　　　　　　　　　　　　　　　　　　　　　　　　　　　　　　　　　（　　）

4. 预期违约是从某种征兆看来，借款人已经丧失履行贷款合同项下义务的能力。

（　　）

5. 借款人明示无力清偿到期债务即视为违约事件。　　　　　　　　　　　　　（　　）

四、名词解释

1. 贷款人受托支付

2. 借款人自主支付

3. 抵押合同

4. 格式合同

五、思考题

1. 预期违约主要有哪些情形？

2. 法律合规部门如何审查信贷合同？

3. 抵押合同主要有哪些内容？

4－12 项目四
课后练习答案

5 项目五 授信后管理

【学习目标】

知识目标：

1. 了解商业银行授信后管理的基本内容；
2. 掌握授信检查的基本要点；
3. 掌握贷款五级分类的定义与核心原理；
4. 掌握问题贷款的识别要点与处理方法。

能力目标：

1. 能有效识别有问题的贷款；
2. 会进行授信到期的业务处理；
3. 能通过对授信业务财务、非财务、担保等因素的分析判断还款的可能性并准确进行五级分类；
4. 能对具体的问题贷款提出正确的处理措施。

素养目标：

1. 培养诚实守信、稳健审慎、依法合规的意识；
2. 树立金融风险防范意识，强化金融安全观，维护国家经济金融秩序稳定。

任务一
授信检查及授信收回

活动1　授信检查

【知识准备】

授信后管理是指从客户使用银行信用后，到该授信完全终止前各个环节的管理，它是授信全过程的重要阶段。广义的授信后管理包括授信检查、授信收回、授信到期安排、授信催收、授信档案管理等内容。有效的授信后管理能防止金融风险，保证银行授信的安全。

在授信后管理中，最基础性的工作就是授信检查，即银行授信部门对授信客户及其影响信贷资产安全的有关因素进行不间断的监控和分析，以便及时发现早期预警信号，并采取相应的补救措施。授信检查包括常规检查、专项检查和突发事件检查。

一、常规检查

常规检查是指按照规定的检查间隔期对客户情况进行检查，具体包括：（1）收集和分析客户提供的财务报表，了解其财务变动情况；（2）检查客户的生产经营、资金管理和经营状况；（3）检查客户贷款的用途、合法性和合规性；（4）检查客户抵押物、质押物、保证人有无重大变化；（5）检查项目建设进展情况等。

对生产流通企业，主要检查以下内容：（1）客户的生产经营情况是否发生重大变化、与上下游客户的供销关系是否稳定；（2）是否出台对客户生产经营产生较大影响的政策、法规；（3）客户有无涉及经济纠纷、行政处罚等事项；（4）客户的主要股东、组织结构、管理体制、管理人员、经营策略和方式等是否发生重大变动；（5）客户与关联企业之间是否出现可能影响贷款收回的事项；（6）客户所属行业的技术水平、经营方式、市场环境是否发生较大变化；（7）客户在行业中的地位是否发生较大变化；（8）客户的主要财务指标是否超过约定的控制线；（9）客户在本行及他行的融资是否出现不良记录；（10）担保是否发生较大不利变化；（11）客户的对外担保和资本支出变动情况；（12）对外汇贷款，还应检查客户的综合创汇能力、还汇能力变化情况及汇率风险变动情况。

二、专项检查

专项检查主要包括以下内容：（1）贷款发放后7天内对贷款流向和贷款用途是否符

合借款合同约定、有无挪用等情况进行专项跟踪检查；（2）根据贷款预警信息提示或其他情况进行专项检查；（3）贷款到期前1个月，对客户的还款能力和还贷资金落实情况进行专项检查。

三、突发事件检查

如遇突发事件，将影响到贷款本息归还的，应立即对客户进行检查。

授信检查完毕后，应根据检查内容形成检查报告，提出建议或措施，提交贷后检查复核人。

一般而言，贷后检查报告的内容包括以下几个方面：（1）对客户生产经营情况的评价；（2）对客户财务状况的评价；（3）对客户管理情况的评价；（4）对客户发展前景的评价；（5）对客户贷款风险状况的总体评价；（6）建议采取的措施。

其中，建议采取的措施包括：

□继续支持该企业　　　　　　　　　　□不再办理收回再贷业务

□退出该企业　　　　　　　　　　　　□停止发放新贷款

□按常规实施贷后管理和检查　　　　　□提前收回客户未使用的贷款

□帮助借款人改善经营管理　　　　　　□落实专人负责清收

□要求借款人提出更详细的还款计划　　□追索保证单位的连带责任

□列为特殊关注对象，加大贷后检查频率　□依法处置贷款抵押物、质物和质押权利

□与客户协商以物抵贷

□从严核定最高综合授信额度，控制对　□依法提起诉讼

该客户的融资总量　　　　　　　　　　□提请法院宣告其破产还债

□更换担保单位、补足抵（质）押物　　□其他措施

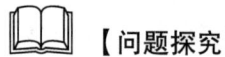 【实践操作】

分小组对项目一中所寻找企业的情况进行跟踪检查，分析其生产经营、财务、管理等情况，并给出贷后检查结论。

5－1案例：　　　　　　　5－2案例：　　　　　　　5－3案例：

关注企业盲目扩张，　　　时刻关注企业主，　　　合伙人经营者借贷的

主动化解授信风险　　　　降低银行风险　　　　　贷后管理

【问题探究】

关于授信后担保的相关问题

银行在授信检查过程中同样要对担保进行检查，注意担保责任的变更。我国《民法

典》《最高人民法院关于适用〈中华人民共和国民法典〉有关担保制度的解释》等对担保期间某些事项变更引起的责任变更有明确规定。

一、担保财产变化引起的相关责任

《民法典》第三百九十条规定："担保期间，担保财产毁损、灭失或者被征收等，担保物权人可以就获得的保险金、赔偿金或者补偿金等优先受偿。被担保债权的履行期限未届满的，也可以提存该保险金、赔偿金或者补偿金等。"第四百零六条规定："抵押期间，抵押人可以转让抵押财产。当事人另有约定的，按照其约定。抵押财产转让的，抵押权不受影响。抵押人转让抵押财产的，应当及时通知抵押权人。抵押权人能够证明抵押财产转让可能损害抵押权的，可以请求抵押人将转让所得的价款向抵押权人提前清偿债务或者提存。转让的价款超过债权数额的部分归抵押人所有，不足部分由债务人清偿。"第四百零八条规定："抵押人的行为足以使抵押财产价值减少的，抵押权人有权要求抵押人停止其行为；抵押财产价值减少的，抵押权人有权要求恢复抵押财产的价值，或者提供与减少的价值相应的担保。抵押人不恢复抵押财产的价值，也不提供担保的，抵押权人有权要求债务人提前清偿债务。"

《民法典》第四百三十一条规定："质权人在质权存续期间，未经出质人同意，擅自使用、处分质押财产，造成出质人损害的，应当承担赔偿责任。"第四百三十二条规定："质权人负有妥善保管质押财产的义务；因保管不善致使质押财产毁损、灭失的，应当承担赔偿责任。"第四百三十三条规定："因不可归责于质权人的事由可能使质押财产毁损或者价值明显减少，足以危害质权人权利的，质权人有权要求出质人提供相应的担保；出质人不提供的，质权人可以拍卖、变卖质押财产，并与出质人通过协议将拍卖、变卖所得的价款提前清偿债务或者提存。"第四百三十四条规定："质权人在质权存续期间，未经出质人同意转质，造成质押财产毁损、灭失的，应当承担赔偿责任。"

《民法典》第四百四十三条规定："基金份额、股权出质后，不得转让，但是出质人与质权人协商同意的除外。出质人转让基金份额、股权所得的价款，应当向质权人提前清偿债务或者提存。"第四百四十四条规定："知识产权中的财产权出质后，出质人不得转让或者许可他人使用，但是出质人与质权人协商同意的除外。出质人转让或者许可他人使用出质的知识产权中的财产权所得的价款，应当向质权人提前清偿债务或者提存。"第四百四十五条规定："应收账款出质后，不得转让，但是出质人与质权人协商同意的除外。出质人转让应收账款所得的价款，应当向质权人提前清偿债务或者提存。"

二、债权债务转让对担保责任的影响

《民法典》第三百九十一条规定："第三人提供担保，未经其书面同意，债权人允许债务人转移全部或者部分债务的，担保人不再承担相应的担保责任。"第六百九十六条规定："债权人转让全部或者部分债权，未通知保证人的，该转让对保证人不发生效力。保证人与债权人约定禁止债权转让，债权人未经保证人书面同意转让债权的，保证人对受让人不再承担保证责任。"第六百九十七条规定："债权人未经保证人书面同意，允许债务人转移全部或者部分债务，保证人对未经其同意转移的债务不再承担保证责任，但是债权人和保证人另有约定的除外。第三人加入债务的，保证人的保证责任不受影响。"

三、合同变更对保证责任的影响

《民法典》第六百九十五条规定："债权人和债务人未经保证人书面同意，协商变更主债权债务合同内容，减轻债务的，保证人仍对变更后的债务承担保证责任；加重债务的，保证人对加重的部分不承担保证责任。债权人和债务人变更主债权债务合同的履行期限，未经保证人书面同意的，保证期间不受影响。"

《最高人民法院关于适用〈中华人民共和国民法典〉有关担保制度的解释》第十六条规定："主合同当事人协议以新贷偿还旧贷，债权人请求旧贷的担保人承担担保责任的，人民法院不予支持；债权人请求新贷的担保人承担担保责任的，按照下列情形处理：

（一）新贷与旧贷的担保人相同的，人民法院应予支持；

（二）新贷与旧贷的担保人不同，或者旧贷无担保新贷有担保的，人民法院不予支持，但是债权人有证据证明新贷的担保人提供担保时对以新贷偿还旧贷的事实知道或者应当知道的除外。

主合同当事人协议以新贷偿还旧贷，旧贷的物的担保人在登记尚未注销的情形下同意继续为新贷提供担保，在订立新的贷款合同前又以该担保财产为其他债权人设立担保物权，其他债权人主张其担保物权顺位优先于新贷债权人的，人民法院不予支持。"

四、保证担保与物的担保并存的保证责任

保证担保是以债权人与债务人以外的第三人的信用担保债权实现的担保方式，称为"人保"；抵押、质押等是以特定的财产来担保债权实现的担保方式，称为"物保"。

《民法典》第三百九十二条规定："被担保的债权既有物的担保又有人的担保的，债务人不履行到期债务或者发生当事人约定的实现担保物权的情形，债权人应当按照约定实现债权；没有约定或者约定不明确，债务人自己提供物的担保的，债权人应当先就该物的担保实现债权；第三人提供物的担保的，债权人可以就物的担保实现债权，也可以请求保证人承担保证责任。提供担保的第三人承担担保责任后，有权向债务人追偿。"第六百九十八条规定："一般保证的保证人在主债务履行期限届满后，向债权人提供债务人可供执行财产的真实情况，债权人放弃或者怠于行使权利致使该财产不能被执行的，保证人在其提供可供执行财产的价值范围内不再承担保证责任。"

活动2　授信业务到期收回处理

【知识准备】

借款人应当按照借款合同规定按时、足额偿还贷款本息。在正常情况下，银行收回贷款可分为正常回收和提前归还两种情况。

一、正常回收

正常回收是指客户根据合同约定的还款时间偿还贷款本息。其操作流程如下：

1. 发送还本付息通知单。银行在短期贷款到期1个星期之前、中长期贷款到期1个月之前，应当向借款人发送还本付息通知单；借款人应当及时筹备资金，按时还本付息。

××银行提示归还到期贷款通知书

编号：_____

尊敬的_____：

贵单位于___年___月___日从我行借款___万元（借款合同编号为_____），将于___年___月___日到期。请抓紧筹措资金，并于借款到期日前将款项存入在我行开立的存款账户上，确保按期归还贷款本息。如到期不能归还，我行将把该笔贷款转入逾期贷款专户，按日利率万分之____计收利息，并对欠息计收复息。

借款人公章：   贷款人公章：

（或签收人签字）：

年　　月　　日　　　　　　　　　　　　　年　　月　　日

注：本通知书一式两份：借款人签收后退贷款人一份作为回执，借款人留存一份。

---

2. 还款会计操作。贷款到期后，授信客户填制还款凭证，递交贷款行会计部门，会计部门根据合同约定，在收到客户提交的还款凭证后直接从授信客户在本行的存款账户上扣收贷款本金和利息。

3. 退还抵（质）押物权利凭证。抵（质）押物权利凭证保管部门（一般为信贷管理部）凭会计部门递交的还款凭证和客户提交的抵（质）押物清单，按有关规定到会计部门办理拆包手续，退还抵（质）押物权利凭证。设定抵押、质押登记的要及时与抵押、质押人共同向登记部门办理登记注销手续。

4. 登记信贷数据信息。授信收回后，应及时在本行的信贷数据库和中国人民银行的贷款信息数据库登记授信收回的信息记录。

二、提前归还

提前归还根据授信客户是否自愿分为客户要求提前还款和银行要求客户提前还款或强制收回。在这里介绍客户自愿提前还款的操作流程。

1. 提前还款申请。授信客户要求提前还款的，应于提前还款日前30天以书面形式向银行提交提前还款申请，申请包括以下内容：申请人全称；借款合同号及金额；提前还款原因；拟提前还款日期和金额；提前还款账号；承担提前还款违约赔偿金的意愿。

2. 审查及审批。客户经理在收到客户的提前还款申请后，对其是否具备以下条件进行审查，并提出是否同意其提前还款的审查意见：（1）客户是否已结清提前还款日之前所有的到期贷款本息，并结清该笔贷款在提前还款日前的所有利息；（2）客户是否同意支付本行一定的损失赔偿金；（3）客户提前归还部分贷款的，提前还款金额应符合本行的最低额度要求。

客户经理将提前还款申请提交相关人员审批。经审批同意提前还款的，客户经理通知客户办理提前还款手续；对不同意客户提前还款的应通知客户，并做好解释工作。

3. 提前还款操作。对于全额提前还款的，其还款手续的处理按照正常还款手续办理。

对于提前归还部分贷款的，若不涉及解除部分抵（质）押权的，可按正常还款手续办理；若涉及解除部分抵（质）押权的，在客户按提前还款手续归还部分本金后，还应办理部分解除抵（质）押权手续。

授信业务到期之日营业终了，尚未归还的授信业务列入逾期催收管理，经营行客户部门应填制一式三联的逾期催收通知书，分别发送到客户和担保人进行催收。会计部门从授信业务到期的次日起计收授信业务逾期利息。

 【实践操作】

分小组对项目一中的企业和个人客户进行分析，判断能否正常收回贷款，若可以，讨论各自的操作流程。

活动3　授信档案的管理

 【知识准备】

授信档案是指申请授信的客户在与银行发生授信业务关系过程中形成的法律文件及有关档案资料。授信档案是检测授信工作质量、明确授信工作责任的证明文书，它涉及银行及借款人和担保人的商业秘密。授信业务经营管理人员、档案管理员和调阅人员均应严格执行有关的保密制度。

一、授信档案的分类和建档

（一）授信档案的分类

授信档案主要由基础类、要件类、权证类、保全类、综合类等五类资料组成。

1. 基础类。借款人的基本资料和担保人的相关资料。

2. 要件类。办理每笔信贷业务过程中产生的能够证明信贷业务的合法性与合规性的基本要件。

3. 权证类。采用抵押或质押担保方式的信贷业务，能够证明对抵押或质押物享有所有权、使用权和处置权的要件。

4. 保全类。资产风险管理的相关资料。

5. 综合类。银行内部管理资料。

（二）授信档案的建档方法

授信档案的管理适用于企业贷款、自然人贷款、银行承兑汇票、贴现、综合授信等业务。银行办理的委托贷款等其他中间信贷业务，可参照上述业务进行操作。

授信档案分企（事）业法人客户和自然人客户两大类建档管理。企（事）业法人客户应该一户一档，分基础类、要件类、权证类和保全类进行收集。自然人客户可按区域建档管理，简化分类进行整理。综合类按网点机构建档。

（三）授信档案的建档流程

授信档案的建档流程包括收集、整理、立卷和归档四个步骤。

1. 收集。信贷人员应根据客户每笔业务的类别收集要件类资料，并审核基础类、权证类、综合类等资料是否齐全有效，不全或已失效的要及时补全。属第一笔业务的，要收齐和审核各类授信档案的相应资料。

2. 整理。业务发生完结后，应对授信业务的原始资料进行排序，编写页码，填写卷内目录。

3. 立卷。资料整理后，根据目录和编号存放在本年授信档案立卷盒中，企（事）业法人客户一户一盒，每盒按档案类别分门别类立卷。自然人客户分区域存放在立卷盒中。立卷档案要统一使用 A4 纸，借款借据、还款回执、抵（质）押代保管凭证信贷留存联等重要单证要粘贴在 A4 纸上装订保存。

4. 归档。对已还清贷款且超过一年未发生授信业务的客户资料和已失效或已处置完毕的单笔授信业务资料及综合类资料，从本年信贷立卷盒中抽出，按结清日期排序，编写页码，填写卷内目录、案卷封面，分类装订后存放在档案盒中，编制移交清单，移交给档案管理员管理。

二、授信档案的调阅、保存和销毁

（一）授信档案的调阅

银行应建立授信档案调阅登记制度，调阅授信档案必须办理登记手续，登记调阅人姓名、日期、调阅内容等，并在规定期限内归还。查阅和调阅人均不得将授信档案材料涂改、抽换、遗失或毁损。

（二）授信档案的保存

档案管理人员要对信贷档案进行妥善保存，严格遵守保密制度，定期检查授信档案的保存情况，并作书面记录。

尚有信贷关系的授信档案作永久保存；全部授信业务结清后的企业客户归档资料须于次年 1 月 1 日起保存 5 年，个人客户授信档案保存 3 年。

综合类授信档案做长期保存，保存期限为 15 年，其中各种报表的年度汇总表为永久保存。授信档案及核销清册为永久保存。

（三）授信档案的销毁

授信档案保存期满后，若认定存档资料可以销毁时，由支行提出正式的过期档案销毁申请，经审批同意后进行销毁。销毁前，档案管理人员要对销毁的档案资料逐一登记造册，并经行长签字同意后，方可销毁。档案销毁后，销毁登记清册必须永久保存备查。

 【实践操作】

分小组对本小组根据前面的授信业务操作所产生的授信档案进行整理归档，并做好目录和封面，装订成册。

📖 【问题探究】

各类授信档案的内容

一、基础类授信档案

（一）借款人基础类授信档案

1. 企（事）业客户

- ✓ 企业基本情况表
- ✓ 营业执照或事业单位法人证书复印件
- ✓ 机构信用代码证复印件
- ✓ 特种经营许可证复印件
- ✓ 企业变更登记的有关文件复印件
- ✓ 需要政府管理部门批准事项的文件复印件
- ✓ 公司章程，含股东名单及签字样本
- ✓ 企业预留印鉴卡
- ✓ 验资报告复印件或有关注册资本来源的证明材料
- ✓ 法人代表授权委托书
- ✓ 企业法定代表人、公司董事会成员和会计简历
- ✓ 法人代表、负责人或授权代理人的有效身

- ✓ 份证件复印件
- ✓ 银行账户开户信息表
- ✓ 建立信贷关系申请书
- ✓ 企业资信等级评定材料
- ✓ 客户授信材料
- ✓ 贷款五级分类认定表
- ✓ 中国人民银行与本行信贷信息系统，按季或贷前查询打印单
- ✓ 企业各期财务报表
- ✓ 有关审计报告
- ✓ "三查"记录或报告
- ✓ 其他

2. 自然人客户

- ✓ 自然人客户信息表
- ✓ 有效身份证件复印件（夫妻）
- ✓ 户口簿复印件
- ✓ 婚姻状况证明
- ✓ 居住证明
- ✓ 财产及收入状况证明
- ✓ 贷款五级分类认定表
- ✓ 其他

（二）担保人基础类授信档案

1. 担保企业

- ✓ 企业基本情况表
- ✓ 营业执照或事业单位法人证书复印件
- ✓ 机构信用代码证复印件
- ✓ 公司章程，含股东名单及签字样本
- ✓ 企业预留印鉴卡
- ✓ 验资报告复印件或有关注册资本来源的证

- 明材料
- ✓ 法人代表、负责人或授权代理人有效身份证件复印件
- ✓ 董事会及股东同意的担保意见书
- ✓ 企业各期财务报表
- ✓ 其他

2. 担保自然人

- ✓ 自然人客户信息表
- ✓ 有效身份证件复印件（夫妻）
- ✓ 担保人及配偶同意提供担保的书面材料
- ✓ 婚姻状况证明
- ✓ 其他

二、要件类授信档案

（一）企（事）业客户

1. 一般贷款

✓ 贷款申请书
✓ 借款合同（子合同附后）
✓ 借款借据
✓ 贷款审批书等审批材料
✓ 贷前调查报告

✓ 担保函
✓ 到、逾期贷款本息催收通知及回执
✓ 贷款展期申请书、审批书及协议
✓ 还贷凭证
✓ 其他

2. 项目贷款

✓ 项目立项书
✓ 可行性报告
✓ 项目评估报告
✓ 项目建设资金来源证明材料
✓ 开工报告

✓ 项目建设进度表及资金使用计划
✓ 国家有权部门对项目的批复文件复印件
✓ 项目概、预、决算审查报告及工程竣工验收报告
✓ 其他

3. 房地产贷款

✓ 项目立项的批文及可行性报告
✓ 国有土地使用权证
✓ 建设用地规划许可证
✓ 施工许可证
✓ 房屋预售许可证

✓ 地价款缴纳凭证复印件
✓ 土地出让合同及规划红线图
✓ 项目竣工后的工程决算报告
✓ 合作项目提供的合作开发合同
✓ 其他

4. 银行承兑汇票或贴现

✓ 商品交易合同及增值税发票复印件
✓ 签发银行承兑汇票协议书
✓ 保证金进账证明材料

✓ 银行承兑汇票复印件
✓ 贴现协议书
✓ 其他

（二）自然人客户

✓ 贷款申请书
✓ 借款合同（子合同附后）
✓ 借款借据
✓ 贷款审批书等审批材料
✓ 贷前、贷时和贷后调查报告

✓ 担保函
✓ 到、逾期贷款本息催收通知及回执
✓ 贷款展期申请书、审批书和协议
✓ 还贷凭证
✓ 其他

三、权证类授信档案

（一）抵押

✓ 抵押物他项权证复印件或登记证明书
✓ 抵押物所有权和使用权证复印件或证明材料
✓ 抵押物评估书或作价依据
✓ 抵押物清单

✓ 抵押物保险单
✓ 抵押公证书
✓ 抵押物代保管凭证
✓ 抵押物注销清单
✓ 其他

（二）质押

✓ 权利质押中的各种有价单证复印件

✓ 质物评估报告或作价依据

✓ 止付通知书回单
✓ 质物所有权和使用权证复印件或证明材料
✓ 质押物清单

✓ 质押公证书
✓ 质物代保管凭证
✓ 其他

四、保全类授信档案

（一）不良贷款

✓ 起诉书
✓ 判决书（调解书）
✓ 裁定书
✓ 申请执行书

✓ 不良贷款催收通知书及回执
✓ 债权凭证
✓ 其他

（二）抵债资产

✓ 抵债资产抵入申请报告及审批材料
✓ 抵债资产处理申请报告及审批材料

✓ 抵债资产权属证明材料
✓ 其他

（三）已核销贷款

✓ 核销申报材料
✓ 上级批复材料
✓ 企业破产相关材料

✓ 债权凭证
✓ 其他

五、综合类授信档案

✓ 授权授信文件及授权委托书
✓ 信贷分析报告
✓ 调查检查报告
✓ 审计稽核报告（信贷部分）

✓ 银行信贷业务相关报告
✓ 信贷业务操作规程和规定
✓ 信贷文件汇编
✓ 其他

任务二
贷款风险分类

活动 1　认识贷款风险分类

【知识准备】

银行的信贷分级制度经历了从四级分类到五级分类再到 N 级分类的演化。

四级分类是我国自己制定的分级制度，分为正常、逾期、呆滞和呆账，其中后三类属于不良资产。四级分类分级的标准是按照逾期的时间进行分级，但这不足以作为信贷风险的评估标准，因为逾期时间短的不一定风险低，而逾期时间长的也不一定风险就高于逾期时间短的，还涉及很多其他的因素。

2002 年 1 月 1 日起，我国银行业开始全面推行贷款风险分类的五级分类制度，分为正常、关注、次级、可疑和损失，其中后三类为不良资产。贷款风险分类法是指银行的信贷分析和管理人员综合能获得的全部信息并应用最佳判断，根据贷款的风险程度对贷款质量作出评价和判断。这种分类法考虑的因素增加了，多了很多需要客户经理判断的因素。在同一个分类制度下，人为的因素多了，造成各个银行的分类标准有着许多的不同。

经过多年的实践，现在，国内很多银行开始实施内部的十二级分类或者十级分类，主要是细分了各类贷款的级别，比如中国银行实行的"44221"十三级分类，中国工商银行、中国建设银行、中国农业银行实行的"43221"十二级分类等。

5-4 微课：贷款风险分类的发展

5-5 资料：某商业银行信贷资产十二级分类标准

不管是五级分类还是十二级分类或十三级分类，其基本思想都是根据贷款的风险程度来进行分类。贷款风险分类的目的：一是揭示贷款的实际价值和风险程度，真实、全面、动态地反映贷款的质量；二是发现信贷管理过程中存在的问题，加强信贷管理；三是为判断贷款损失准备金是否充足提供依据。

按照《商业银行金融资产风险分类办法》的规定，五级分类的定义如下。

5-6 微课：
贷款五级
分类的定义

1. 正常类：债务人能够履行合同，没有客观证据表明本金、利息或收益不能按时足额偿付。

2. 关注类：虽然存在一些可能对履行合同产生不利影响的因素，但债务人目前有能力偿付本金、利息或收益。

3. 次级类：债务人无法足额偿付本金、利息或收益，或金融资产已经发生信用减值。

4. 可疑类：债务人已经无法足额偿付本金、利息或收益，金融资产已发生显著信用减值。

5. 损失类：在采取所有可能的措施后，只能收回极少部分金融资产，或损失全部金融资产。

上述表述中所说的金融资产已发生信用减值是指根据《企业会计准则第 22 号——金融工具确认和计量》第四十条，因债务人信用状况恶化导致的金融资产估值向下调整。

【实践操作】

请根据贷款五级分类的定义对下述案例中各个时点的贷款进行五级分类，明确各级贷款的定义。

借款人基本情况：

借款人 A 啤酒厂，成立于 2005 年，是海滨市的第一家啤酒生产企业，在 21 世纪初，生产销售量占到本市啤酒销售的 25%，成为市里的重点企业和利税大户。2020年，该厂为进一步提高产品质量，扩大销售，于 2020 年 6 月向 A 银行申请了一笔技术改造贷款，贷款金额 1 200 万元，期限 3 年（2020 年 7 月 15 日至 2023 年 7 月 15日），按季归还贷款本息，还款来源为固定资产折旧和销售收入，由海滨市东方房地产公司提供 700 万元的担保，并用 A 啤酒厂的一套价值 700 万元的生产设备作为抵押。

1. 2021 年 1 月借款人的情况

（1）借款人严格按照贷款合同的规定使用了贷款，并能按期偿还贷款的本息，还款记录良好。

（2）通过对借款人 2020 年末的财务报表资料进行分析，发现其财务状况良好，销售收入和经营利润稳中有升，现金净流量为正值。

（3）经过技术改造，产品质量有所提高，产、销量稳中有升；管理层在严格产品质量管理的同时，积极开拓销售市场，市场占有率从上年同期的 25% 上升到 32%。

（4）通过对借款人行业、经营、管理等方面非财务因素的分析，发现不存在影响借款人未来还款能力的不利因素，担保抵押情况没有发生不利的变化。

2. 2022 年 1 月借款人的情况

（1）借款人能按期偿还贷款本息。

（2）借款人的财务状况是可以接受的，但经营利润有所下降，应收账款回收期转慢；现金净流量仍为正值，但较上年同期有所下降。

（3）经过进一步的调查、分析，发现海滨市在 2021 年度有三家新的啤酒厂投产，其中一家中外合资企业生产、销售一种世界名牌啤酒，市场竞争十分激烈，借款人的市场份额已经下降到 19%；而同时，由于国家大幅度调整农副产品价格，啤酒的原材料成本上涨。

3. 2023 年 1 月借款人的情况

（1）借款人在还本付息方面出现三次延迟现象，其中一次拖欠利息达两个多月。

（2）借款人 2022 年度的财务报表分析显示，从 2022 年 9 月开始，经营利润明显下降，年度利润仅为 20 万元；而现金净流量为 -30 万元。

（3）受市场竞争和原材料成本上升的持续影响，借款人的生产经营状况较不理想；在 2022 年末，一位负责生产管理的副厂长被合资啤酒厂高薪聘任为厂长，企业的产品质量不断出现问题，销售量大幅下降，市场份额只有 8%，产品出现积压，有大量的货款被拖欠。

（4）受目前经济环境的影响，房地产行业十分不景气，海滨市房地产业出现亏损。

4. 2024 年 1 月借款人的情况

（1）截至 2023 年末，借款人已经逾期贷款本息 520 万元，逾期时间为 195 天；借款人向 A 银行申请对逾期贷款本息进行重组。

（2）借款人的财务报表表明，年度亏损达 80 万元，现金净流量为 –120 万元。

（3）借款人的大部分生产线已经停工，只保留了原 1/3 的生产能力，产品出现滞销，市场占有率已经降到 2%。

（4）海滨市的中外合资啤酒厂有意兼并收购 A 啤酒厂，双方正在磋商过程中，但其中对 A 啤酒厂下岗员工的安置问题存在较大分歧；A 银行一方面认为借款人被收购的可能性较小，另一方面也担心在企业兼并过程中，贷款受到更多的损失，所以，不愿对贷款进行重组，并已经向法院起诉借款人和担保人，追讨拖欠的贷款本息。

5. 担保抵押情况

（1）担保人海滨市东方房地产公司因在从事房地产投资方面失败，企业出现严重亏损，资不抵债，其贷款银行 B 商业银行正通过法律手段向其催收巨额房地产贷款，其已无力履行担保人义务。

（2）抵押品由于是专业设备，市场变现较难；经评估，市场价值约为 360 万元，而强迫拍卖价约为 300 万元。

【问题探究】

各级贷款的特征

一、正常

正常贷款的特征是指借款人能正常还本付息，银行对借款人最终偿还贷款已有充分把握，各方面情况正常；不存在任何影响贷款本息偿还的消极因素，没有任何理由怀疑贷款会遭受损失。

5 – 7 微课：
贷款五级
分类的特征

二、关注

关注贷款的特征是指借款人偿还贷款本息没有问题，但是存在潜在的缺陷，继续存在下去将会影响贷款的偿还。其具体特征包括：

1. 宏观经济、市场、行业外部环境等变化对借款人的经营产生不利影响，并可能影响借款人的偿债能力，例如借款人所处的行业呈下降趋势；

2. 企业改制（如分立、租赁、承包、合资等）对银行债务可能产生不利影响；

3. 借款人的主要股东、关联企业或母子公司发生了重大不利变化；

4. 借款人的一些关键财务指标，例如流动性比率、资产负债率、销售利润率、存货周转率等低于行业平均水平或有较大幅度下降；

5. 借款人未能按规定使用贷款；

6. 固定资产的项目出现重大的、不利于贷款偿还的调整，例如机械项目工期延长，或概算调整幅度较大；

7. 借款人还款意愿差，不与银行积极合作；

8. 贷款抵押品、质押品价值下降，或依法对抵押品失去控制；

9. 贷款保证人的财务状况出现疑问；

10. 银行对贷款缺乏有效监督；

11. 银行信贷档案不齐全，重要文件遗失，并且对于贷款构成实质性影响；

12. 违反贷款审批程序，例如超越授权发放贷款。

这类贷款的损失概率一般不会超过5%，本金、利息逾期的贷款至少划分为关注类贷款，操作性或技术性原因导致的短期逾期除外（7天内）。

三、次级

次级贷款的特征是指贷款的缺陷已经很明显，正常经营收入不足以保证还款，需要通过出售、变卖资产和对外融资，甚至执行担保来偿还。次级贷款具体的特征包括：

1. 借款人支付出现困难，并且难以获得新的资金；

2. 借款人不能偿还对其他债权人的债务；

3. 借款人的内部管理问题未能解决，妨碍债务及时足额清偿；

4. 借款人采用隐瞒事实等不正当手段套取的贷款；

5. 借款人经营亏损，净现金流量为负值；

6. 借款人已不得不寻求拍卖抵押品、履行担保等还款来源。

这类贷款的损失概率在20%~30%，本金、利息逾期超过90天的贷款至少划分为次级类贷款。

四、可疑

可疑贷款的特征是指贷款肯定要发生一定损失，只是因为存在借款人重组、兼并、合并、抵押物处理和未决诉讼等待定因素，损失金额还不能确定。可疑类贷款的具体特征包括：

1. 借款人处于停产、半停产状况；

2. 贷款项目，如基建项目处于停缓状态；

3. 借款人已资不抵债；

4. 企业借改制之机逃避银行债务；

5. 贷款经过了重组，仍然逾期，或仍然不能正常归还本息，还款状况未明显改善。

这类贷款损失的概率在40%~60%，本金、利息逾期超过270天的贷款至少划分为可疑类贷款。

五、损失

损失贷款的特征是指贷款要大部分或部分发生损失。具体表现为：

1. 借款人和担保人依法宣告破产，经法定清偿后，仍不能还清贷款的；

2. 借款人死亡，或依照法律规定，宣告失踪或死亡，以其财产或遗产清偿后，未能还清的贷款；

3. 借款人遭受重大自然灾害或意外事故，损失巨大且不能获得补偿，确实无力偿还的部分或全部贷款；

4. 经国务院专案批准核销的逾期贷款；

5. 贷款企业虽未破产，市场监督管理部门也未吊销其执照，但企业早已关停或名存实亡；

6. 由于历史原因等造成的，债务人主体已消亡，悬空的银行贷款。

这类贷款的损失率基本上是在 95% ~ 100%，本金、利息逾期超过 360 天的贷款应划分为损失类贷款。

👉【案例解析】

对 A 啤酒厂各个时点贷款的风险分类分析如下。

1. 2021 年 1 月

对啤酒厂的财务和现金流量的分析表明：借款人的财务状况良好；现金净流量为正值，有正常、充足的还款来源。非财务因素分析表明：啤酒厂还款意愿好，不存在影响未来还款能力和还款可能性的明显不利因素。借款人本身的历史财务状况良好，可预见的未来还款能力正常。可划分为正常贷款。

2. 2022 年 1 月

对啤酒厂的财务和现金流量的分析表明：借款人目前的还款能力没有问题，但主要的财务比率和现金净流量的质量有下降趋势，在市场竞争和原材料成本方面存在一些影响借款人未来经营情况的不利因素，如果这些不利因素持续下去，将可能影响借款人的还款能力，需要引起银行的关注。可划分为关注贷款。

3. 2023 年 1 月

对啤酒厂的财务和现金流量的分析表明：借款人现金流量为负值，主营业务收入已不足以归还贷款的本息，还款能力出现了明显的问题。对贷款进行担保的房地产企业也出现了亏损现象，是否能足额偿还贷款不能确定。可划分为次级贷款。

4. 2024 年 1 月

此时贷款已严重逾期，借款人的经营性收入和其他还款来源已无法偿还贷款本息；其担保人东方房地产公司也丧失了还款能力；抵押品的强迫拍卖价只有 300 万元，即使变卖，也无法足额偿还贷款本息，贷款的完全清偿是不可能的。但由于有部分抵押品，借款人又有被收购兼并的可能性，因此应划分为可疑类贷款。

【知识链接 5－1】

贷款风险分类制度与贷款损失准备制度的关系

一、贷款损失准备的种类

银行应当按照谨慎会计原则，合理估计贷款可能发生的损失，及时、足额地计提贷款损失准备。贷款损失准备是指商业银行在成本中列支、用于抵御贷款风险的准备金，不包括在利润分配中计提的一般风险准备。《商业银行贷款损失准备管理办法》规定，银行业监管机构设置贷款拨备率和拨备覆盖率指标考核商业银行贷款损失准备的充足性。其中，贷款拨备率为贷款损失准备与各项贷款余额之比，基本标准为2.5%；拨备覆盖率为贷款损失准备与不良贷款余额之比，基本标准为150%。根据中国人民银行制定的银行贷款损失准备计提指引，我国商业银行可以计提以下三种贷款损失准备。

1. 一般准备。一般准备是根据全部贷款余额的一定比例计提的用于弥补尚未识别的可能性损失的准备。银行应按季计提一般准备，一般准备的年末余额应不低于年末贷款余额的1%。一般准备金是按照贷款组合余额的既定比例计提的，它针对的是贷款组合的不确定损失。

2. 专项准备。专项准备是指商业银行对贷款进行风险分类后，按每笔贷款损失的程度计提的用于弥补专项损失的准备。专项准备是按照贷款的内在损失程度计提的，它反映的是评估日贷款账面价值与实际评估价值的差额，或者说反映的是评估日贷款组合的内在损失。

3. 特种准备。特种准备是指针对某一国家、地区、行业或某一类贷款风险计提的准备。特种准备由银行根据不同类别（如国别、行业等）贷款的特殊风险情况、风险损失概率及历史经验，自行确定按季计提比例。很明显，特种准备是针对贷款集中风险的。

贷款损失准备的计提范围为承担风险和损失的资产，具体包括贷款（含抵押、质押、保证等贷款）、银行卡透支、贴现、银行承兑汇票垫款、信用证垫款、担保垫款、进出口押汇、拆出资金等。

二、贷款损失准备制度与贷款风险分类的关系

贷款风险分类应达到的目标之一就是为判断贷款损失准备是否充分提供依据。贷款分类的过程实质上是对贷款内在损失的认定过程，或者说是对贷款实际价值的估价过程。贷款损失准备制度是审慎会计原则的具体运用，按照这一会计原则的要求，商业银行计提贷款损失准备要满足及时性原则与充足性原则。

贷款风险分类与贷款损失准备制度的关系可简单地表示为：贷款风险分类是计提和评估贷款损失准备的基础，而贷款损失准备制度则是反映贷款真实价值的有效手段。

活动2　贷款风险分类的操作

【知识准备】

一般情况下，贷款风险分类分为四个步骤。

一、阅读授信档案

贷款分类的信息主要来源于授信档案。从授信档案里面，我们可以掌握以下信息。

1. 客户的基本情况。

2. 借款人和保证人的财务信息。

3. 重要文件，包括：（1）借款人贷款申请；（2）银行信贷调查报告和审批文件，包括长期贷款的可行性分析报告、上级行的立项文件和批准文件；（3）贷款合同、授信额度或授信书；（4）贷款担保的法律性文件，包括抵押合同、保证书、抵押品评估报告、财产所有权证，例如地契、房产证明等；（5）借款人还款计划或还款承诺。

4. 往来信函，包括信贷员走访考察记录和备忘录。

5. 借款人还款记录和银行催款通知。

6. 贷款检查报告，包括定期、不定期的信贷分析报告、内审报告等。

银行应该制定信贷档案管理制度，为每个借款人建立完整的档案。重要法律文件（例如贷款合同、担保合同等）缺失或有误导致法律责任不清的贷款应至少归为关注类以下（包括关注）。

二、审查贷款的基本情况

贷款的基本情况主要包括贷款目的、还款来源、资产转换周期以及还款记录四个方面。

（一）贷款目的

对贷款目的即贷款的用途进行审查的主要内容是贷款合同所规定的用途与贷款的实际用途是否一致，这是判断贷款正常与否的最基本的标志。如果贷款被挪用，意味着原先贷款发放的依据已丧失，对银行而言则意味着更大的风险，已用的贷款至少被分为关注类贷款。

（二）还款来源

通常借款人的还款来源不外乎有现金流量、资产销售、抵押品的清偿、重新筹资及担保人偿还等，这几种还款来源的稳定性和可变现性不同，成本费用不同，风险程度也不同。通过正常经营所获得的资金是偿还债务的最有保障的来源，我们称为第一还款来源。依靠担保抵押或重新筹资偿还债务，由于不确定性因素较多和成本较高，风险也就较大，我们称为第二还款来源。在风险分类中，贷款分类人员应判断借款人合同约定的还款来源是否合理，风险程度是高或是低，从而为贷款分类提供初步的依据。

（三）资产转换周期

资产转换周期是银行的信贷资金由金融资本转化为实物资本，再由实物资本转化为金融资本的过程。根据资金性质的不同，资产转换周期（循环）可分为两个内容：一是经营性循环，由生产、销售产品和提供服务的日常经营活动组成，即通常所说的供产销的过程，资金投入在一个经营周期内以销售形式（提供劳务）转换成现金；二是资本性循环，借款人投入资金用于购买机器设备或其他资产，以扩大生产，然后通过折旧方式在借款人多个经营周期内收回资金。

资产转换周期是确定贷款期限的主要依据，资产转换周期的内容为考察贷款目的和还款来源提供了非常有用的信息。

（四）还款记录

还款记录在贷款分类中具有特殊的作用，它可以直截了当地告诉你目前贷款的状态是正常还本付息的，还是发生过严重拖欠或被部分注销的，贷款是否经历过重组，或已挂账停息等重要信息，这为贷款分类提供了最基本的依据。假如还款记录不正常，那么，我们至少可以很快地对贷款的不良状况作出基本的判断，如果还款记录完全正常，仍有必要对贷款质量进行监控。

三、评估还款的可能性

确定还款的可能性，应分析借款人的还款能力、还款意愿、贷款偿还的法律责任、贷款担保和银行的信贷管理五个方面的因素。

分析借款人的还款能力，需要分析借款人的财务状况、现金流量以及影响还款能力的非财务因素。借款人的还款能力是决定贷款本息是否能及时收回的主要因素。

还款意愿是指借款人按合同规定还本付息的主观愿望。

造成贷款偿还的法律责任不明有多方面的原因，如贷款合同要素不全、还款条款含义不明确，或由无授权的人员签字等。

贷款担保包括对贷款的抵押、质押和保证，是贷款本息偿还的第二还款来源，重要性仅次于借款人的还款能力。在借款人还款能力存在问题的情况下，贷款抵押品或质押物的变现能力、保证人的还款能力和还款意愿至关重要。

银行的信贷管理与贷款质量的好坏有着直接的关系。一般来说，分类时应将银行的信贷管理水平作为一个总体因素进行考虑。对信贷管理水平差的银行或专业素质差的信贷人员发放的贷款应进行重点检查。

在分类过程中，确定贷款的还款记录后，对以上五类因素的分析各有侧重，也存在一定的先后顺序。例如，对还款记录良好的贷款，对还款意愿、还款的法律责任的分析可以放在次要的位置；而对还款记录不佳的贷款，则应对所有因素进行分析。在任何情况下，都需要对借款人的还款能力首先作出判断。

四、综合分析，确定分类结果

根据借款人的还款可能性分析，再结合各类贷款的定义和特征对贷款的风险程度作出判断。

正常类贷款的偿还有充分的把握，不会有损失。

关注类贷款的划分要抓住"潜在缺陷"这一内在特征，如果一笔贷款仅仅是贷款信息或信贷档案存在缺陷，并且这种缺陷对于还款不构成实质性影响，贷款不应被归为关注类。

次级类贷款的划分要抓住"明显缺陷"这一内在特征，并且正常经营收入已不足以还款，借款人当前的净值、还款能力或抵押品充分保证贷款的偿还存在明显的缺陷，如果不纠正，银行就可能承担一定损失。

可疑类贷款的划分要考虑"有明显缺陷且有一部分损失"的关键特征。

损失类贷款并不意味着贷款不能收回，它只是说贷款已不具备作为银行资产的价值。

在对贷款进行分类时需注意三点：一是要抓住那些影响贷款回收的基本因素；二是

从审慎原则出发，各档次贷款的具体特征均为一种最低标准；三是要注意一些特殊情况，如在实际操作中，以现金、国库券作为质押物的贷款可等同于有充分还款保证的贷款，可视作正常贷款。

5-8 微课：
贷款风险分类的操作

5-9 法规：
《贷款风险分类指引》

5-10 法规：《商业银行
金融资产风险分类办法》

【实践操作】

分小组根据前面对项目一中企业的授信检查情况，对其进行贷款五级分类，并说明理由。

【问题探究】

还款可能性分析要点

一、财务分析

在对借款人进行财务数据或财务比率的分析时，要明确我们不仅仅是要知道或简单地计算各种数据及各项指标比例，而是要从财务分析中得出影响借款人经营绩效的内部或外部因素，以便运用财务分析框架更加深入地判断借款人的偿债能力。在贷款分类中，检查人员通过财务分析也无法用某一个时期的数据就能肯定地预测某个企业在未来一段时期的经营状况，因为不确定性因素太多且无所不在，因此财务分析时要尽量做到财务数据与分析是连续的且可比的，通过一个持续的分析过程去评估借款人的有利优势与不利缺陷。

在贷款分类中，可能会遇到贷款档案信息不完整、缺少完整的财务报表，或法律环境不完善，或对借款人的经营情况了解不够深入等情况，即信息不完整的贷款。此时，贷款分类可采用分类矩阵法进行判断。在贷款分类矩阵法中，主要考虑两个因素：一是借款人的还款记录（以往的还贷情况），二是借款人的财务状况（各项指标）。贷款分类矩阵如表 5-1 所示。

表 5-1　　　　　　　　　　　　财务状况与贷款风险分类矩阵

财务状况	逾期情况				
	30 天以下	31~90 天	91~180 天	181~360 天	360 天以上
良好	正常	关注	次级	可疑	损失
一般	关注	关注/次级	次级/可疑	可疑/损失	损失
合格	关注/次级	次级/可疑	可疑/损失	损失	损失
不佳	次级/可疑	可疑/损失	损失	损失	损失
恶化	可疑/损失	损失	损失	损失	损失

二、现金流量分析

现金流量是贷款的主要还款来源。因此，还款能力的主要标志是借款人的现金流量充足，而不仅仅是利润。

根据借款人的现金流量进行分类，可分为三个步骤。

（一）了解不同借款人的现金流量特点，确定分析的起点和重点

1. 不同行业或处于资产转换循环不同阶段的企业，其现金流量的特点不同。我们以制造业企业为例进行说明。

在开发新产品或引进新生产线时，借款人不仅没有销售收入，而且要为购买设备、原材料和招聘技术人员、操作人员支付现金。所以，经营活动产生的现金净流量一定为负，投资活动产生的现金净流量也为负，全部靠外部融资。

随着产品上市，借款人开始有了销售收入，但是，一方面，为了扩大销售量和市场份额，企业要给予购买者一定的折扣，减少了销售收入，同时，要给予客户更长的信用优惠期，垫支较多的应收账款；另一方面，由于与原材料供应商未建立长久的业务关系，企业要购买较多的存货以免经营中断，但供应商又不允许拖欠货款，即不能通过应付账款进行自发性融资。这样，其营运投资必然很大，销售所得现金可能还不足以支持销售所付现金，经营活动产生的现金净流量为负。在这一阶段，企业仍然要增加资本投资，投资活动产生的现金净流量仍然为负，负值的大小取决于扩大再生产的速度。所以，借款人在这一阶段的现金净流量为负，仍然有外部融资的需求。

当产品处于成熟阶段，借款人的市场份额趋于稳定时，现金流量开始变化。经营活动产生的现金净流量稳步增长；除折旧外，投资活动不需要现金支出。此时，企业不仅没有外部融资需求，而且会出现现金净流量增加，开始偿还开发期和成长期的贷款，并向投资者发放红利。

在产品衰退期，借款人撤出市场阶段，销售下降，借款人经营活动产生的现金净流量逐渐减少（甚至为负）；出售设备、固定资产等使投资活动产生的现金净流量为正；偿还到期贷款使得筹资活动产生的现金净流量为负。

2. 确定分析的起点和重点。仍以制造业企业为例。

在产品开发期，我们不需要考察经营活动的现金流量，而要关注筹资活动的现金流入，分析其在金额和期限上是否合理，以判断借款人还款的可能性有多大和银行是否严格审批贷款。同时，我们要分析投资活动的现金流出是否恰当地满足了资本循环的需要，能否有效地支持经营循环。这些问题都会影响借款人未来的现金流。

产品上市后，我们期待从销售中获得现金，所以首先要关注营运投资是否合理，借款人是否最大限度地减少应收账款和存货的增加，扩大了应付账款。同时，我们要分析资本循环引起的融资活动，现金流出是不是在借款人充分利用现有设备后发生的。

在产品成熟阶段，我们不需要关注投资活动的现金流量，而要认真分析经营活动是否最大限度地产生着现金。另外，要考察融资活动的现金流出是否合理，如是否过多地分配了股利而影响了偿还贷款等。

关于借款人资产转换循环和现金流量的这些粗略分析，一方面为我们进行定量的、

具体的分析奠定了基础；另一方面提供了关于借款人的一些信息和定性的贷款分类理由。

（二）考察借款人的经营管理方式与其现金流量的关系，弄清楚其还款能力能否持续或者经营管理中存在的问题

借款人的经营管理方式直接影响其现金流量，现金流量反过来也会影响其企业的经营管理方式。分析借款人经营管理方式与现金流量的关系，不仅有利于我们从总体上把握其现金流量和还款能力，而且有助于我们判断其持续发展的潜力或得出其在经营管理中存在的问题。此外，我们不能忽略宏观经济环境、行业状况等因素。这样，在对贷款进行分类时，我们才能综合考虑各种因素而不会只根据一个或一些因素得出结论。

如果预测借款人能够还款，我们根据其经营管理水平和状况可以将贷款档次确定为正常、关注或者是次级；如果预测借款人不能还款，我们根据其经营管理水平和状况可以将贷款档次确定为可疑或损失。

（三）逐步分析现金流量，根据现金流量判断借款人能否还款和还款来源，确定贷款档次

1. 从总量上分析，得出初步结论。

（1）如果未来的现金净流量为正，借款人能够偿还贷款。现金净流量为正意味着现金流入量大于现金流出量，即三种活动产生的现金收入足以支持三种活动所需的现金支付，而偿还贷款属于融资活动中现金流出的一部分，所以，这种情况下的借款人能够偿还贷款。

但是，我们还需要确定还款来源，即借款人将来是用正常经营活动产生的现金还款，还是要通过出售证券投资来还款，是向其他银行借款还款，还是出售无形资产、设备还款。

（2）如果现金净流量为负，借款人是不是一定不能还款呢？答案是否定的。现金流量为负只意味着现金流入总量小于现金流出总量，即现金流入不能满足全部的现金流出，但是偿还贷款只是现金流出的一部分，所以借款人有可能能够偿还贷款。由此看来，当现金流量为负时，要判断借款人能否偿还贷款还需要作进一步分析。

2. 从结构和现金流出顺序分析，判断借款人能否还款和还款来源。

现金流量产生于经营活动、投资活动和融资活动，现金流出顺序直接影响还款，所以，在总量分析之后，要进行结构和现金流出顺序分析，以判断借款人能否还款和还款来源是什么。

在正常经营情况下，借款人不能没有赊销，不能不支付货款而大量赊销，也不能不购买足够的存货，同时他还要支付职工工资、销售费用、管理费用等。此外，他还要支付利息，缴纳所得税。所以，经营活动的现金流入首先要满足其现金流出，而不能用于还款。

如果净利润＞0，借款人经营活动剩余的现金还要给股东分配股利。具体讨论如下：

（1）经营活动的现金净流量＞0，净利润＞0，分配股利：

① 投资活动的现金净流量 >0，经营活动产生的现金在发放股利后偿还贷款；不足时，用投资活动的剩余现金；仍然不足时，他就要借新债还旧债。这时的还款来源可能是经营活动，也可能是投资和融资活动。

② 投资活动的现金净流量 <0，经营活动产生的现金在发放股利后，首先要弥补投资活动的现金需求，然后偿还贷款；不足以弥补投资需求或还款时，借款人要对外融资。这时的还款来源要么是经营活动，要么是融资活动。

（2）经营活动的现金净流量 >0，净利润 <0，那么，借款人不需要分配股利，而可以直接还款或弥补投资活动的现金不足。

（3）经营活动的现金净流量 <0，净利润 <0，那么，借款人不需要分配股利：

① 投资活动的现金净流量 >0，那么，首先要弥补经营活动的现金流出，然后才能还款；不足以弥补经营活动的现金流出或还款时，借款人就要对外融资。这时的还款来源要么是投资活动，要么是融资活动。

② 投资活动的现金净流量 <0，那么，借款人必须进行融资，以弥补经营活动和投资活动的现金流出。这时的还款来源只能是融资活动。

（4）经营活动的现金净流量 <0，净利润 >0 时，借款人的处境雪上加霜，因为他可能还要分配股利。

3. 根据现金流量确定贷款档次。

如果借款人用经营活动产生的现金流量还款，而且现金流量稳定，那么其借款档次为正常；

如果借款人用经营活动产生的现金流量还款，但是现金流量在减少，那么其贷款档次为关注；

如果借款人不能用经营活动产生的现金流量还款，而要通过出售证券或减少固定资产维修、更新以及技术改造现金支出，甚至对外融资还款，那么其贷款档次至少为次级；

如果对外融资产生的现金流入仍不足以还款，那么其贷款档次至少为可疑；

如果出售无形资产、固定资产产生的现金，甚至转让股份所得仍不足以还款，那么其贷款档次为损失。

三、担保分析

当借款人的还款能力出现问题，完全依赖于正常营业收入已无法保证足额偿还贷款本息时，担保就从次要还款来源变为最直接、最现实的还款来源。因此，它的可靠性和充足性影响对贷款质量的判断。

在贷款操作中一定要注意三个原则：一是贷款的担保不能取代借款人的信用状况；二是贷款的担保并不一定能确保贷款的偿还；三是贷款的担保只能降低风险而不能消除风险。

（一）关注类担保贷款的特征

对担保贷款而言，如果借款人有能力归还本息，但是出现以下不利因素，并且持续发展下去，将影响贷款的归还，则应将该笔贷款归为关注类：（1）抵押物价值下降；（2）银行对抵押物失去控制；（3）保证人的财务状况出现疑问，失去保证能力；

（4）保证人的保证意愿较差，不与银行配合，有意逃避保证责任。

（二）次级类担保贷款的特征

对担保贷款而言，如果借款人的正常经营出现明显问题，完全依靠其正常营业收入无法足额偿还贷款本息，即使执行担保，也可能会造成一定损失，则应将该笔贷款归为次级类。条件是：（1）如果是抵押贷款，抵押物可变现且可变现净值超过未偿还的贷款本息；（2）如果是保证贷款，保证人有履行保证的意愿和财务实力。

（三）可疑类担保贷款的特征

对担保贷款而言，如果以担保作为第二还款来源，贷款本息仍然无法足额偿还，肯定会造成大部分损失，则贷款应归为可疑类贷款。

从财务报表上看，可疑类贷款的借款人已经资不抵债，银行主要通过变卖抵押物或对保证人行使追索权来收回贷款，但还是不能收回全部贷款本息。

当贷款归为可疑类贷款时，银行也许正在处理抵押物的留置权，或寻求补充新的抵押物，可能会有利于贷款的归还。但在情况确定时，如果还款的可能性增大，贷款可划分为次级类贷款；如果还款前景恶化，预计贷款会造成大部分或全部损失，则贷款就应归为损失类贷款。

（四）损失类担保贷款的特征

对担保贷款而言，在采取所有可能的措施或一切必要的法律程序之后，本息仍然无法收回，或只能收回极少部分，则贷款就应归为损失类贷款。

四、非财务因素分析

对借款人的非财务因素进行分析，可以通过阅读信贷档案和公共信息网络来充分获取有关贷款和借款人的各种信息，在对借款人财务分析的基础上，对复杂多样的因素进行综合分析比较，找出影响贷款偿还关键性的本质因素，接着进一步判断这些因素的持续影响是否对贷款的偿还有实质性的影响，而后对贷款进行分类。由于非财务因素具有较多的主观判断，因此需要检查人员正确理解分类标准，并在实践中不断积累经验，对贷款的偿还作出正确判断。具体分析内容可参照项目二。

【知识链接 5 - 2】

具体贷款项目在贷款分类时应注意的问题

1. 需要重组的贷款

一般来说，贷款只有在发生偿还问题后才需要重组。银行应对重组贷款予以密切监督，在分析需重组的贷款时，重点应放在借款人的还贷能力上。由于借款人不能满足最初商定的还款条件，银行往往需冲销一部分本金或减免部分利息。在这种情况下，在对贷款风险进行分类时，不能把保留的账面余额都归为次级类，如保留的贷款余额有流动性强的抵押品，有抵押的部分就不应为次级类。如果重组后，贷款仍然存在潜在缺陷，那么就应该把它归为次级类，如果连续逾期 180 天以上或贷款又陷入困境，贷款至少应归为可疑类。

2. 银团贷款

对于银团贷款，贷款风险还是应该注重借款人的经营风险，根据借款人的经营状况，依据一般贷款标准进行分类。但是银团贷款的牵头行在贷款的合同与协议安排方面负有管理责任，如果合同与协议条款的约定本身不利于贷款偿还，那么，这样的贷款至少为关注类。

3. 违规贷款

关于违规贷款，违规行为使贷款的风险放大了，影响到贷款的正常偿还，而且有的违规行为引发的风险已非常严重。因此，即使贷款的偿还从目前看有充分保证，也是正常的，但是存在着法律执行风险的问题，这样的贷款至少为关注类。

4. 表外信用替代项目

关于表外信用替代项目，包括贷款承诺、商业信用证、备用信用证、担保、承兑汇票等，也可以参照贷款风险分类的原理和方法对其进行风险分类。一般情况下，一旦表外业务出现了垫款，比如，客户财务状况恶化或未实现商品销售货款回笼，形成了信用证垫款，这样的项目至少为次级类。

5. 国际贸易融资

国际贸易融资包括进口押汇、出口押汇、打包放款、票据贴现等项业务，由于贸易融资本身的特殊性质，贸易融资项下的风险等级划分是不同的，应根据不同业务的相应特点，划分出各类别的特征从而进行分类。如打包放款的分类，可以根据出口商品的主营业务情况、市场销售情况、信用证项下融资款项是否被挪用、信用证条款是否合理、有无限制议付情况、有无软条款情况、放款手续及法律文件等来进行判断分类。如一旦打包放款项下的出口打包商品市场变化，导致不能按期出口交单，就应评为次级类。

6. 国债、货币质押类贷款

国债、货币质押类的贷款如果质押手续完备有效且质物足值，就等同于有充分的还款保证，可视作正常类贷款。如果质物足值，质押手续存在瑕疵，就为关注类。如果质押手续存在严重缺陷，足以构成质押无效的，可视具体的风险程度至少归为次级类。

7. 承兑汇票贴现

承兑汇票贴现的分类可综合考虑承兑人、贴现申请人及贴现担保人的条件等情况，执行贷款风险分类标准。如凡具有合法商品交易背景、票据真实、贴现手续完备有效、背书完整有效但超出银行允许范围的银行承兑汇票划分为关注类。如果承兑银行经营状况不佳或出现流动性困难，贴现手续不完全、有重大缺陷并足以造成不能顺利收款的，可分为次级类。

8. 消费贷款批量分类法

消费贷款包括住房按揭贷款、汽车贷款、旅游贷款和助学贷款等，都是金额小、笔数多的贷款。由于借款人一般不编制自身的财务报表，银行也无法判断借款人的财务状况，因此，这类贷款可以根据还款记录和担保条件采用批量处理的方法进行分类。如住房按揭贷款可参考

5-11 微课：
贷款分类的
特殊规定

以下方法进行分类：如果贷款本金或利息拖欠供款 3 次或 90 天以内，应归为关注类；拖欠供款 4~6 次或 180 天以内，应归为次级类；拖欠供款 7 次以上或超过 180 天，应归为可疑类；拖欠供款 12 次或 360 天以上，应归为损失类。另外，这些贷款除考虑月供拖欠情况以外，还应根据具体担保条件对其进行拆分，以便更准确地反映住房按揭贷款的损失程度。

任务三
问题贷款的管理

活动1 识别问题贷款

【知识准备】

问题贷款是指债务人未按原贷款协议按时偿还本金或利息，或债务人已有迹象表明其不可能按原贷款协议按时偿还本金或利息的贷款。对银行而言，发放贷款是其获利的最主要途径，任何银行只要开展信贷业务，必然会产生问题贷款。巨额问题贷款如隐形炸弹时刻都有可能对银行的经营产生重创。因此，研究问题贷款产生的原因，加强对问题贷款的识别与监测以及化解问题贷款，是银行信贷管理至关重要的内容。

按照贷款风险五级分类制度，在正常、关注、次级、可疑和损失五级贷款资产中，关注、次级、可疑和损失均为问题贷款。

问题贷款通常会给银行带来损失，但正常贷款演变成问题贷款以至坏账往往会经历一系列可预测的阶段。信贷管理人员必须保证信贷人员能够识别这些阶段并对此作出反应。一般情况下，贷款变为坏账会经历以下几个阶段。

（一）安全区

该区表示借款人开始出现问题，这些问题可能已经表现出来，也可能是潜在的，贷款状况变坏的确切时间常常难以确定，但追溯过去，常常可以把它压缩在数月内。信贷人员通常不能标出贷款变坏的确切时间，除非是一些戏剧性的事件所导致的贷款恶化如欺诈或其他的自然灾难。信贷人员可以通过分析财务或非财务两种类型的征兆来发现问题。此时借款人虽然开始出现问题（潜在或现实的），但只要信贷人员及时发现问题并采取措施，贷款会重新回到满意的状态。

（二）傻瓜区

信贷人员发现问题，如果借款人不予配合，信贷人员往往要求企业归还贷款并终止银企关系，借款人经常通过向另外一家银行融资来归还贷款，这家银行通常被称为"大傻瓜"。傻瓜银行的出现是解决问题的关键，因为借款人在此时尚有一定的吸引力。否则一旦借款人的这种吸引力消失，借款人就很难找到一家傻瓜银行来解脱自己。

（三）过渡区

如果借款人很难找到一家潜在的傻瓜银行，借款人逐渐认识到自己的问题而被迫与银行合作。此时，银行选择的措施对贷款问题的解决至关重要。有可能一个完善的挽救计划使贷款的挽救获得成功，也有可能因挽救失败而使企业面临清算。银行采取挽救计划往往要付出一定代价，有时银行被迫向借款人追加贷款，银行在作出充分论证后才能谨慎作出决策。同时，信贷人员应加强协作，管理层应加强政策支持，这是挽救计划取得成功的关键。

如除了清算手段外无其他手段，则进入第四区。

（四）车费区

该区也叫清算收账区，通常清算行为完成，并且银行与债权人都收回贷款，只给借款人留下少许"车马费"。银行应建立一套一旦达不到目标就采取应急措施的机制。要注意企业多利用这个时机逃废债务，银行信贷管理人员应高度警惕。

（五）泰坦尼克区

在这个区域借款人必然丧失其所有权益，而银行将丧失部分或全部的贷款。银行一般采取专家处理方式，由专门的部门来处理，注重挽救贷款的办法。

 【实践操作】

分小组根据前面对项目一中企业的授信检查情况，分析、判断其是否进入问题贷款阶段，分析原因，总结特征。小组可针对各自的企业进行交流。

 【问题探究】

问题贷款的早期预警信号

尽管问题贷款有不同的实质性内容，但借款人出现问题时大多有着明显的信号，银行必须及早监测借款人的经营与财务情况才能够有所发现。信贷人员要了解借款人的业务，定期与借款人联系，密切关注借款人的财务数据及相关担保情况，努力发现借款人存在的早期预警信号。

1. 企业在银行的账户可以反映出以下预警信号：

（1）经常止付支票及退票；

（2）长期透支用款，且经常超过允许的透支额度；

（3）应付票据展期过多，逾期单未赎；

（4）要求用借款偿还其他银行债务；

（5）要求用借款炒作本公司股票或用于其他投机活动；

（6）贷款需求骤增或变动异常；

（7）未按要求补足抵押品的差额、拖欠税金或租金；

（8）贷款的担保人突然要求解除其担保责任；

（9）借款人被其他债权人追讨欠款，或索取赔偿；

（10）借款人不能按期支付利息，或要求贷款展期等。

5-12 案例：
迫使企业从他行
融资收回本行贷款

2. 财务报表能够反映如下预警信号：

（1）多次延误提供财务报表及有关文件，或财务报表不完整、不连续；

（2）有保留的会计师报告；

（3）存货及应收账款增长超过销售的增长幅度；

（4）经营成本的增幅远远超过销售的增幅；

（5）销售额连续下降或损失连续上升；

（6）相对于销售利润而言，总资产增加过快，流动资产占总资产的比例下降；

（7）不合理地改变或违反会计准则，如折旧计提、存货计价等；

（8）以短期融资作长期投资；

（9）呆账增加，或拒做呆账及损失准备；

（10）应收账款及应付账款的账额出现异常增加或账龄出现异常延长。

3. 企业人事管理及与银行关系方面可以反映出如下预警信号：

（1）对银行的态度发生变化，缺乏坦诚的合作态度；

（2）在多家银行开户，或经常转换往来银行；

（3）故意隐瞒与某些银行的往来关系；

（4）董事会或高级管理层发生重大人事变动影响公司运作；

（5）公司主要负责人高龄或健康状况恶化，接班人不明确或接班人能力不足；

（6）某负责人独断专行，刚愎自用，限制了其他管理者的作用与能力的发挥；

（7）无故更换会计师或管理层人士；

（8）缺乏长远的经营策略，急功近利；

（9）对市场需求及经济环境的变化反应迟缓，应变能力不强；

（10）用人不当，各部门之间不能相互配合协调等。

4. 企业的经营管理可以反映出如下预警信号：

（1）经营管理混乱，如存货大量积压，环境脏、乱、差，员工老龄化，工作纪律松懈；

（2）工厂或公司设备陈旧、维修不善、运转率低；

（3）销售旺季后，仍有大量存货积压；

（4）失去一个或多个主要客户，或公司的某个大客户经济状况突然变坏；

5-13 微课：
问题贷款的识别

（5）公司或企业的主要投资产品项目失败；

（6）借款人在激烈的市场竞争中处于不利地位；

（7）借款企业的市场份额缩小；

（8）借款企业的生产规模过度扩张；

（9）借款企业与主要供货商关系紧张；

（10）公司或企业内部谣言四起、人心涣散等。

活动2　问题贷款的转化

【知识准备】

问题贷款主要是通过督促企业整改、积极催收、更换借款人、借贷双方签订重组协议等方式向良性正常贷款转化。

一、督促企业整改

如果在贷款期间就已发现预警信号，如借款人经常超限额透支、存货积压、应收账款金额增大及周期延长等，银行应立即加强与借款企业的联系，并针对不同的预警信号采取不同的管理措施。如对经常超限额透支的客户，可采取先电话方式、后书面形式通知客户，希望客户不再发生违约透支行为，否则银行将退回客户的支票，或采取严厉的惩罚措施；对存货积压的客户，银行可建议客户根据存货积压原因，或拓展、疏通销售渠道，或调整、改进产品的品种结构、性能，或提高产品的质量；对应收账款异常的客户，银行应建议或提醒客户，调整赊销策略，积极催收货款。总之，当银行发现预警信号后，应立即采取相应的措施，提醒并督促企业调整经营策略，改善财务状况，绝不能因为贷款尚未到期或借款人尚能支付利息而掉以轻心。因为当贷款真正逾期或企业无法支付利息时，挽回银行信贷资产损失的难度将更大。

二、积极催收

当借款人未按时支付利息，或未能根据借贷合同规定的日期还款时，银行应立即通过电话与借款人联系并催收，倘若借款人回避，或既不还本付息，又不与银行联系，银行就应向借款人发出措辞严厉的信函或电传，敦促借款人尽快还本付息。如借款人仍未还本付息，或以种种借口拖延不付，银行就应派人上门催收，或约见借款企业的主要负责人，商谈落实贷款的还本付息事宜。

三、更换借款人

更换借款人即银行要求借款人将债务（或贷款）转让给条件较好的第三方，或者直接由第三方向银行申请贷款并用于归还原借款人的问题贷款。第三方可以是借款人的关联企业，或准备收购或兼并借款人的第三方，或风险投资基金、政府、其他银行或债权人等。

在实际操作过程中，更换第三方作为新的债务人时，银行最好采用第三方直接向银行申请贷款，然后用银行贷款归还原借款人所借款项的方式。在这种方式下，银行与原借款人之间的债权债务关系完全解除，银行成为第三方的债权人。如果采用在银行与原借款人签订的借款合同项下转让债务的方式，银行与原借款人、第三方，原借款人与第三方均应签订有关的转让协议。另外，在实际操作过程中，还可能会存在一些变异的情况，如只更换借款人，而不更换保证人或担保品，或不更换借款人而只更换保证人或担保品等。

5-14 案例：
通过更换资信强的
借款人收回贷款

四、借贷双方签订重组协议

只有那些一时资金周转不灵，经短期调整后现金流入量增多，或筹措到新资金的借款人，能够在银行催收利息或贷款后的一定期限内偿还债务。然而，大部分现金流量恶化的借款人既不可能在短期内改变现金流量的状况，又不容易从别的金融机构获得新的融资，因为所有金融机构都不愿向现金流量恶化、资信状况不佳的企业发放贷款。此时，借贷双方可以协商签订处理协议，对贷款进行重组，包括以下方式。

（一）贷款展期

因特殊原因客户到期无力偿还贷款时，可申请办理贷款展期申请，并按以下程序办理贷款展期手续。

1. 客户应提交书面展期申请。客户应在贷款到期前 15 天填制并向经营行提交贷款展期申请书，原贷款的保证人、抵押人或质押人应在贷款展期申请书上签署同意展期的意见并签章。

2. 贷款展期的调查、审查和审批。经营行客户部门应对客户贷款展期的原因、金额、期限、还款措施和还款资金来源进行调查，写出书面调查报告送信贷管理部门审查，行长审批后，报原审批行备案。

3. 签订贷款展期协议。贷款展期被批准后，经营行客户部门与客户、担保人（保证人、抵押人或质押人）签订贷款展期协议书，并由有权签字人签章。

4. 贷款展期账务处理。经营行客户部门填制贷款展期凭证并签章后送会计部门办理贷款展期账务处理。

5. 录入信贷管理系统。经营行客户部门在贷款展期当日适时将贷款展期信息录入信贷管理系统和中国人民银行信息咨询登记系统。

（二）追加新贷款

在借款人提出要求增加新贷款时，银行应重新审核当初企业在申请原贷款时提交的贷款申请报告、项目评估报告，以及信贷员或审批小组的评估报告，查明贷款不能按时还本付息或贷款缺额（贷款额不能满足项目的资金需求）的真正原因。若是由于申请及审批时不可预见的情况变化导致的资金不足，而项目或产品本身具有较好的经济效益或市场潜力，只要追加一部分贷款就能使项目上马或产品投产，并在一定时间内能收回全部（原贷放的及追加的）贷款的本金和利息的前提下，银行可根据自身信贷资金额度的实际情况，在允许的范围内，考虑给予追加新贷款。

出现以下情况之一者，一般不能给予追加新贷款：（1）贷款被挤占挪用；（2）贷款项目或产品属重复建设，市场同类产品已经出现供大于求的现象；（3）借款企业经营管理混乱，效率低下；（4）借款企业亏损严重；（5）原贷款已展期，或已追加过新贷款，但借款人财务状况仍无明显改善，不能按时还本付息；（6）借款企业属于产业结构调整中需压缩、调整、归并或近期可能被兼并、被收购的企业；（7）银行自身资金情况不允许，或违反银行信贷政策；（8）违反中央银行或有关管理部门的规定。总之，追加新贷款是为了在不违反有关政策规定的前提下减少银行债权的损失，或增加银行的收益，倘若与这一目的相违背，银行一般不考虑追加新贷款。

（三）追加担保，确保担保权益

银行如果在贷后检查中发现借款人提供的抵押品或质押物的抵押权益尚未落实，或担保品的价值由于市场价格的波动或市场滞销而降低，由此造成抵押值不充分，就应要求借款人落实抵押权益或追加担保品。另外，如果借款人的财务状况恶化，或贷款展期使得贷款风险增大，或追加新贷款，银行也可要求借款人追加担保品，以保障贷款资金的安全。对于追加的担保品，银行也应根据有关规定，办妥鉴定、公证、登记等手续，落实抵押权益。

对由第三者提供担保的保证贷款，如果借款人未按时还本付息，就应由保证人为其承担还本付息的责任。倘若保证人的担保资格或担保能力发生不利变化，其自身的财务状况恶化，或借款人要求贷款展期造成贷款风险增大，或由于贷款逾期，银行加收罚息而导致借款人的债务负担加重，而原保证人又不同意增加保证额度，银行应要求借款人追加真正具有经济实力的保证人。

5-15 微课：
问题贷款的转化

（四）参与借款企业的管理

对于不能按期还本付息的借款者，尤其是对于那些经营管理混乱、计划决策屡屡失误、管理班子涣散、领导能力薄弱的企业，银行可要求参与借款企业的管理，帮助其提高经营管理水平。比如要求允许银行高管人员参加企业的董事会或高级管理层；参与企业重大决策的制定；要求银行特派员充当审计员；甚至可以要求保留或撤换企业现有的管理班子，或者要求借款者精减人员，压缩成本开支，等等。银行参与管理，是为了帮助企业改变原来管理混乱的状况，制定正确的经营决策，实行科学有序的管理，提高企业的营运效率和获利能力，从而改善企业的财务状况，有助于银行贷款的收回。

 【实践操作】

分小组根据活动1对问题贷款的分析，判断其是否可以采用问题贷款转化的解决方式，结合实际情况提出具体解决对策。

活动3　问题贷款的清收

【知识准备】

若银行预计问题贷款向良性正常贷款转化有困难，应及时进行贷款清收，其主要措施有以下两种。

一、行政清收

行政清收主要是指信贷营销人员通过正常的行政手段做好催收工作。当借款合同中列明的违约事件发生时，银行应立即以书面形式正式通知借款人，告知其已发生违约行为，责成其限期采取有效措施加以纠正，并应同时书面通知贷款保证人。发出违约通知书后，信贷营销人员应密切注意借款人的反应，了解其是否采取补救办法，主动上门催收，监督其纠正。同时应向本行信贷营销部门的领导汇报，研究催收对策，采取防范措施，确保贷款收回。

二、依法清收

依法清收是指信贷营销人员依靠法律手段做好清收工作。

1. 冻结账户，主动扣款。依据借款合同，冻结借款人在本行开立的存款账户，所有的款项只汇入不汇出，以从该账户扣款归还贷款本息，直至贷款全部还清为止。

2. 实现第二还款来源。根据借款保证合同，向借款保证人追索，要求其承担连带责任，在规定的期限内履行其义务，偿还合同项下借款人到期应偿付的贷款本息和费用或其所保证的金额。

依据抵押或质押合同的规定处置抵押品或质押品，处置应按照合同中规定的程序和方式进行。处置的进程和结果应通知借款人。处置所得的款项，应用于归还拖欠的贷款本息，剩余部分退还借款人。如款项不足以抵偿拖欠的贷款本息，应继续向借款人追索。只要贷款未全部还清，仍应对其计息（含处置期间）。

3. 依法起诉。出现以下情况可运用法律手段提起诉讼，通过法律程序占有并出售属于债务人的财产作为还款来源：无抵押或质押，又不愿还款的；或虽有保证，但保证人拒不履行连带偿付责任的；或抵押、质押品处置所得款项不足以偿还贷款，借款人又不愿提供新的还款来源的。

4. 破产清偿，即企业破产后按法律规定进行债权登记和资产清理，并按程序清偿贷款。但破产后贷款清偿所得的一般只是原有贷款额的一部分。为此，催收中要密切注意客户有无破产迹象，力争在其破产前偿还贷款。

【实践操作】

分小组根据活动1对问题贷款的分析，对需要采取清收方式的贷款，结合实际情况提出具体解决对策。

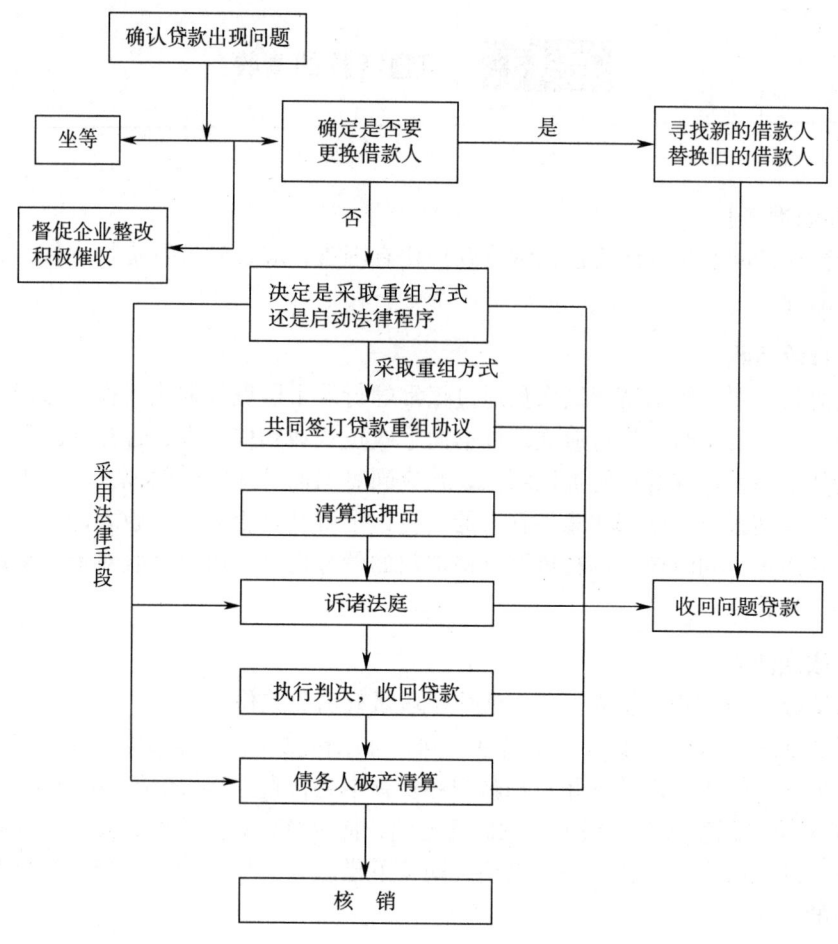

图 5-1　问题贷款处理程序

【问题探究】

贷款到期抵（质）押的处理及受偿顺序

5-16 案例：
积极行动，
成功收回贷款

一、实现债权的方式

《民法典》第四百一十条规定："债务人不履行到期债务或者发生当事人约定的实现抵押权的情形，抵押权人可以与抵押人协议以抵押财产折价或者以拍卖、变卖该抵押财产所得的价款优先受偿。协议损害其他债权人利益的，其他债权人可以请求人民法院撤销该协议。抵押权人与抵押人未就抵押权实现方式达成协议的，抵押权人可以请求人民法院拍卖、变卖抵押财产。抵押财产折价或者变卖的，应当参照市场价格。"

第四百一十三条规定："抵押财产折价或者拍卖、变卖后，其价款超过债权数额的部分归抵押人所有，不足部分由债务人清偿。"

第四百一十八条规定："以集体所有土地的使用权依法抵押的，实现抵押权后，未经法定程序，不得改变土地所有权的性质和土地用途。"

第四百一十九条规定："抵押权人应当在主债权诉讼时效期间行使抵押权；未行使的，人民法院不予保护。"

二、受偿顺序规定

《民法典》第四百一十四条规定："同一财产向两个以上债权人抵押的，拍卖、变卖抵押财产所得的价款依照下列规定清偿：（一）抵押权已经登记的，按照登记的时间先后确定清偿顺序；（二）抵押权已经登记的先于未登记的受偿；（三）抵押权未登记的，按照债权比例清偿。其他可以登记的担保物权，清偿顺序参照适用前款规定。"

第四百一十五条规定："同一财产既设立抵押权又设立质权的，拍卖、变卖该财产所得的价款按照登记、交付的时间先后确定清偿顺序。"

第四百一十六条规定："动产抵押担保的主债权是抵押物的价款，标的物交付后十日内办理抵押登记的，该抵押权人优先于抵押物买受人的其他担保物权人受偿，但是留置权人除外。"

三、权利质押标的到期日与贷款到期日不一致时的处理

《民法典》第四百四十二条规定："汇票、本票、支票、债券、存款单、仓单、提单的兑现日期或者提货日期先于主债权到期的，质权人可以兑现或者提货，并与出质人协议将兑现的价款或者提取的货物提前清偿债务或者提存。"

四、关于建设用地新增房屋的特殊规定

《民法典》第四百一十七条规定："建设用地使用权抵押后，该土地上新增的建筑物不属于抵押财产。该建设用地使用权实现抵押权时，应当将该土地上新增的建筑物与建设用地使用权一并处分。但是，新增建筑物所得的价款，抵押权人无权优先受偿。"

 【课后练习】

一、单项选择题

1. 与贷款五级分类相对应的贷款损失准备制度应是（   ）。

A. 普通准备制度   B. 专项准备制度

C. 特别准备制度   D. 一般准备制度

2. 某商业银行的某支行在月末对贷款资产进行贷款风险分类，正常贷款 4 亿元，关注贷款 3 亿元，次级贷款 2 亿元，可疑贷款 5 000 万元，损失贷款 5 000 万元，相应的专项贷款损失准备金率分别为 0、2%、20%、50%、100%，则应计提的专项贷款损失准备金为（   ）。

A. 1 000 万元   B. 5 000 万元   C. 12 100 万元   D. 15 000 万元

3. 第一还款来源是指（   ）。

A. 借款人的资产变现收入   B. 借款人的正常经营收入

C. 借款人的担保变现收入   D. 借款人的对外筹资

4. 使用贷款风险分类法对贷款质量进行分类，实际上是判断借款人及时足额归还贷款本息的（　　）。

A. 时间性   B. 意愿性   C. 可能性   D. 可行性

5. 按贷款风险分类法，如借款人能够履行合同，没有足够理由怀疑贷款本息不能按时足额偿还的贷款应归为（　　）。

A. 正常   B. 关注   C. 次级   D. 可疑

6. 按贷款风险分类法，借款人的还款能力出现明显问题，完全依靠其正常营业收入无法足额偿还贷款本息，即使执行担保，也可能会造成一定损失的贷款应归为（　　）。

A. 正常   B. 关注   C. 次级   D. 可疑

7. 从现金流量看，如果借款人用经营活动产生的现金还款，但是现金流量在减少，那么其贷款档次为（　　）。

A. 正常   B. 关注   C. 次级   D. 可疑

8. 从现金流量看，如果借款人不能用经营活动产生的现金流量还款，而要通过出售证券或减少固定资产维修、更新、技术改造现金支出，甚至对外融资还款，那么贷款档次至少为（　　）。

A. 正常   B. 关注   C. 次级   D. 可疑

9. 从现金流量看，如果借款人出售无形资产、固定资产产生的现金，甚至转让股份所得都不足以还款，那么其贷款档次为（　　）。

A. 正常   B. 关注   C. 次级   D. 可疑

10. 下列不属于不良贷款的是（　　）。

A. 关注贷款   B. 次级贷款   C. 可疑贷款   D. 损失贷款

二、多项选择题

1. 同一财产向两个以上债权人抵押的，拍卖、变卖抵押物所得价款的清偿顺序，下列说法符合《民法典》规定的有（　　）。

A. 抵押权已经登记的，按照登记的时间先后顺序清偿

B. 抵押受偿顺序以抵押登记顺序和抵押合同签订顺序为准

C. 抵押物已登记的先于未登记的受偿

D. 抵押权未登记的，按照债权比例清偿

2. 对担保贷款而言，如果借款人有能力归还本息，但是出现以下哪些不利因素，则应将该笔贷款归为关注类？（　　）

A. 抵押物价值下降

B. 银行对抵押物失去控制

C. 保证人的财务状况出现疑问，失去保证能力

D. 保证人保证意愿较差，不与银行配合，有意逃避保证责任

3. 可疑类贷款具体特征包括（　　）。

A. 借款人处于停产、半停产状况

B. 贷款经过了重组，仍然逾期，或仍然不能正常归还本息，还款状况未明显改善

C. 借款人已资不抵债

D. 借款人的主要股东、关联企业或母子公司发生了重大不利变化

4. 银行处理有问题贷款的措施有（　　　）。

A. 督促企业整改

B. 同意贷款展期

C. 追加担保品，确保抵押权益

D. 依法收贷

5. 下列关于抵押物转让的说法，正确的有（　　　）。

A. 抵押期间，抵押人转让抵押财产的，应当及时通知抵押权人

B. 债权转让的，担保该债权的抵押权一并转让

C. 抵押权人能够证明抵押财产转让可能损害抵押权的，可以请求抵押人将转让所得的价款向抵押权人提前清偿债务或者提存

D. 抵押人转让抵押物所得的价款超过债权数额的部分归抵押人所有，不足部分由债务人清偿

三、判断题

1. 借款人的还款能力是一个综合概念，包括借款人现金流量、财务状况、影响还款能力的非财务因素等。　　　　　　　　　　　　　　　　　　（　　）

2. 同一债权既有保证又有物的担保的，债权人放弃物的担保的，保证人在债权人放弃权利的范围内免除保证责任。　　　　　　　　　　　　　　　（　　）

3. 贷款担保包括对贷款的抵押、质押和保证，是贷款本息偿还的第二还款来源。　　　　　　　　　　　　　　　　　　　　　　　　　　　　　（　　）

4. 正常贷款转化为坏账的过程依次可以分为安全区、傻瓜区、车费区、过渡区、泰坦尼克区五个区。　　　　　　　　　　　　　　　　　　　　　（　　）

5. 如果影响借款人财务状况或贷款偿还的因素发生重大变化，可在贷款风险分类有效期截止后及时调整对贷款的分类。　　　　　　　　　　　　　（　　）

四、名词解释

1. 贷款风险分类

2. 次级贷款

3. 可疑贷款

4. 问题贷款

5. 贷款重组

五、思考题

1. 贷后检查包括哪些内容？

2. 正常的贷款收回包括哪些步骤？

3. 授信档案包括哪些内容？

4. 贷款风险分类的步骤有哪些？

5. 问题贷款如何进行清收？

5-17 项目五
课后练习答案

6 项目六　认识非贷款授信业务

【学习目标】

知识目标：

1. 了解商业银行现有的非贷款授信业务品种；

2. 掌握商业银行非贷款授信业务的操作流程；

3. 了解非贷款授信业务的优点与应用。

能力目标：

1. 能根据客户需求正确选择使用不同的担保业务；

2. 能正确进行商业银行承兑汇票业务、商业银行承兑汇票贴现业务的操作；

3. 能区分不同贷款承诺业务的适用条件；

4. 能基本理解其他非贷款授信业务对客户的信用支持表现形式。

素养目标：

1. 能严格按照银行授信业务管理规定进行规范操作，培养精技笃行的工匠精神；

2. 培养创新意识，在合法合规的前提下进行信贷产品与业务创新；

3. 牢固树立金融风险防范意识，坚守金融安全底线；

4. 树立"诚实守信，不逾越底线；以义取利，不唯利是图；稳健审慎，不急功近利；守正创新，不脱实向虚；依法合规，不胡作非为"的中国特色金融文化价值观。

任务一
银行担保业务操作

活动1 认知银行担保业务

【知识准备】

银行担保，是指银行作为担保人，应被担保人的申请，以保函或备用信用证等书面形式向受益人承诺，当被担保人未按其与受益人签订的合同约定偿还债务或履行义务时，由银行代其履行偿付责任的法律行为。按照不同的分类方法，担保业务有不同的种类。

一、融资类担保和非融资类担保

按基础交易合同性质划分，担保分为融资类担保和非融资类担保。

1. 融资类担保是指银行为被担保人在融资性交易项下的责任或义务提供的担保，包括以下种类。

（1）借款担保，是指银行应借款人的申请，向资金出借人提供担保，保证借款人按照借款合同的要求向资金出借人支付本息；如借款人不履行义务，银行将按照担保约定承担保证责任。

（2）发行有价证券担保，是指银行向债权人承诺，当债务人未按合同规定履行义务时，由担保人（银行）履行偿付义务的保证。有价证券包括企业普通债券、可转换债券及其他形式的有价证券，但不包括股票。

（3）透支担保，是指银行接受在国外承包工程的施工企业的请求，向该工程所在地的银行保证，如该企业在银行开立透支账户后，在规定的期限内未能归还透支款项，银行将根据对方银行的索赔，按照担保约定承担保证责任。

（4）补偿贸易担保，是指银行应设备或技术引进项目贸易合同中引进方的申请，向设备或技术引进项目供给方提供担保，在引进方收到与合同相符的设备或技术后未按照合同规定将产品交付供给方或其指定的第三方，又不能以现汇偿付设备或技术及其附加利息时，则由银行按照担保金额加利息及相关费用赔偿供给方。

（5）来料加工担保，是指银行应来料加工贸易合同中来料加工引进方的申请，为加工装配所需原辅材料、零部件或元器件的引进向供应方提供的担保，在引进方收到与合同相符的加工装配所需原辅材料、零部件或元器件后未按照合同规定将产品交付给供给方或其指定的第三方，又不能以现汇偿付加工装配所需原辅材料、零部件或元器件及其附加利息时，则由银行按照担保金额加利息及相关费用赔偿供给方。

（6）租赁担保，是指银行应租赁合同承租人的申请，向出租人提供担保，保证承租人在租赁合同项要求下向出租人支付租金；如承租人违约，则银行将根据出租人的索赔，按照担保约定承担保证责任。

（7）票据保付担保，是指银行应贸易合同的买方或工程项目业主方的申请，向卖方或承包方提供担保，保证卖方或承包方收到买方或业主方开出的票据时，买方或业主方将履行付款义务。

（8）提货担保，是指银行应进口商的申请，在进口贸易中，货物先于提单或其他物权凭证到达的情况下，向船公司出具书面担保用于提货，承诺日后补交正本提单换回有关担保书，并保证承担船公司应收费用和赔偿由此可能遭受的一切损失。

2. 非融资类担保是指银行为被担保人在非融资性交易项下的责任或义务提供的担保，包括以下种类。

（1）投标担保，是指银行应招投标合同投标方的要求，为投标方向招标方担保，保证投标方履行标书中所规定的义务；并约定在一定期限内如投标方不履行义务，则由银行承担一定金额的支付责任或经济赔偿责任的书面保证承诺。

（2）履约担保，是指银行应买卖合同的卖方或工程承包合同承包方的要求，向买卖合同的买方或工程项下的发包方担保，保证卖方或承包方履行基础交易合同所规定的义务；并约定在一定期限内如卖方或承包方不履行义务，则由银行承担一定金额的支付责任或经济赔偿责任的书面保证承诺。

（3）预付款担保，是指银行应买卖合同的卖方或承包合同的承包方的要求，向合约关系的另一方担保，保证卖方或承包方按照约定使用预付款，否则由银行向买方或发包方退还预付款项及相应利息的书面保证承诺。

（4）质量维修担保，是指银行应买卖合同的卖方或承包工程项下的承包方的要求，向买卖合同的买方或承包工程项下的业主担保，保证卖方或承包方对在交货后或工程交付后出现的质量问题按照基础交易合同的规定承担退换、维修义务或赔偿损失。

（5）预留担保，即留置金担保，是指银行应买卖合同卖方或承包工程项下承包方的申请，向买卖合同的买方或承包工程项下的业主担保，保证卖方提供的货物或承包方承包的工程符合合同规定的质量标准，否则将买方或业主预支的留置金退还。

（6）海关免税担保，是指银行应到国外施工或举办展览的申请人要求，向该国海关出具的担保，保证申请人在施工完毕或展览结束后将全部撤离施工机械或展品，否则按照担保函的规定向海关支付规定数额的关税。

（7）保释金担保，是指银行应船东或运输公司的要求，在因船东或运输公司的责任造成货物短缺、残损而使货主遭受损失；或因碰撞等其他事故造成货主或他人损失，在确定赔偿责任前该运输船只被当地法院或港务当局扣留，需缴纳保释金方予放行时向扣船国法院或港务当局出具的担保，保证船东或运输公司将按照双方达成的协议或法庭的判决或仲裁的裁决赔偿损失。

（8）付款担保，是指银行为贸易合同的买方或业主方向卖方或承包方提供担保，保证买方或业主方按照基础交易合同履行付款义务；如买方或业主方未履行义务，则由银行承担付款责任的书面承诺。

（9）一年以内延期付款担保，是指银行应贸易合同的买方或工程承包合同业主方的申请，向卖方或承包方提供担保，保证买方或业主方按照基础交易合同履行一年以内（含一年）延期付款责任。

（10）费用保付担保，是指银行应贸易合同的买方或工程项目业主方的申请，向卖方或承包方提供担保，保证对于因基础交易所发生的费用买方或业主方将履行付款义务。

（11）一年以上延期付款担保，是指银行应贸易合同的买方或工程承包合同业主方的申请，向卖方或承包方提供担保，保证买方或业主方在规定的时间后开始，把基础交易合同金额分成若干等份，在超过一年以上的时间内，分次支付一定合同金额加利息，用若干年付清。

二、对内担保和对外担保

按受益人属地划分，担保分为对内担保和对外担保。

对内担保是指受益人为中国境内机构的担保；对外担保是指受益人为中国境外机构的担保。

三、人民币担保和外汇担保

按币种划分，担保分为人民币担保和外汇担保。人民币担保是指商业银行对人民币债务履行的担保，外汇担保是指商业银行对外汇债务履行的担保。

【实践操作】

阅读以下材料，分析在下列案例中银行保函是如何使用的。

案例1：甲银行于2022年4月为乙公司2 000万港元借款出具保函，受益人为丙银行，期限为9个月，利率为12%。由于投资房地产失误，乙公司负债累累，在还款期满后未能依约归还丙银行贷款。

6-1资料：
某银行担保类业务
基本规定（节选）

2024年3月丙银行向当地人民法院起诉乙公司和甲银行，要求归还贷款本金及利息。当地人民法院调解如下：（1）乙公司在2024年4月30日之前将其债权1 100万港元收回用于偿还丙银行，余款在2024年12月底还清；（2）如乙公司不能履行，由甲银行承担代偿责任。

至2024年5月底，乙公司只归还了600万港元，仍欠本金1 400万港元及相应利息未归还。鉴于此，当地人民法院执行庭多次上门要求甲银行履行担保责任，否则将采取强制措施，查封甲银行资产。为维护银行声誉，经上级行批准后甲银行垫付丙银行本金1 400万港元及相应利息。

案例2：买方甲公司与卖方乙公司签订了一份总价款3 000万元人民币的机器设备买卖合同，约定从合同签订生效之日起15日内甲公司支付预付款1 000万元人民币，余款待交货完成经验收合格后一次性支付。

在支付预付款前，乙公司按照合同约定向甲公司提供了银行保函，银行保函规定：只要甲公司确定，无论乙公司有任何反对，银行将凭甲公司关于乙公司违约的书面通知，立即按通知中规定的方式向甲公司支付不超过1 000万元人民币的金额。

合同约定的履行期限届满，因各种原因，乙公司不能履行交货义务。甲公司遂向乙公司提出返还预付款的要求，但乙公司以甲公司先有违约行为为由拒绝返还款项。于是甲公司向银行发出书面通知，通知中陈述了乙公司逾期不能交货的违约事实并要求银行兑付保函项下的金额。

银行经审核认为，虽然乙公司提出了甲公司先有违约行为的拒付理由，但银行出具的是无条件的、不可撤销的、保证无追索权的见索即付保函，在此情况下，银行只能根据受益人甲公司的通知履行连带保证责任。因此，银行在规定时间向甲公司支付了保函项下的1 000万元人民币。

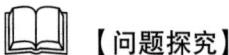 【问题探究】

见索即付保函与从属性保函

依据性质不同，银行保函可分为见索即付银行保函和从属性银行保函。

一、见索即付银行保函

见索即付银行保函是指对由银行出具的，书面形式表示在受益人交来符合保函条款的索赔书或保函中规定的其他条件时，向其支付特定款项或在保函最高金额内付款的承诺。

（一）见索即付银行保函的特征

见索即付银行保函是第二次世界大战后为适应当代国际贸易发展的需要而发展起来的，并成为国际担保的主流和趋势。见索即付银行保函与我国国内经常使用的保证合同有重要区别，它有备用信用证的某些特征。

1. 见索即付保函具有独立性。虽然担保人是依照基础合同一方当事人的申请，向基础合同的另一方当事人作出见索即付的承诺，但一旦见索即付保函生效，担保人与受益人之间的权利、义务关系就完全以保函中所记载的内容为准，而不再受基础合同的影响。

2. 见索即付保函具有无条件性。受益人只要提交了与保函中的约定相符合的索赔文件，担保人即应付款。担保人并不审查基础合同的履行情况，担保人付款义务的成立也不以委托人在基础合同履行中违约为前提。

（二）见索即付银行保函中银行的责任

1. 银行仅负有对保函规定的单证在表面上进行谨慎审查的义务。根据国际商会《见索即付保函统一规则》和联合国大会决议通过的《联合国独立担保和备用信用证公约》规定，保证人虽不对受益人所提交的单证的正确性承担责任，但保证人首先应尽合理的谨慎审查义务，对单证在表面上是否适当进行审查，如单证是否齐全，只要所提交的单证经合理谨慎审查符合保函规定的表面要求，保证人就应付款，即便单证的内容是虚假的，形式是伪造的，保证人也不承担过错责任，即被保证人不得以此作为向保证人补偿的抗辩理由。

2. 银行对受益人的赔偿请求负有通知义务。在受益人正式提出索赔时，保证人应立即通知委托人，并将受益人所提交的单证悉数传递给委托人，以便委托人根据基础合同的具体履行情况对受益人的索偿提出抗辩。如果保证人由于通知原因给委托人造成损失，保证人应自行承担这部分损失，无权向委托人要求补偿。此外，除非保证人能十分确定地证明受益人的索偿具有欺诈性，即受益人明知委托人没有违约而恶意提出索偿，否则保证人对受益人索偿的任何拖延都构成对见索即付银行保函的违约。

（三）见索即付银行保函中银行的追偿权问题

1. 根据委托书和反担保形成的追偿权。

首先，委托人向担保行出具的委托书中应明确记载两项重要内容：一是委托担保行出具见索即付银行保函；二是承诺一旦担保人依据保函承担付款责任，委托人应无条件立即予以补偿。

其次，担保行还可以要求委托人以其财产或由第三人提供反担保。根据委托书和反担保函，担保人在承担担保责任后即可对委托人行使追偿权。若以财产为反担保物，则可以从该担保物的变卖价款中优先受偿；若由第三人提供保证，则可向反担保人追偿。

2. 根据代位求偿权而形成的追偿权。代位求偿权是保证人根据保函的规定履行保证义务后而取得的受益人依基础合同对委托人所拥有的权利。代位求偿权除基础合同约定的权利外，还包括受益人所拥有的各种担保物权或对同意为被担保人的债务承担责任的其他人的追偿权，如在委托人的财产上设立的担保物权和由第三人以保证或其他担保方式提供的各种担保权益。

二、从属性银行保函

从属性银行保函是指担保人在保函中对受益人的索赔及对该索赔的受理设置了若干条件的限制，保留有一定的抗辩权利，只有在一定的条件得到满足之后，担保银行才予以受理、付款。因此，在从属性保函中，除需要注意以上几点外，怎样在索赔条款中设立条件更成为保函内容的重点。一般有以下几种设立方式：

1. 在保函中约定，受益人提出索赔请求时，由委托人提供证据证明自己已履行基础合同义务，或受益人没有履行基础合同义务。在这种情况下，由委托人承担举证责任，如果委托人不能证明，则承担举证不能的不利后果，推定受益人的索赔成立，银行承担担保责任。

2. 在保函中约定，受益人提出索赔请求时，同时提出证据证明自己已经履行了基础合同义务，或能够证明委托人没有履行基础合同义务。在这种情况下，受益人负有举证责任。如果受益人不能提供证据证明，则银行不予受理，由受益人承担不利责任。

3. 在保函中约定，受益人提出的索赔请求，必须经委托人同意或确认银行才能受理。在这种情况下，银行作为金融中介的作用大为减少，保函的银行信誉转化为普通的商业信誉，对受益人的保护不利，因此，在实际应用中不被受益人所接受。

4. 在保函中约定，受益人的索赔请求，必须经过法院或者仲裁机构生效的裁判文书确定，担保银行仅凭仲裁机构的裁决或法院的判决来实施付款或免于付款责任。担保银行在签发保函时往往无法知道申请人在保函所涉及的法律诉讼案件中究竟应承担多大的实际赔偿责任，甚至还不能肯定委托人是否必须作出这样的支付，因此，保函项下是否发生赔付，以及实际上应赔付多大的金额等，都要根据法院的有关判决来确定。

 【案例解析】

企业之间交易涉及大额资金的结算，收款方在对付款方的信用状况不甚了解的情况下，很难判断款项是否能够如期收回，存在很大的风险。如果由银行为其提供付款的保证，监督付款人及时付款，并有银行承诺在付款人未履行付款义务时代为还款，交易就往往能够更顺利地完成。案例1中甲银行开出的借款保函对于丙银行收款是一个保证，最终乙公司还不了借款后由甲银行偿付，丙银行如愿收回款项。案例2中甲公司作为收款方，要求乙公司提供无条件的、不可撤销的、保证无追索权的见索即付保函，有效保障了自己的权益。

活动2　银行担保业务的操作

【实践操作】

请分小组对下面的开立担保协议及各种保函文本的条款进行解释，分析条款是如何设置的，并根据本小组企业的实际情况，试操作一份保函。

开立担保协议

申请人（甲方）：
住所（地址）：
法定代表人（授权代理人）：
开立人（乙方）：
住所（地址）：
法定代表人（负责人）：

甲方因本协议第一条的需要，特向乙方申请出具（人民币/外汇）（保函/备用信用证）。乙方同意为甲方提供担保。为明确双方的权利、义务，根据《中华人民共和国民法典》及其他有关法律规定，甲、乙双方经平等协商一致，订立本协议。

第一条　担保用途

1.1　本协议项下的担保用途为：＿＿＿＿＿＿＿＿＿。

第二条　主要担保条款

2.1　本协议项下的担保种类：＿＿＿＿＿＿＿＿＿。
2.2　本协议项下的担保受益人（名称及详细地址）：

_____。

2.3　本协议项下的担保金额为（币种）_____（大写）_____元（小写）_____元（大小写不一致时，以大写为准，下同）。

2.4　本协议项下的担保期限自____年____月____日起至____年____月____日止。

2.5　付款条件：_____。

2.6　其他主要条款：_____。

2.7　保函/备用信用证样本见附件。

2.8　双方同意，如最终出具的保函/备用信用证与本条所述之条款不一致，以保函/备用信用证内容为准。

第三条　担保费

3.1　本协议项下担保费率为担保余额的_____‰。

3.2　甲方按下述第_____种方式支付担保费：

（1）甲方在乙方出具担保前一次性支付。

（2）甲方按（月/季）支付。第一期担保费甲方应于出具担保之前向乙方支付。担保出具后，甲方应于每月的20日/每季末月的20日（遇法定节假日顺延）将该期担保费存入乙方指定账户，逾期不付，按日计收万分之____的违约金。

第四条　保证金和反担保

4.1　在乙方向受益人出具上述担保前，甲方应在乙方指定的营业机构开立保证金账户，存入_____（币种）_____（大写）元的保证金，作为质押担保。

4.2　对担保金额与保证金的差额部分，甲方应提供令乙方满意的其他反担保。反担保合同另行签订。

第五条　甲方承诺

甲方向乙方作出如下承诺：

5.1　承担本协议项下有关费用的支出。

5.2　无条件偿还乙方在担保项下的款项支付，承担乙方因此而产生的全部损失。

5.3　随时向乙方提供与担保有关的商务合同和项目的执行情况及有关的资料文件，并为乙方了解上述情况提供方便。

5.4　对担保审查过程中所提供材料的真实性、准确性、完整性负责。

5.5　凡担保项下进口的设备和货物，在到货后立即向乙方认可的保险机构投保财产险并将有关保险单背书让渡给乙方。如果上述设备或货物发生意外损失，乙方有权向保险机构索赔并将赔款首先应用于备付担保项下的付款责任或用于归还乙方因履行担保责任而向受益人支付的款项、利息和费用。

5.6　乙方有权对其有关生产、经营和财务情况进行调查、了解及监督；甲方积极配合并有义务向乙方提供相关各期的损益表、资产负债表等财务资料。

5.7　未经乙方同意不得擅自动用保证金账户中的资金。如保证金账户资金被有关机关冻结、扣划，应立即予以补足或另行提供其他等值反担保。

5.8　本协议项下之反担保如发生了不利于乙方债权的变化，经乙方通知，应按要求另行提供令乙方满意的反担保。

5.9 乙方为实现本协议项下的全部债权，有权从甲方所有账户中扣收相应款项，并保证不提出异议并放弃任何抗辩。

5.10 如果与担保有关的商务合同发生修改，需事先取得乙方的书面同意，否则乙方不再承担担保责任，由此造成的一切损失由甲方负责。

5.11 及时将与担保有关的商务合同或项目的任何一方违约事件或可能发生的违约事件通知乙方，以便乙方采取必要的措施保证担保责任的正常履行。

5.12 如进行承包租赁、股份制改造、联营、合并、兼并、合资、分立、减资、股权变动、重大资产转让以及其他足以影响乙方权益实现的行动时，应至少提前30日通知乙方，并经乙方书面同意，否则在乙方担保责任解除之前不得进行上述行为。

5.13 变更住所、通信地址、营业范围、法定代表人等工商登记事项的，应在有关事项变更后7日内书面通知乙方。

5.14 如发生对其正常经营构成危险或对其履行本协议项下义务产生重大不利影响的任何其他事件，包括但不限于涉及重大经济纠纷、破产、财务状况的恶化等，应立即书面通知乙方。

第六条 乙方担保责任的履行

6.1 在担保有效期内，一旦受益人按保函/备用信用证条款向乙方提出索赔，乙方无须征得甲方同意即可以担保金额为限向受益人履行担保义务。

6.2 在向受益人履行担保责任时，乙方只负责处理证明文件或单据，对所涉及的基础合同纠纷不负任何责任，对相关索赔文件的真伪及其邮寄过程中的遗失、延误也不负任何责任。

6.3 在向受益人履行担保责任时，乙方有权从甲方的保证金账户和其他存款账户中扣划依本协议约定甲方应偿付的担保本金、利息、罚息及所有其他应付费用，同时垫付不足部分的款项。对乙方所垫款项，甲方应按每日万分之_____向乙方支付利息。

6.4 若乙方提供的担保为外汇担保，而其扣划款项为人民币或其他币种外汇，或乙方提供人民币担保，而扣划款项为外汇的，则应按照国家外汇管理政策，按乙方所公布的汇率将扣划款项兑换成相应币种后向受益人履行担保责任。

第七条 违约责任

7.1 本协议生效后，甲、乙双方当事人均应履行本协议所约定的义务。任何一方不履行或不完全履行本协议所约定义务而给对方造成损失的，应依法赔偿。

第八条 协议的生效、变更、解除和终止

8.1 本协议自双方签署之日起生效，至乙方在担保项下的担保责任解除且乙方在本协议项下的债权全部清偿之日止。

8.2 除双方另有约定外，甲方如要求担保展期，应提前30日向乙方提出书面申请，经乙方审查同意，并签订担保展期协议后，本协议项下担保亦相应展期；担保展期协议应作为本协议附件。

8.3 本协议生效后，除本协议已有之约定外，甲、乙任何一方都不得擅自变更或提前解除本协议，如确需变更或解除本协议，应经甲、乙双方协商一致，并达成书面协议。书面协议达成之前，本协议继续执行。

第九条 争议的解决

9.1 本协议的订立、效力、解释、履行及争议的解决均适用中华人民共和国法律。甲、乙双方在

履行本协议过程中所发生的争议，由甲、乙双方协商解决或直接按下列第_____种方式解决：

（1）将争议提交_____仲裁委员会，按提交仲裁申请时该会有效之仲裁规则，在_____（仲裁地点）仲裁解决。仲裁裁决是终局性的，对双方均有约束力。

（2）在乙方所在地法院通过诉讼方式解决。

第十条　双方约定的其他事项

10.1 _____。

10.2 _____。

10.3 _____。

第十一条　附则

11.1　乙方对甲方提供的有关其债务、财务、生产、经营等方面的资料及情况保密，但本协议另有约定和法律、法规另有规定的除外。

11.2　乙方为甲方出具本协议项下的担保需事先获得有关部门批准或核准的，则乙方只有在获得审批或核准后方能出具。

11.3　乙方委托_____分行开立保函/备用信用证，_____分行享有与乙方相同的权利，并承担相同的义务。

11.4　本协议附件是本协议不可分割的组成部分，与本协议正文具有同等法律效力。

11.5　本协议一式_____份，甲方、乙方各执_____份，具有同等法律效力。

甲方（公章）：　　　　　　　　　　　乙方（公章）：

法定代表人：　　　　　　　　　　　　法定代表人（或负责人）：

（或授权代理人）　　　　　　　　　　（或委托代理人）

_____年___月___日　　　　　　　　_____年___月___日

投 标 保 函

_____（受益人）：

鉴于贵方对_____项目进行招标，投标人_____正按照招标文件的要求提交投标书。应投标人申请，银行特开出以贵方为受益人、金额不超过_____（币种）_____（大写）万元的投标保函。

一、银行承诺，如果投标人在收到贵方发出的中标通知书后_____日内，未按规定与贵方签订合同，银行将在收到贵方书面索赔通知后，以保函金额为限向贵方承担担保责任。

二、本保函不得转让，银行对除贵方以外的任何组织或个人不承担担保责任。

三、本保函自开立之日起生效，有效期至_____（日期）止。书面索赔通知必须在上述期限内送达银行，否则银行在该保函项下的责任自动解除。

投标人中标后按约与贵方签订合同，保函超过有效期或银行的担保义务履行完毕，保函即行失效，请将本保函退回银行注销。

××××银行_____（公章）：

负责人（签字）：

____年____月____日

工程质量及维修保函

_____（受益人）：

鉴于贵方与承包人_____于_____ 年____月____日签订的编号为_____的工程承包合同（下称主合同）履行需要，应承包人申请，银行特开立以贵方为受益人、担保金额不超过_____（币种）_____（大写）万元的工程质量及维修保函：

一、银行承诺，如果承包人在工程竣工后不履行主合同约定的维修义务，或工程质量不符合主合同约定而承包人又不予维修时，银行将在收到贵方的书面索赔通知和承包人具有上述违约事实的证明材料后，以保函金额为限向贵方承担担保责任。

二、如果贵方与承包人协商变更主合同，应事先征得银行书面认可，否则本保函即行失效。

三、本保函不得转让，银行对除贵方以外的任何组织或个人不承担担保责任。

四、本保函自开立之日起生效，有效期至____（日期）止。书面索赔通知和有关证明材料必须在上述期限内送达银行，否则银行在该保函项下的责任自动解除。

承包人按约履行维修义务、保函超过有效期或银行的担保义务履行完毕，保函即行失效，请将本保函退回银行注销。

××××银行_____（公章）：

负责人（签字）：

____年____月____日

质 量 保 函

_____（受益人）：

鉴于贵方与卖方_____于_____年____月____日签订的编号为_____的合同（下称主合同）履行需要，应卖方申请，银行特开立以贵方为受益人、金额不超过_____（币种）_____（大写）万元的质量保函：

一、银行承诺，如果货物质量不符合主合同约定，且卖方又不按合同约定予以更换或维修时，银行将在收到贵方的书面索赔通知和卖方具有上述违约事实的证明材料后，以保函金额为限向贵方承担担保责任。

二、如果贵方与卖方协商变更主合同，应事先征得银行书面认可，否则本保函即行失效。

三、本保函不得转让，银行对除贵方以外的任何组织或个人不承担担保责任。

四、本保函自开立之日起生效，有效期至_____（日期）止。书面索赔通知和有关证明文件必须在上述期限内送达银行，否则银行在该保函项下的责任自动解除。

卖方按约履行更换或维修义务、保函超过有效期或银行的担保义务履行完毕，保函即行失效，请将本保函退回银行注销。

××××银行_____（公章）：

负责人（签字）：

_____年____月____日

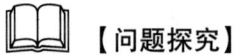【问题探究】

银行担保业务操作要点

一、担保业务经办银行的一般规定

1. 一般银行县级支行（含）以上机构可作为人民币担保业务经办行，根据上级行的授权具体办理人民币担保业务。经中国人民银行、国家外汇管理局和总行批准经营外汇担保业务的分支机构可办理外汇担保业务。

2. 总行每年根据各一级（直属）分行的经营管理水平、风险控制能力、市场需求情况等核定其担保业务审批权限，以法人授权书的形式下发。各一级（直属）分行可根据总行确定的转授权原则和范围，核定辖内分支机构的担保业务审批权限。

3. 对能够提供符合总行规定的全额低风险反担保的担保业务，经办行可不受单笔审批权限的限制。

4. 对全额提供低风险反担保，保证期间在 5 年（含）以内的对外保函，可由一级（直属）分行直接审批，不受单笔审批权限的限制。

5. 担保业务纳入统一授信管理。办理担保业务时，最高综合授信额度不足的，对提供保证金的部分，可直接追加相应的最高综合授信额度，担保到期后相应调减。

6. 由总行审批的客户授信额度项下的担保业务，经办行可不受一级（直属）分行单笔审批权限制；由一级（直属）分行审批的客户授信额度项下的担保业务，经办行可不受二级分行单笔审批权的限制。

7. 总行对担保业务实行总量控制，分别核定各一级（直属）分行担保业务总量，一级（直属）分行可根据需要相应地核定辖内授权分支机构的担保业务总量。各分支机构应在上级行核定的担保总量内办理担保业务，未经批准不得突破。

二、担保业务的申请

向银行申请办理担保业务的客户应当是依法成立的企事业法人及其他经济组织。除了要具备一般流动资金贷款所要求的条件外，还要求必须具有真实、合法的交易背景，主合同条款完备，责任明确。申请办理担保业务的客户，应提出书面申请，并提供以下资料：

1. 营业执照、法定代表人身份证明文件；

2. 担保涉及的有关合同、协议、标书及其他能够证明真实、合法交易背景的有关资料；

3. 担保涉及的事项按照规定须事先获得有关部门批准或核准的，须提供有关部门的批准或核准文件；

4. 申请人经会计（审计）师事务所审计的上两年度财务报表和当期财务报表（能够提供符合总行规定的全额低风险反担保的除外）；

5. 提供反担保的，需提供反担保人的相关资料；

6. 按规定需要被授权客户提交的有关授权文件；

7. 银行要求的其他资料。

三、保证金和反担保规定

办理担保业务，应按照被担保人的信用等级收取一定比例的保证金。下面是某商业银行收取保证金的标准。

1. 融资类担保业务的保证金规定如下：

AA 级（含）以上客户可免收保证金；AA – 级客户收取 10%（含）以上的保证金；A + 级、A 级客户收取 30%（含）以上的保证金；A – 级客户收取 50%（含）以上的保证金；BBB 级（含）以下客户收取 100% 的保证金。

2. 非融资类担保业务的保证金规定如下：

AA – 级（含）以上客户可免收保证金；A + 级客户收取 10%（含）以上的保证金；A 级客户收取 20%（含）以上的保证金；A – 级客户收取 30%（含）以上的保证金；BBB 级客户收取 50%（含）以上的保证金；BB 级（含）以下客户收取 100% 的保证金。

对能够提供符合总行规定的低风险反担保的，可不受上述保证金比例的限制。

保证金实行专户管理，必须逐笔对应存入专户。严禁保证金专户与客户结算户串用，不得在银行履行担保责任前支取保证金。

被担保人应落实担保金额扣除保证金后差额部分的反担保。反担保为保证担保的，保证期间的到期日须在银行担保责任到期日后 6 个月以上。对符合信用贷款条件的客户，经一级（直属）分行批准，办理担保业务可免收保证金，免于提供反担保。

四、担保业务办理程序

（一）调查及审查

收到申请人提交的材料后，经办行应对申请人的有关情况进行调查，信贷管理部门负责审查，审查内容包括：被担保人的合法资格；有关交易、项目的真实性及可行性；被担保人资信状况及履行合同义务的能力；按规定需要提供反担保的，反担保是否合法、有效、足值；对内担保文本的金融条款等。办理对外担保业务时，除由信贷管理部门进行上述审查外，还应由国际业务部门就对外担保文本的金融条款、担保是否符合有关外汇管理政策和国际惯例等内容进行审查，并提出审查意见。

对能够提供符合总行规定的全额低风险反担保的对外担保业务，可直接由国际业务部门审查。

对未采用统一格式文本的担保业务，业务部门签署意见后，应由法律事务部门对有关文本，包括开立担保协议、反担保合同和担保文本的法律条款等内容进行审查，并签署法律审查意见。担保文本条款的审查要点如下。

1. 金融条款审查要点：（1）文本要素应当完备；（2）金额、币种要明确、合理，即担保人所担保的债务不应超过主合同项下被担保人应承担的债务范围，并应写明具体担保金额，担保币种原则上应与主合同保持一致；（3）担保期限必须明确，并注明担保到期后自动失效；（4）付款条件必须明确、合理；（5）担保文本原则上不可转让，若须转让，应事先征得担保人的书面同意，并规定受让对象及转让次数等。

2. 法律条款审查要点：（1）担保文本的合法性、有效性；（2）担保范围、担保期限和担保责任必须明确、合理；（3）对外担保应明确适用的法律和仲裁条款，应尽量争取适用中国法律或选择中国仲裁机构进行仲裁，经与受益人协商，也可接受适用国际认可度较高的第三国法律或选择第三国仲裁机构仲裁。

（二）审批及签订合同

经各有关部门审查同意后，由业务部门将申请人提交的材料及审查报告等报有权签批人审批。对按规定需经信贷审查会议审议的，提交信贷审查会议审议。超过本级行审批权限的，由行长签字后报上级行审批。经审查、审批同意办理担保业务的，经办行应与申请人签订开立担保协议。在申请人按约定提供反担保、存足保证金并交纳担保费后，经办行应根据担保业务审批书和会计结算部门已收妥保证金和担保费的书面证明填具担保文本，送有权签字人签发。

对内担保业务可由经授权的分支机构出具担保文本。对外担保业务应由一级（直属）分行出具担保文本，或由经授权的二级分行以一级（直属）分行的名义出具担保文本。

五、担保的金额、期限和费率

担保的金额应根据主合同金额的合理比例确定，不得办理金额敞口的担保业务。

担保的有效期应根据主合同的履行期限确定，原则上不超过 5 年（含），不得办理期限敞口的担保业务。

人民币担保业务的年费率应根据担保业务的成本和风险确定，成本越高、风险越大，费率越高。某商业银行的收费标准如下：融资类担保业务按担保余额的 1%～5% 收取，最低 1 000 元；非融资类担保业务按担保余额的 0.5%～3% 收取，最低 500 元。为AA 级（含）以上客户和提供全额低风险反担保的客户办理人民币非融资类担保业务时可适当下调担保费率，按担保余额的 0.2%～3%（年费率）收取，最低 500 元。担保费原则上应按季收取，担保期限不足一季的按一季计收，超过一季 10 天的按两季计收。对担保期限在 1 年以内（不含）的，也可一次性收取。

六、担保业务的后续管理

1. 办理担保业务后，经办行要按照总行规定的检查间隔期进行检查，及时发现可能影响被担保人履行合同或偿还债务的事项，并采取有效措施防范和化解风险。

2. 经办行业务部门应于每季约定收费日的前 3 个工作日将该笔业务担保余额和担保费率书面通知会计结算部门。

3. 在担保的有效期内，因交易条件变化、工程项目延期、交易货物或工程所需设备或技术价格变动、金融市场变化等客观因素需要变更担保文本的，被担保人与受益人协商一致后应向担保行提出书面申请。如变更非主要条款，经担保行审查同意后可对原担保文本进行修改；如需变更担保文本主要条款的，包括受益人、被担保人、担保金额、期限、币种、适用法律等，须按新的条件重新审批。

4. 担保期限届满需要展期的，应视同新业务履行相关审批手续。如原担保期限加展期期限超过规定的上限，须报总行审批（能够提供100%保证金的除外）。对经审批同意办理展期的，担保行应与被担保人签订担保展期协议，并重新出具担保文本或对原担保文本的期限条款进行相应修改。

5. 出具担保文本后，如因主合同变化或其他合理原因需解除担保时，经各当事人协商同意，担保行可解除担保，通知受益人退还担保文本正本，并及时办理有关注销手续。

6. 在担保的有效期内被担保人未履行合同义务，担保行受理受益人的书面追索，经审查符合条件的，向受益人履行支付或赔偿责任，并根据相关协议的约定，从被担保人保证金专户和其他存款账户扣款，不足部分由担保行垫付。同时应采取下列措施：（1）将担保到期日发生的垫付款项转入相应垫款科目，按中国人民银行有关规定计收利息；（2）向被担保人催收担保项下的垫付款项；（3）及时向反担保人追偿或处理抵押物、质押物；（4）担保项下垫款未还清之前，不再为被担保人办理新的担保；（5）对单笔担保垫款15天以上或年内发生两笔以上垫款的被担保人，不再为其办理担保业务（能够提供符合总行规定的低风险反担保的除外）。

6-2案例：
见索即付保函

7. 担保到期如未发生索偿，担保行应在担保到期次日向受益人发出担保失效通知，并在确认银行担保责任终止后及时注销该笔担保业务，退还该笔业务项下的保证金，核销表外账。

8. 建立担保业务档案，主要包括担保申请书、有关合同、协议、标书等文件，开立担保协议、反担保合同、担保文本，后续管理检查记录、担保付款通知、付款凭证和注销记录等。

任务二
银行承兑汇票业务操作

活动1　认知银行承兑汇票业务

【知识准备】

银行承兑汇票是由在承兑银行开立存款账户的存款人出票，向开户银行申请并经银行审查同意承兑的，保证在指定日期无条件支付确定的金额给收款人或持票人的票据。

对出票人签发的商业汇票进行承兑是银行基于对出票人资信的认可而给予的信用支持。目前我国纸质银行承兑汇票每张票面金额最高为1亿元（电子票据最大限额为10亿元）。银行承兑汇票按票面金额向承兑申请人收取万分之五的手续费，不足10元的按10元计。纸质承兑期限最长不超过6个月（电子汇票的最长期限可达1年）。承兑申请人在银行承兑汇票到期未付款的，按规定计收逾期罚息。银行承兑汇票由购货企业签发，并由购货企业根据购销合同向开户银行申请承兑；银行审核同意承兑并与购货企业签订承兑协议，在汇票上盖章，用压数机压印汇票金额，然后将汇票交给购货企业转交销货企业，销货企业或贴现银行到期凭汇票要求承兑银行付款。

6-3 法规：
《商业汇票承兑、贴现与再贴现管理办法》

银行承兑汇票的出票人，应具备以下条件：（1）在承兑银行开立存款账户的法人以及其他组织；（2）与承兑银行具有真实的委托付款关系；（3）能提供具有法律效力的购销合同及其增值税发票；（4）有足够的支付能力、良好的结算记录和结算信誉；（5）与银行信贷关系良好，无贷款逾期记录；（6）能提供相应的担保，或按要求存入一定比例的保证金；（7）出票人有良好的信用保证。

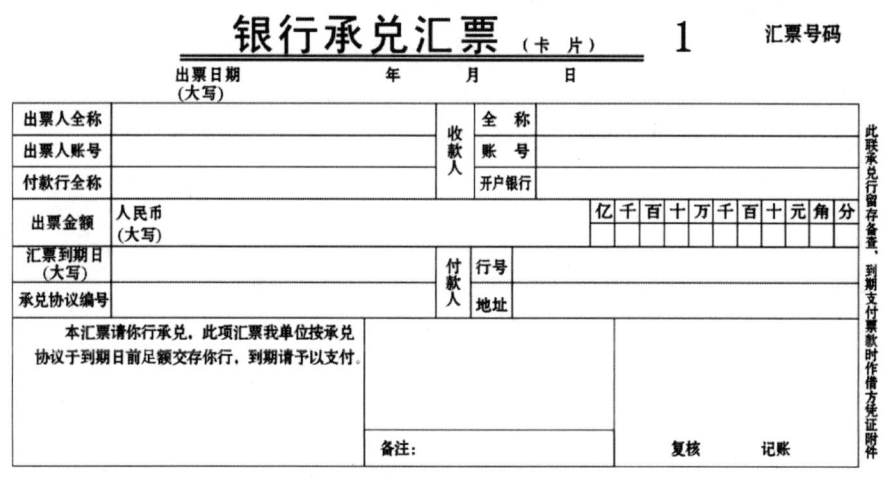

图6-1 银行承兑汇票

使用银行承兑汇票，对交易的买、卖双方都有益处。对于卖方来说，对现有或新的客户提供远期付款方式，可以增加销售额，提高市场竞争力。对于买方来说，利用远期付款，以有限的资本购进更多货物，最大限度地减少对营运资金的占用与需求，有利于扩大生产规模，且相对于贷款融资可以明显降低财务费用。

 【实践操作】

请阅读以下材料，对该案例进行分析讨论。

基本案情：

甲市一个建筑公司因为基建工程资金不足，后期工程无法完成，欲向该市工商银行申请贷款 600 万元，但是该市工商银行受信贷规模限制无法出贷，乙市一家百货商场经理闻知，提出本市银行可以帮助解决资金问题。于是，建筑公司经理、甲市工商银行行长以及客户经理一行数人赶到乙市，约见该市工商银行行长以及商场经理。四方商量提出一个方案：先由建筑公司开出 1 000 万元的银行承兑汇票，经甲市工商银行（以下称甲银行）承兑后，再由百货商场送交乙市工商银行（以下称乙银行）办理汇票贴现，所得 1 000 万元，转汇甲银行 600 万元，贷给建筑公司使用，留下 400 万元留给百货商场使用。到期则由乙银行收回各方票款。百货商场当场开出两张银行承兑汇票，一张 600 万元，一张 400 万元，甲银行做了承兑，汇票上均未填写交易合同号码和承兑契约编号。当天，乙银行即办理了票据贴现，次日则以百货商场的名义转汇甲银行 600 万元，留下 400 万元冲抵了百货商场的债务。年底建筑公司如期归还百货商场 600 万元本息，但是，百货商场无力归还 400 万元本息，汇票到期后甲银行拒绝付款。乙银行遂起诉甲银行，并将百货商场和建筑公司列为第三人。

请问：甲银行签发的无商品交易的银行承兑汇票是否有效？有没有违规？

附银行承兑协议样本。

银 行 承 兑 协 议

编号：_____

银行承兑汇票的内容：

出票人全称：_____收款人全称：_____

开户银行：_____开户银行：_____

账号：_____账号：_____

汇票号码：_____汇票金额（大写）：_____

出票日期：____年____月____日 到期日期：____年____月____日

以上汇票经银行承兑，出票人愿遵守《支付结算办法》的规定及下列条款：

一、出票人于汇票到期日前将应付票款足额交存承兑银行。

二、出票人按汇票金额的百分之____存入保证金，并对汇票金额与保证金差额部分提供____（保证/抵押/质押）担保，担保合同号为____。如承兑银行免收保证金或免除担保，未经承兑银行同意，出票人不得将其资产抵（质）押给他人或为他人提供保证担保。

三、承兑手续费按票面金额的千分之____计算，在银行承兑时一次付清。

四、出票人与持票人如发生任何交易纠纷，均由其双方自行处理，票款于到期前仍按第一条办理不误。

五、出票人有下列行为之一的，应在收到承兑银行通知后 7 日内予以改正并采取令承兑银行满意的补救措施，否则承兑银行有权要求出票人提前交付足额票款或从出票人在承兑银行的其他存款账户扣划票款：

1. 向承兑银行提供虚假财务报表及其他财务资料的；

2. 不配合或拒绝接受承兑银行对其生产经营、财务活动进行监督的；

3. 其财产的重要部分或全部被其他债权人占有，或被指定受托人、接收人或类似人员接管，或者其财产被扣押或冻结，可能使承兑银行债权遭受严重损失的；

4. 未经承兑银行同意进行承包、租赁、股份制改造、联营、合并、兼并、合资、分立、减资、股权变动、转让等行动，可能危及承兑银行债权安全的；

5. 发生变更住所、通信地址、营业范围、法定代表人等工商登记事项或对外发生重大投资等情况，使承兑银行债权实现受到严重影响或威胁的；

6. 涉及重大经济纠纷或财务状况恶化等，使承兑银行债权实现受到严重影响或威胁的；

7. 其他任何可能导致承兑银行债权实现受到威胁或严重损失的。

六、承兑到期日，承兑银行凭票无条件支付票款。如到期日之前出票人不能足额交付票款，承兑银行有权从保证金账户及出票人在承兑银行所有存款账户上扣划。对扣划后仍不足支付部分的票款转作出票人逾期贷款，按照有关规定计收罚息，在承兑银行垫付余额得到清偿前，不再对出票人办理新的承兑业务。

七、出票人付清承兑汇票票款后，本协议自动失效。

承兑银行公章：　　　　　　出票人公章：

订立协议日期＿＿＿年＿＿＿月＿＿＿日

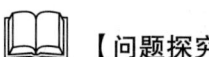 【问题探究】

银行承兑汇票操作要点

一、银行承兑汇票的业务对象

承兑申请人应当是经市场监督管理部门（或主管机关）核准登记的企（事）业法人、其他经济组织或个体工商户。

申请银行承兑汇票须提供的资料除了银行承兑业务申请书以及一般流动资金贷款所需材料外，还应当提供承兑申请所依据的商品交易合同、增值税发票、货运凭证等原件及复印件。

二、银行承兑汇票业务的一般规定

1. 抵押承兑承兑额不超过抵押物变现值的 70%，质押承兑承兑额不超过质押物的 80%。

2. 银行承兑汇票一律记名，允许背书转让。

3. 办理金额、期限及手续费率。银行承兑汇票金额不能超过商品交易合同标的金额，纸质银行承兑汇票期限一般不超过 6 个月，电子银行承兑汇票期限一般不超过 1 年，手续费率一般为 0.5‰。

三、银行承兑汇票业务的基本流程

商业银行承兑汇票业务主要包括申请承兑、调查与初审、承兑审批、签订协议、银行承兑和承兑到期等几个过程，具体流程如图 6-2 所示。

（一）调查阶段

了解客户信息，掌握其经营变化情况，重点调查出票人经营行业风险、产品的市场风险、管理状况、财务状况、资金回笼情况，是否有足够的资金支付到期汇票金额以及对担保人担保能力的变化和抵（质）押物状况的价值变化进行分析。

1. 调查承兑申请事项是否建立在真实合法的商品、劳务交易基础上。

（1）出票人和担保人的身份与资格是否真实有效；

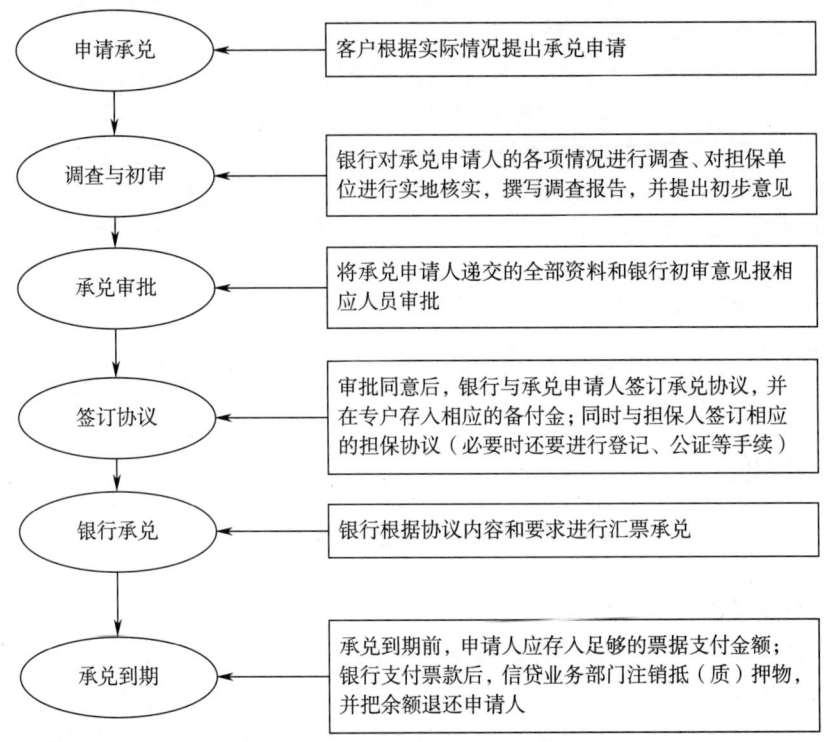

图6-2　银行承兑汇票业务的基本流程

（2）出票人和担保人提供的资料是否真实合法；

（3）出票人申请承兑是否属于货款支付或劳务支付，是否符合规定用途，是否存在以银行承兑汇票套取资金；

（4）购销合同标的物是否属于国家、政策禁止生产经营的范围，或是国家禁止流通物或未经许可的限制流通物，或是国家法律、政策所不允许的行为；

（5）购销合同内容是否超过出票人营业执照的经营范围和经营方式；

（6）通过对出票人的实地调查，对其生产经营、材料储备进行查验，判断是否属于出票人的生产经营需要。

2. 审查出票人对到期承兑汇票的偿债能力。

（1）调查出票人到期支付汇票的资金来源是否可靠，充分考虑商品是否适销对路及货款回笼周期是否与银行承兑汇票期限对称；

（2）对工业企业要调查其近期生产经营是否正常，销售货款是否顺畅；

（3）对物资贸易和批发企业要调查所购货物是否落实销售下游，先货后款方式清算的货物在运输中是否出现毁损；

（4）对施工企业要调查所承包工程的投资是否落实，工程材料是否按时到位等。

（二）审查阶段

对申请材料的真实性、完备性和有效性进行审查、核实。经资格审查合格的，向出票人开具申请材料收妥单，对不符合信贷规定的，应对客户进行解释，婉言拒绝其申请。审查内容如下：（1）承兑申请人的条件；（2）申请资料的完整性、合规性和合法性；（3）商品交易合同的真实性、合法性；（4）评价承兑申请人的支付能力和担保人的担保能力及担保的有效性。

（三）承兑管理

1. 在银行承兑汇票到期前 7 天，查询出票人在承兑人处开立账户的存款情况，如账户存款不足以支付汇票金额的，应书面通知出票人和担保人，督促其将票款足额存入其账户。

2. 保证金必须实行逐户逐笔、专户管理，不得提前支取保证金。

3. 逐笔建立档案登记，落实专人管理。

☞ 【案例解析】

上述案例中银行签发的汇票是有效的。票据具有无因性，票据行为不因票据的基础关系无效或有瑕疵而受影响。出票人签发票据，只要形式上符合票据法规定的要件，即为有效出票行为，出票行为成立后不受基础关系的影响。票据关系与基础关系相分离，票据关系是由票据法规范和调整的票据当事人在票据上的权利、义务关系。引起票据关系产生的前提条件就是票据的基础关系，其本身是一般的民事法律关系。票据关系一经形成，便脱离了基础关系，产生了票据上的权利、义务。票据关系不因基础关系的无效而无效，基础关系也不因票据关系的无效而无效。票据上的收款人和持票人行使票据权利，无须证明票据基础关系的有效与否；票据上的债务人也不得借基础关系的瑕疵来对抗善意持票人。本案中，甲银行签发的银行承兑汇票是有效的。乙银行作为该银行承兑汇票的持票人，享有请求甲银行支付票载金额的权利，甲银行作为该银行承兑汇票的承兑人和付款人，应按票载金额无条件兑付。

但该案例中的甲银行签发的是无对价的票据，违反了我国商业银行承兑汇票的使用规定。

【知识链接 6 –1】

银行承兑汇票的风险

一、票据"圈钱"

资金掮客利用非法手段从一家银行申请办理承兑汇票，然后到另一家银行进行贴现，套取银行资金后，进入股市操作或收购上市企业，再到股市上套取资金，轻而易举地完成"圈钱"过程。其主要做法是：首先与别的企业联手伪造交易合同，然后采取反复使用同一张增值税发票原件，或非法购买、借用别的企业贷款卡、财务专用章等资料，抑或集团内部各公司之间对开增值税发票，骗取银行承兑汇票。

二、克隆汇票

克隆的银行票据均能正常通过票据鉴别系统和查询系统的检验，隐蔽性很强，很难通过常规审查发现假票据。一般地，克隆票据有以下几个特点：第一，金额大，一般都在 100 万元以上；第二，克隆票据的复制过程一般是先取得真的票据，再在假的空白票据中加入与真的票据相同的金额、出票人、票号等相关规定的要素，使经办人员真假难辨；第三，被克隆票据往往是同一票号被克隆多张，同时向多家金融机构办理贴现或质押。

针对以上特点，银行除加强内控防范及提高经办人员的识别能力外，还可以从以下几个方面防范克隆票据的风险。

1. 要求每个开出票据的网点，在大额票据上标上本网点特有的标记，并按一定期限（如按月或季）更改标记。

由于现代科技发达，再好的防伪标志都可能被克隆，并且可以达到以假乱真，难以防范。但是克隆的票据一般是先取得真的票据后，在假的空白票据中加入与真的票据相同的金额、出票人、票号等相关规定的要素。所以对大额票据可以在票据某个不引人注意的（如票据背书处、票据角落等）地方加上开出票据网点一个小小的不引起他人注意的特有标记（如手写的一个符号、字等），同时进行登记备案，以便向查询行说明被查询的票据是否有该标记，及票据到期承兑时查明真假。由于该标记是各个网点自己设计的，无固定格式，并按一定期限进行更换，造假人员无法在短时间内进行仿造，从而防范票据被克隆。同时做好保密工作，确保只有本网点票据经办人员才知道特有标记。

2. 对已办理贴现、质押等的大额票据，受理行应及时通知出票行，以避免被犯罪分子以克隆票据在其他金融机构重复办理票据贴现或票据质押。

根据规定，在受理票据业务时均应向出票行发出查询查复书，但未要求受理行将受理结果转告给出票行，这就有可能造成同一票号被克隆多张后，在多个金融机构办理贴现、质押等。所以，可要求各受理行将已贴现或质押的票据通告给出票行，这样如有别的银行受理到该票据的克隆票据，该行经查询后就知道该票据已贴现或质押，避免金融机构资金损失。

3. 出票行对大额票据的查询查复次数进行登记，在受理行发出查询查复后，出票行应通告受理行，该票据经过几个银行查询，受理行可根据已查询的次数判定该票据的风险程度。

6-4 案例：
银行承兑汇票
垫款纠纷

根据票据可能同时被多张克隆的特点，如果同一票号的票据被金融机构多次（一般 3 次以上）查询，可能该票据已被克隆，受理行及出票行的经办人员均应引起注意，防范票据风险。

活动2　银行承兑汇票贴现

【知识准备】

银行承兑汇票贴现是指持票人将未到期的银行承兑汇票背书转让给银行，银行再按贴现率扣除贴现利息后将余额票款付给持票人的一种授信业务。

持票人持未到期的银行承兑汇票到银行申请贴现时，应根据汇票填制一式五联的贴现凭证。第一联代申请书，银行作贴现借方凭证，第二联银行作贴现申请人账户贷方凭证，第三联银行作贴现利息贷方凭证，第四联是银行给贴现人的收账通知，第五联为到期卡，由银行会计部门按到期日排列保管，到期日收回贴现款时作贴现贷方凭证。

贴现申请人在贴现凭证第一联上加盖预留银行印鉴，连同汇票一并送交开户银行。银行信贷部门按照有关规定进行审查，符合条件的，在贴现凭证上签注"同意"字样，并在加盖有关人员印章后送交会计部门。

会计部门接到信贷部门签批的贴现凭证和汇票后，除审查汇票真实无误外，还应审查贴现凭证的填写和汇票是否相符，无误后，按照规定计算出贴现利息和实付金额。贴现利息按票面金额、贴现期和贴现率计算，公式如下：

$$贴现利息 = 贴现汇票票面金额 \times 实际贴现天数 \times 日贴现率（月利率/30）$$
$$实付贴现金额 = 贴现汇票的票面金额 - 贴现利息$$

贴现天数从贴现之日起到汇票到期前一日止，按实际天数计算。承兑人在异地的，票据的贴现、再贴现和转贴现期限以及贴现利息的计算应另加 3 天的划款日期。

 【实践操作】

假设小组企业在 2024 年 6 月 5 日要贴现一张金额为 100 万元、到期日为 2024 年 8 月 9 日的银行承兑汇票，请计算其贴现利息，并试填写以下贴现凭证。

表 6 - 1

银行贴现凭证

贴现凭证 （代申请书） 1

申请日期 年 月 日 第 号

贴现汇票	种类		号码			持票人	名称									
	出票日						账号									
	到期日						开户银行									
汇票金额	人民币（大写）						百	十	万	千	百	十	元	角	分	
贴现率	贴现利息	十	万	千	百	十	元	角	分	实付贴现金额	百	十	万	千	百	十	元	角	分

附送承兑汇票申请贴现，请审核。 持票人签章	银行审批	负责人 信贷员	科目（借）_____ 双方科目（贷）_____ 复核 记账

 【问题探究】

银行承兑汇票贴现操作要点

一、申请人资格及材料的审查

1. 对申请人的资格审查。贴现申请人应为在贴现银行开立账户的企业法人或其他组织，并在当地市场监督管理部门登记注册，能够提供有效的营业执照，并依法从事经营活动。

申请转贴现的金融机构，应提供有效的营业执照，国家金融监督管理部门核发的金融机构经营许可证，申请贴现企业办理贴现时的有关凭证、贴现协议、商品劳务合同及增值税发票等。

2. 对汇票的审查。承兑期限最长不得超过6个月；出票人的签章应与出票人名称一致，汇票收款人应与第一背书人签章一致；各背书人签章应清晰到位，与被背书人名称一致，且背书转让不得有个人行为；粘贴单为银行统一格式，骑缝章应清晰、规范；连续背书转让时，日期填写应符合逻辑关系。票面上标明"不得质押""不得转让"和背面标明"委托收款"字样的汇票不得贴现。

贴现行应对申请贴现的票据向承兑行查询，以确定票据的真伪。但鉴于承兑行对贴现行的查询只作原则性的查复，贴现行只能将查复作为识别票据真伪的参考，对于大额、有疑问的汇票，应坚持双人实地查询。查询时，应要求出票行在查复书上注明有无冻结、挂失、止付，真正做到"有疑必查、查必彻底"，以此把风险降到最低。

6-5案例：
银行承兑汇票
贸易背景不真实

3. 对交易合同、增值税发票的审查。审查申请贴现企业与其直接前手间合同的真实性、合同期限及签订日期，审查增值税发票的真伪及开票日期。合同的签订日期、汇票取得日期及增值税发票的日期应符合逻辑关系。免税的贴现申请单位应提供相应的证明文件。

表6-2　　　　　　　　　　银行承兑汇票查询（复）书

银行承兑汇票查询（复）书（第　联）

_____行：

你行____年____月____日承兑的号码为____的银行承兑汇票，票面主要记载事项为：

出票日期		汇票到期日	
出票人全称		收款人全称	
付款行全称		汇票金额	
以上记载事项是否真实，请见此查询后，速查复。 查询行签章： 经办人签章： 查询日期：　　年　月　日		1. 查询汇票记载事项与银行承兑的汇票记载内容一致。 2. 与银行承兑的汇票所不符的记载事项： 3. 其他： 查复行签章： 经办人签章： 查复日期：　　年　月　日	

备注：查询查复书一式三联，一联查询行留存，一联送代理行作为查询依据，一联代理行作为查询结果回执。

《票据法》和《支付结算办法》虽未明确规定"银行承兑汇票的第一收款人不能以任何方式将票据直接转让给出票人",但这种背书转让有利用承兑汇票套取银行资金的企图,不利于银行资金安全,对这类票据应认真审查,一般不予贴现。

二、汇票管理

6-6 资料：
某银行承兑汇票贴现
审查基本规定（节选）

银行承兑汇票作为重要单证,应视同现金入库保管,做到一日一核对,严防丢失。同时,应建立银行承兑汇票专用管理登记簿,详细登记每一笔汇票的号码、金额、出票日、到期日、承兑银行及贴现单位。汇票按到期先后顺序排列,以便到期一笔,托收一笔,避免汇票到期后,因超过委托收款提示付款期限而不得不到签发行直接提示付款。

任务三
认识其他非贷款授信业务

活动1 认知贷款承诺业务

【知识准备】

贷款承诺是银行与借款人达成的一种具有法律约束力的正式契约,银行在承诺期限之内履行对客户按商定的条件发放贷款的诺言。银行作为提供承诺的报酬,可获得全部限额 0.25% ~ 0.75% 的承诺费。在双方签订贷款承诺协议以后直至全部贷款还清、协议履行完毕之前,企业必须按规定定期向银行呈送有关经营状况、财务状况的各类报表,以便银行随时掌握企业资信状况变化,确保贷款的安全。

贷款承诺是银行向潜在借款客户作出的在未来一定时期内按约定条件向该客户提供贷款的承诺。贷款承诺为借款人的融资安排提供了灵活性。在银根较紧的情况下,企业为了避免将来需要资金而不可得,往往要求银行作出在未来放贷的承诺。获得贷款承诺保证后,借款人可以根据自身的实际经营情况确定使用贷款的金额和期限,以便高效合理地使用资金。贷款承诺具有法律约束力,银行在有效承诺期内随时准备应客户的要求向其提供信贷服务。由于贷款承诺对银行实际头寸的控制存在不确定性,银行需要具备较高的流动性管理水平,并不可避免地保持较高的备付准备,因而不论客户是否最终用款,银行都相应要求收取一定的承诺费。

贷款承诺的程序一般可以分为以下几个步骤。

1. 借款人向银行提出贷款承诺的申请。借款人向银行提出贷款承诺的申请必须提交正式的书面申请书，同时还要提交借款人详细的财务资料和生产经营状况资料，作为银行是否进行贷款承诺的根据。

2. 银行进行审查和审批。如果银行认为有进行承诺的可行性，就和借款人进行贷款承诺条件的协商，主要包括承诺的类型、承诺的金额、承诺的期限、佣金率、偿还安排和保障条款等。

3. 银行和借款人签订贷款承诺协议书。银行和借款人对上述的承诺条件协商一致后，就必须签订正式的贷款承诺协议书，以明确规定双方的义务，保障双方的权利。

4. 借款人贷款资金的提用。借款人在承诺额度之内提用资金之前，必须在合同规定的时间内通知银行，以便银行能够及时地组织资金；银行必须在合同规定的时间内将资金划入借款人的存款账户，供借款人使用。

5. 归还借款本息和支付佣金。借款人必须按期缴纳佣金和支付贷款本息，并按合同规定按时偿还贷款本金。

以下是银行的固定资产项目贷款承诺函样本。

固定资产项目贷款承诺函

（单位名称）＿＿＿＿＿＿＿：

你单位关于＿＿＿＿＿（项目名称）的项目贷款申请（或委托评估书），经银行评估审查，同意在（承诺条件）＿＿＿＿＿＿的情况下对该项目提供固定资产贷款＿＿＿＿＿＿（金额）。如果你单位违反以上承诺，银行可变更或撤销本承诺。

本承诺函仅限于项目审批时向国家有关部门说明项目和投资的落实情况。如遇到国家有关政策变化、项目建设方案和投资计划重大调整以及项目业主发生重大经营变故，以上承诺需银行重新确认。

本承诺函只有正本有效，有效期为开出之日起到正式签订借款合同时止。

（盖章）

年　月　日

 【实践操作】

请阅读以下材料，分析讨论贷款承诺业务的作用。

某上市公司关于收到《贷款承诺书》暨获得回购公司股份融资支持的自愿性信息披露公告。

本公司及董事会全体成员保证信息披露内容的真实、准确和完整，没有虚假记载、误导性陈述或者重大遗漏。

特别提示：

近日，某股份公司（以下简称公司）收到某银行股份有限公司（以下简称某行）出具的《贷款承诺书》，某行承诺将为公司提供 49 000 万元的股票回购增持贷款资金专项用于股票回购。

一、《贷款承诺书》签署概况

根据《公司法》《证券法》《上市公司股份回购规则》《深圳证券交易所上市公司自律监管指引第 9 号——回购股份》《公司章程》等有关规定，公司召开董事会 2024 年第四次临时会议，审议通过了《关于回购部分社会公众股份方案的议案》，具体内容见同日公司在巨潮资讯网（http：//www.cninfo.com.cn）上披露的《关于回购部分社会公众股份方案的公告》。本议案尚需以特别议案形式提交公司股东大会审议通过。

为积极响应国家支持、提振资本市场健康稳定发展的政策，根据《中国人民银行金融监管总局　中国证监会关于设立股票回购增持再贷款有关事宜的通知》，公司与某行开展业务对接。近日，公司收到某行出具的《贷款承诺书》，承诺将为公司提供本次回购公司股份的融资支持。

二、《贷款承诺书》主要内容

1. 承诺贷款金额为 49 000 万元，贷款利率、贷款期限、比例及其他条件，如与监管明确的贷款条件不符的，为确保资金合规，在贷款合同签署及放款时以监管要求为准叙做；

2. 贷款用途：专项用于回购公司股票；

3. 担保方式：信用；

4. 贷款期限：12 个月；

5. 承诺书有效期：自出具之日起 12 个月。

三、对公司的影响

《贷款承诺书》的获得可为本公司回购股份提供专项融资支持，公司将根据回购股份方案积极实施回购股份。

四、备查文件

1.《贷款承诺书》

特此公告。

某银行股份公司董事会

二○二四年十一月一日

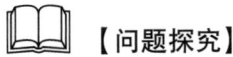 【问题探究】

贷款承诺的类型

一、定期贷款承诺

在定期贷款承诺下，借款人可以全部或部分地提用承诺金额，但仅能提用一次；如果借款人不能一次提用所承诺的全部资金，那么承诺实际就降至已提用的金额为止，贷款的期限通常与借款人提用承诺时承诺的剩余期一致。

二、备用承诺

在备用承诺下，借款人可多次提用，一次提用部分贷款并不失去对剩余承诺在剩余有效期内的使用权利。然而，一旦借款人开始偿还贷款，尽管偿还发生在承诺到期之前，已偿还的部分就不能被再次提用。

备用承诺还有两种变异：

1. 递减备用承诺，即在备用承诺的基础上，附加承诺额度将定期递减的规定，当剩余未使用的承诺不足以扣减时，银行可要求借款人提前偿还本金，以补足扣减的承诺额。

2. 可转换备用承诺，即在备用承诺的基础上，附加一个承诺转换日期的规定。在此日期之前，借款人可按直接的备用承诺多次提用；如果一直未用，那么在此日期之后，备用承诺将变成定期贷款承诺。

三、循环承诺

循环承诺就是借款人在承诺有效期内可多次提用，并且可反复使用已偿还的贷款，只要借款人在某一时刻使用的贷款不超过全部承诺额就可以，即对贷款额度实行存量管理。

循环承诺也有两种变异：

1. 递减循环承诺，即在循环承诺的基础上，提前确定一个递减额度，每隔一定时期扣减承诺额。

2. 可转换循环承诺，即在循环承诺的基础上，在转换日期之前，是循环承诺，转换日期之后，是定期贷款承诺，承诺额就降至已提用而又未偿还的金额，未提用的承诺失效。

6-7 资料：
某银行贷款承诺类
业务基本规定（节选）

👉 【案例解析】

对于借款人来说，贷款承诺首先具有较大的灵活性。获得承诺的借款人等于是拥有了一种机动灵活地选择融资的权利，他可以根据自己的经营状况，自由随时地确定贷与不贷、贷多贷少、期限长短，以求最合理地使用资金，提高资金的使用效率。其次，贷款承诺具有客观上的支持性。借款人通常都依靠银行的承诺来有力支持自身在货币和资本市场上的信誉，尽管他付给银行一定的承诺费，但由于提高了自己在货币和资本市场上的信誉，在很大程度上会降低筹资成本。

对于承诺银行来说，首先，贷款承诺能给银行带来较大的收益。申请贷款承诺的借款人通常都把它作为一种支持性工具，借以提高自己的融资信誉。所以，实际上银行往往不需要真正动用资金，就可以获取较高的佣金。其次，贷款承诺银行所付出的成本较低。一般来说，贷款承诺中的借款人大多数都是银行熟悉的客户，调查分析的成本较低，有利于降低银行的经营成本。最后，贷款承诺具有较高的风险性。由于贷款承诺是在事先作出的，如果在承诺期间借款人的财务状况恶化，从而影响其偿债能力，这时银行也必须履约贷款，显然这种贷款的风险系数是相当大的，有时会严重地影响到银行资产的质量和安全。

提供贷款承诺的银行不仅面临流动性风险，也面临潜在的信用风险。客户提出贷款承诺申请后，银行通常按发放贷款的规程对客户进行信贷审查。若银行有承诺意向，会与客户就贷款承诺的细节进行协商，主要在承诺类型、额度、期限、佣金、偿还安排、保护性条款等方面谋求一致，并在此基础上签订贷款承诺合同。为防范在贷款承诺期间客户出现信用等级降低或其他意外不良状况，贷款承诺协议应允许银行在承诺期间因客户财务状况恶化或企业结构变化等原因而拒绝或中止对客户提供融资，或酌情减少承诺金额，就某些条款进行补充磋商，而不必退还已收取的承诺费。如果银行作出的是不可撤销的贷款承诺，那么在任何情况下都必须履行事先允诺的贷款义务。

活动2 认知其他非贷款授信业务

  【实践操作】

分小组查找资料，了解商业银行其他的非贷款授信业务有哪些，弄清楚其特点。

  【问题探究】

商业银行其他非贷款授信业务

6-8 微课：
其他非贷款
授信业务

一、票据发行便利

票据发行便利是银行提供的一种中期周转性票据发行融资的承诺。根据事先与银行签订的协议，客户可以在一定时期内循环发行短期票据，银行承诺购买其未能按期售出的全部票据或提供备用信贷。票据发行人可以是其他银行或非银行机构，前者通常发行短期存款证，后者则发行本票，多为3个月或6个月到期，但银行提供的票据发行便利通常为期3~7年，在此期间内，通过滚动发行、借新还旧的期限转换效应，发行人能够以较低的短期利率获得中长期融资。银行的包销承诺为票据发行人提供了连续融资的保障，在承诺期限和金额限度内，每次发行短期票据时未售出部分均由银行承购。银行提供票据发行便利收取承诺费，同时承担流动性风险和信用风险，因此，银行须对票据发行人的资信状况作详细调查，在票据发行便利协议中设置在承诺有效期内借款人资信度下降时的特别处理条款，银行还须跟踪监测其信用品质变化情况，以及时应变。在借款人融资规模很大时，多家银行通常在安排人的组织下形成承购集团，按比例承购未推销出去的剩余票据，或提供同等金额的短期贷款。

票据发行便利有循环包销便利、可转让的循环包销便利和多元票据发行便利等形式。

1. 循环包销便利。循环包销便利是最早出现的票据发行便利。银行负责包销客户当期发行的短期票据，当某期票据无法全部销出时，银行需自行对客户提供所需资金，金额等于未能如期售出部分。

2. 可转让的循环包销便利。可转让的循环包销便利是指包销银行在协议有效期内，随时可以将其包销承诺的所有权利和义务转让给另一家机构。

3. 多元票据发行便利。这种票据发行便利方式允许借款人以更灵活的方式提取资金，它集短期预支条款、摆动信贷、银行承兑票据等提款方式于一身，使借款人在提取资金的期限和币种等方面都获得了更大的选择余地。

1984年以后出现了无包销的票据发行便利，即不承诺"包销不能售出的票据"的票据发行便利。拥有较高资信等级的银行客户往往采取这种形式，它们自信凭借其市场信誉即可完成票据发行计划，故而无须寻求银行的承诺包销支持，以节约发行成本。同时，由于一些监管者在测定银行资本的充足度时将包销承诺转为表内业务，为降低资本要求，银行也尽量对客户提供无包销的票据发行便利。

二、透支额度

银行预先对客户确定一个透支额度，客户就可以按照自己的需要随时支取贷款。银行既然已经作出透支限额的承诺，就必须预留相应的资金头寸以备客户支用，因此透支利息一般较高，其中包含了银行的承诺费。信用卡和活期存款的透支额度最具代表性。信用卡持卡人急需资金时可以进行透支，随借随还，不必提供担保品，银行一般只对超过免息期还款的客户收取利息。活期支票存款账户的持有者也可以享有透支的权利。银行在协议中约定，对客户的支票账户核定一个最高透支限额，允许客户在限额内超过存款余额签发支票，银行按实际透支数额每日计收利息。如果事后借款人存入足够金额的款项即为自动归还透支贷款，银行授予透支额度的客户应是信誉良好的企业或自然人。

三、资产销售和回购协议

资产销售和回购协议是一种约定，银行根据协议向第三者出售信贷资产，并承诺在某一时间里或在某一可能发生的情况下，购回上述资产。资产出售的基本形态可以分为以下三种。

1. 参与贷款。在贷款银行和债务人签订的贷款合同中，注明"可以将依据贷款债权收回全部或部分本息的权利出售给第三者（参加人）"的条款，贷款人就可以将收回贷款本息的权利全部或部分转让给第三者。

2. 债权转让。在事先通知债务人的前提下，可以将贷款权利出售给第三者，债权购买银行取得直接向债务人收取本息的权利。

3. 更改协议。贷款银行与债务人修改所签订的合同，更换该项资产的债权人，取消原合同中贷款银行与债务人的债权、债务协议，按规定，在债权购买银行与债务人之间建立内容相同的、新的债权和债务关系。

进行资产销售和回购协议，一是可以降低贷款的风险。对资产的出售者来说，银行出售贷款能降低贷款风险，增强资产的流动性，提高资产的质量；而对贷款的购买者来说，可以通过承担较多的风险而获得较高的收益。二是给银行带来了新的盈利空间。在利率上升时，为银行贷款的出售提供了一个机会，银行能以出售低收益资产的方式将原来的非流动性资产转化为流动性资产。

四、信贷证明

信贷证明是指根据授信申请企业要求，在其参与工程等项目建设的资格预审、投标、履约时，向银行提出申请，经银行评审同意后，由银行出具的一种融资证明，旨在证明申请人在承包工程中有能力从银行获得必要的信贷支持。信贷证明一般被要求与投标或履约担保一并出具。

五、信用证业务

信用证（Letter of Credit，L/C）是指由银行（开证行）依照（申请人的）要求和指示或自己主动，在符合信用证条款的条件下，凭规定单据向第三者（受益人）或其指定方进行付款的书面文件。即信用证是一种银行开立的有条件的承诺付款的书面文件。

【知识链接6-2】

信用证的种类

在国际贸易活动中，买卖双方可能互不信任，买方担心预付款后卖方不按合同要求发货，卖方也担心在发货或提交货运单据后买方不付款。因此需要两家银行作为买卖双方的保证人，代为收款交单，以银行信用代替商业信用。银行在这一活动中所使用的工具就是信用证。

一、以信用证项下的汇票是否附有货运单据划分

1. 跟单信用证（Documentary Credit），是指凭跟单汇票或仅凭单据付款的信用证。此处的单据是指代表货物所有权的单据（如海运提单等），或证明货物已交运的单据（如铁路运单、航空运单、邮包收据）。

2. 光票信用证（Clean Credit），是指凭不随附货运单据的光票付款的信用证。银行凭光票信用证付款，也可要求受益人附交一些非货运单据，如发票、垫款清单等。

在国际贸易的货款结算中，绝大部分使用跟单信用证。

二、以开证行所负的责任划分

1. 不可撤销信用证（Irrevocable L/C），是指信用证一经开出，在有效期内，未经受益人及有关当事人的同意，开证行不能片面修改和撤销，只要受益人提供的单据符合信用证规定，开证行必须履行付款义务的信用证。

2. 可撤销信用证（Revocable L/C），是指开证行不必征得受益人或有关当事人同意有权随时撤销的信用证。可撤销信用证应在信用证上注明"可撤销"字样。但《UCP500》规定，只要受益人依信用证条款规定已得到了议付、承兑或延期付款保证时，该信用证即不能被撤销或修改。它还规定，如信用证中未注明是否可撤销，应视为不可撤销信用证。最新的《UCP600》规定，银行不可开立可撤销信用证（注：常用的都是不可撤销信用证）。

三、以有无另一银行加以保证兑付划分

1. 保兑信用证（Confirmed L/C），是指开证行开出的信用证，由另一银行保证对符合信用证条款规定的单据履行付款义务。对信用证加以保兑的银行，称为保兑行。

2. 不保兑信用证（Unconfirmed L/C），是指开证行开出的信用证没有经另一家银行保兑。

四、以不同付款时间划分

1. 即期信用证（Sight L/C），是指开证行或付款行收到符合信用证条款的跟单汇票或装运单据后，立即履行付款义务的信用证。

2. 远期信用证（Usance L/C），是指开证行或付款行收到信用证的单据时，在规定期限内履行付款义务的信用证。

3. 假远期信用证（Usance Credit Payable at Sight），是指信用证规定受益人开立远期汇票，由付款行负责贴现，并规定一切利息和费用由开证人承担。这种信用证对受益人来讲，实际上仍属即期收款，在信用证中有"假远期"条款。

五、以受益人对信用证的权利可否转让划分

1. 可转让信用证（Transferable L/C），是指信用证的受益人（第一受益人）可以要求授权付款、承担延期付款责任，承兑或议付的银行（统称"转让行"），或当信用证是自由议付时，可以要求信用证中特别授权的转让银行将信用证全部或部分转让给一个或数个受益人（第二受益人）使用的信用证。开证行在信用证中要明确注明"可转让"，且只能转让一次。

2. 不可转让信用证，是指受益人不能将信用证的权利转让给他人的信用证。凡信用证中未注明"可转让"，即是不可转让信用证。

六、以信用证的作用划分

1. 循环信用证（Revolving L/C），是指信用证被全部或部分使用后，其金额又恢复到原金额，可再次使用，直至达到规定的次数或规定的总金额为止。它通常在分批均匀交货情况下使用。在按金额循环的信用证条件下，恢复到原金额的具体做法有：（1）自动式循环。每期用完一定金额，不需等待开证行的通知，即可自动恢复到原金额。（2）非自动循环。每期用完一定金额后，必须等待开证行通知到达，信用证才能恢复到原金额使用。（3）半自动循环。即每次用完一定金额后若干天内，开证行未提出停止循环使用的通知，自第某天起即可自动恢复至原金额。

2. 对开信用证（Reciprocal L/C），是指两张信用证申请人互以对方为受益人而开立的信用证。两张信用证的金额相等或大体相等，可同时互开，也可先后开立。它多用于易货贸易或来料加工和补偿贸易业务。

3. 背对背信用证（Back to Back L/C），又称转开信用证，是指受益人要求原证的通知行或其他银行以原证为基础，另开一张内容相似的新信用证，背对背信用证的开证行只能根据不可撤销信用证来开立。背对背信用证的开立通常是中间商转售他人货物，或两国不能直接办理进出口贸易时，通过第三者以此种办法来沟通贸易。原信用证的金额

（单价）应高于背对背信用证的金额（单价），背对背信用证的装运期应早于原信用证的规定。

4. 预支信用证/打包信用证（Anticipatory Credit/Packing Credit），是指开证行授权代付行（通知行）向受益人预付信用证金额的全部或一部分，由开证行保证偿还并负担利息，即开证行付款在前，受益人交单在后，与远期信用证相反。预支信用证凭出口人的光票付款，也有要求受益人附一份负责补交信用证规定单据的说明书，当货运单据交到后，付款行在付给剩余货款时，将扣除预支货款的利息。

5. 备用信用证（Standby Credit），又称商业票据信用证（Commercial Paper Credit）、担保信用证，是指开证行根据开证申请人的请求对受益人开立的承诺承担某项义务的凭证。即开证行保证在开证申请人未能履行其义务时，受益人只要凭备用信用证的规定并提交开证人违约证明，即可取得开证行的偿付。它是银行信用，对受益人来说是备用于开证人违约时取得补偿的一种方式。

6-9 资料：
某银行信用证类业务基本规定（节选）

6-10 案例：
备用信用证

 【课后练习】

一、单项选择题

1. 银行应借款人的申请，向资金出借人提供担保，保证借款人按照借款合同的要求向资金出借人支付本息；如借款人不履行义务，银行将按照担保约定承担保证责任。这种保函是（　　）。

A. 透支保函　　　　B. 借款保函　　　　C. 补偿贸易保函　　　　D. 投标保函

2. 银行应设备或技术引进项目贸易合同中引进方的申请，向设备或技术引进项目供给方提供担保，在引进方收到与合同相符的设备或技术后未按照合同规定将产品交付供给方或其指定的第三方，又不能以现汇偿付设备或技术及其附加利息时，则由银行按照担保金额加利息及相关费用赔偿供给方。这种保函是（　　）。

A. 透支保函　　　　B. 借款保函　　　　C. 补偿贸易保函　　　　D. 投标保函

3. 银行接受在国外承包工程的施工企业的请求，向该工程所在地的银行保证，如该企业在银行开立透支账户后，在规定的期限内未能归还透支款项，银行将根据对方银行的索赔按照担保约定承担保证责任。这种保函是（　　）。

A. 透支保函　　　　B. 借款保函　　　　C. 补偿贸易保函　　　　D. 投标保函

4. 银行应招投标合同投标方的要求，为投标方向招标方担保，保证投标方履行标书中所规定的义务；并约定在一定期限内如投标方不履行义务，则由银行承担一定金额的支付责任或经济赔偿责任的书面保证承诺。这种保函是（　　）。

    A. 透支保函　　　　　B. 借款保函　　　　　C. 补偿贸易保函　　　　D. 投标保函

5. 由银行出具的，书面形式表示在受益人交来符合保函条款的索赔书或保函中规定的其他条件时，承担无条件的付款责任。这种保函是（　　）。

    A. 条件性保函　　　　　　　　　　B. 受基础合同约束

    C. 见索即付银行保函　　　　　　　D. 从属性保函

6. 关于见索即付银行保函中银行的责任，下列说法正确的是（　　）。

    A. 银行仅负有对保函规定的单证在表面上进行谨慎审查的义务

    B. 银行负有对保函规定的单证进行真实性审查的义务

    C. 只要所提交的单证真实，保证人就应付款

    D. 单证的内容是虚假的，形式是伪造的，保证人承担过错责任

7. 担保人在保函中对受益人的索赔及对该索赔的受理设置了若干条件的限制，保留有一定的抗辩权利，只有在一定条件得到满足之后，担保银行才予以受理、付款。这种保函是（　　）。

    A. 无条件性保函　　　　　　　　　B. 不受基础合同约束

    C. 见索即付银行保函　　　　　　　D. 从属性保函

8. 银行预先对客户确定一个透支额度，客户就可以按照自己的需要随时支取贷款，这种授信业务的特点是（　　）。

    A. 预留相应的资金头寸以备客户支用

    B. 透支利息一般较低

    C. 无银行的承诺费

    D. 透支额度一般较大

9. 在事先通知债务人的前提下，可以将贷款权利出售给第三者，债权购买银行取得直接向债务人收取本息的权利。这种业务是（　　）。

    A. 更改协议　　　　B. 参与贷款　　　　C. 债权转让　　　　D. 贷款展期

10. 信用证一经开出，在有效期内，未经受益人及有关当事人的同意，开证行不能片面修改和撤销，只要受益人提供的单据符合信用证规定，开证行必须履行付款义务。这种信用证是（　　）。

    A. 可撤销信用证　　　　　　　　　B. 不可撤销信用证

    C. 即期信用证　　　　　　　　　　D. 远期信用证

二、多项选择题

1. 信用证以不同付款时间划分，有（　　）。

    A. 即期信用证　　　　B. 远期信用证　　　　C. 可转让信用证　　　　D. 假远期信用证

2. 资产销售和回购协议是一种约定，银行根据协议向第三者出售信贷资产，并承诺在某一时间里或在某一可能发生的情况下，购回上述资产。资产出售的基本形态有（　　）。

    A. 参与贷款　　　　B. 债权转让　　　　C. 更改协议　　　　D. 票据回购

3. 票据发行便利是银行提供的一种中期周转性票据发行融资的承诺。根据事先与银行签订的协议，客户可以在一定时期内循环发行短期票据，银行承诺购买其未能按期售出的全部票据或提供备用信贷，主要有（　　　）。

A. 循环包销便利　　　　　　　　B. 可转让的循环包销便利

C. 多元票据发行便利　　　　　　D. 无包销的票据发行便利

4. 贷款承诺的类型主要包括（　　　）。

A. 定期贷款承诺　　B. 备用承诺　　C. 循环承诺　　　D. 票据承兑

5. 银行承兑汇票贴现操作要点有（　　　）。

A. 对申请人的资格审查　　　　　B. 对汇票的审查

C. 对交易合同、增值税发票的审查　　D. 对汇票前手交易审查

三、判断题

1. 票据贴现审查申请贴现企业与其直接前手间合同的真实性、合同期限及签订日期，审查增值税发票的真伪及开票日期。（　　　）

2. 出票人的签章应与出票人名称一致，汇票收款人应与最后背书人签章一致。（　　　）

3. 票据承兑需要调查承兑申请事项是否建立在真实合法的商品、劳务交易基础上。（　　　）

4. 非融资类担保是指银行为被担保人在非融资性交易项下的责任或义务提供的担保。（　　　）

5. 信贷证明旨在证明申请人在承包工程中有能力从银行获得必要的信贷支持。（　　　）

四、名词解释

1. 代位求偿权

2. 见索即付保函

3. 银行承兑

4. 贴现

5. 贷款承诺

五、思考题

1. 银行承兑汇票的基本业务流程是怎样的？

2. 银行承兑汇票出票人的条件是什么？

3. 请列举非贷款授信业务。

6-11 项目六
课后练习答案

参 考 文 献

［1］钟灿辉，陈武．银行信贷实务与管理［M］．成都：西南财经大学出版社，2006．

［2］王君，等．贷款风险分类原理与实务（第二版）［M］．北京：中国金融出版社，2002．

［3］陈玉菁，赵海林，董恩宏．客户信用分析技巧［M］．上海：立信会计出版社，2006．

［4］张树基．商业银行信贷业务［M］．杭州：浙江大学出版社，2005．

［5］张鹏群．银行贷款法律实务——借款合同与担保［M］．上海：上海财经大学出版社，2007．

［6］宾爱琪．商业银行信贷法律风险精析［M］．北京：中国金融出版社，2007．

［7］陈立金．商业银行对公授信培训［M］．北京：中国金融出版社，2008．

［8］宋炳方．银行客户经理培训教程［M］．北京：经济管理出版社，2006．

［9］张兆林．个人贷款实用指南［M］．北京：中国金融出版社，2006．

［10］陈玉菁．授信调查快车道［M］．上海：上海财经大学出版社，2011．

［11］刘文璞．小额信贷管理［M］．北京：社会科学文献出版社，2011．

［12］中国银行业协会银行业专业人员职业资格考试办公室．个人贷款（银行业专业人员职业资格考试统编教材）［M］．北京：中国金融出版社，2024．

［13］中国银行业协会银行业专业人员职业资格考试办公室．公司信贷（银行业专业人员职业资格考试统编教材）［M］．北京：中国金融出版社，2024．

［14］国家金融监督管理总局网站，https：//www.cbircn.gov.cn.

［15］中国裁判文书网，http：//wenshu.court.gov.cn.

［16］巨潮资讯网，http：//www.cninfo.com.cn/new/index.

高职高专金融类系列教材

一、高职高专金融类系列教材

货币金融学概论	周建松			主编	25.00 元	2006.12 出版
货币金融学概论习题与案例集	周建松	郭福春等		编著	25.00 元	2008.05 出版
金融法概论（第二版）	朱 明			主编	25.00 元	2012.04 出版
（普通高等教育"十一五"国家级规划教材）						
商业银行客户经理	伏琳娜	满玉华		主编	36.00 元	2010.08 出版
商业银行客户经理	刘旭东			主编	21.50 元	2006.08 出版
商业银行综合柜台业务(第四版)	董瑞丽			主编	47.00 元	2021.07 出版
（国家精品课程教材·2006）						
商业银行综合业务技能	董瑞丽			主编	30.50 元	2008.01 出版
商业银行中间业务	张传良	倪信琦		主编	22.00 元	2006.08 出版
商业银行授信业务	王艳君	郭瑞云	于千程	编著	45.00 元	2012.10 出版
商业银行授信业务（第四版）	邱俊如	金广荣		主编	55.00 元	2025.08 出版
（"十四五"职业教育国家规划教材）						
商业银行业务与经营	王红梅	吴军梅		主编	34.00 元	2007.05 出版
金融服务营销	朱莉妍			主编	39.00 元	2024.09 出版
金融服务营销（第二版）	徐海洁			编著	34.00 元	2013.09 出版
商业银行基层网点经营管理	赵振华			主编	32.00 元	2009.08 出版
商业银行网点经营管理(第二版)	王德英			主编	39.00	2022.09 出版
银行柜台实用英语（第三版）	汪卫芳	屠莉佳		主编	42.00 元	2023.09 出版
银行卡业务	孙 颖	郭福春		编著	36.50 元	2008.08 出版
银行产品	赵振华			主编	39.00 元	2023.06 出版
银行产品	彭陆军			主编	25.00 元	2010.01 出版
银行产品	杨荣华	李晓红		主编	29.00 元	2012.12 出版
反假货币技术（第二版）	方秀丽	陈光荣	包可栋	主编	58.00 元	2015.03 出版
小额信贷实务（第二版）	凌海波	邱俊如		主编	39.00 元	2020.11 出版
商业银行审计	刘 琳	张金城		主编	31.50 元	2007.03 出版
金融企业会计	唐宴春			主编	25.50 元	2006.08 出版
（普通高等教育"十一五"国家级规划教材）						
金融企业会计实训与实验	唐宴春			主编	24.00 元	2006.08 出版
（普通高等教育"十一五"国家级规划教材辅助教材）						
新编国际金融	徐杰芳			主编	39.00 元	2011.08 出版
国际金融概论	方 洁	刘 燕		主编	21.50 元	2006.08 出版
（普通高等教育"十一五"国家级规划教材）						
国际金融实务	赵海荣	梁 涛		主编	30.00 元	2012.07 出版

国际金融实务（第三版）	李　敏			主编	49.00 元	2019.09 出版
风险管理	刘金波			主编	30.00 元	2010.08 出版
外汇交易实务	郭也群			主编	25.00 元	2008.07 出版
外汇交易实务	樊祎斌			主编	23.00 元	2009.01 出版
证券投资实务	徐　辉			主编	29.50 元	2012.08 出版
国际融资实务	崔　荫			主编	28.00 元	2006.08 出版
理财学（第三版）	徐慧玲	边智群		主编	56.00 元	2022.01 出版

（"十二五"职业教育国家规划教材/普通高等教育"十一五"国家级规划教材）

投资银行概论	董雪梅			主编	34.00 元	2010.06 出版
金融信托与租赁（第二版）	蔡鸣龙			主编	35.00 元	2013.03 出版
公司理财实务	钭志斌			主编	34.00 元	2012.01 出版
个人理财规划（第二版）	胡君晖			主编	33.00 元	2017.05 出版
证券投资实务	王　静			主编	45.00 元	2014.08 出版

（"十二五"职业教育国家规划教材/国家精品课程教材·2007）

金融应用文写作	李先智	贾晋文		主编	32.00 元	2007.02 出版
金融职业道德概论	王　琦			主编	25.00 元	2008.09 出版
金融职业礼仪	王　华			主编	21.50 元	2006.12 出版
金融职业服务礼仪	王　华			主编	24.00 元	2009.03 出版
金融职业形体礼仪（第二版）	钱利安	王　华		主编	36.00 元	2019.01 出版
金融服务礼仪（第二版）	伏琳娜	安　畅	孟庆海	编著	43.00 元	2021.01 出版
合作金融概论	曾赛红	郭福春		主编	24.00 元	2007.05 出版
网络金融	杨国明	蔡　军		主编	26.00 元	2006.08 出版

（普通高等教育"十一五"国家级规划教材）

现代农村金融	郭延安	陶永诚		主编	23.00 元	2009.03 出版
农村金融基础	郑晓燕			主编	30.00 元	2021.09 出版
"三农"经济概论（第三版）	凌海波			编著	39.00 元	2024.01 出版
商业银行网点经营管理（第二版）	王德英			主编	39.00 元	2022.09 出版

二、高职高专会计类系列教材

管理会计	黄庆平		主编	28.00 元	2012.04 出版
商业银行会计实务	赵丽梅		编著	43.00 元	2012.02 出版
基础会计	田玉兰	郭晓红	主编	26.50 元	2007.04 出版
基础会计实训与练习	田玉兰	郭晓红	主编	17.50 元	2007.04 出版
新编基础会计及实训	周　峰	尹　莉	主编	33.00 元	2009.01 出版
财务会计（第二版）	尹　莉		主编	40.00 元	2009.09 出版
财务会计学习指导与实训	尹　莉		主编	24.00 元	2007.09 出版
高级财务会计	何海东		主编	30.00 元	2012.04 出版
成本会计	孔德兰		主编	25.00 元	2007.03 出版

（普通高等教育"十一五"国家级规划教材）

成本会计实训与练习	孔德兰		主编	19.50 元	2007.03 出版

（普通高等教育"十一五"国家级规划教材辅助教材）

管理会计	周　峰		主编	25.50 元	2007.03 出版
管理会计学习指导与训练	周　峰		主编	16.00 元	2007.03 出版
会计电算化	潘上永		主编	40.00 元	2007.09 出版
（普通高等教育"十一五"国家级规划教材）					
会计电算化实训与实验	潘上永		主编	10.00 元	2007.09 出版
（普通高等教育"十一五"国家级规划教材辅助教材）					
财政与税收（第三版）	单惟婷		主编	35.00 元	2009.11 出版
税收与纳税筹划	段迎春	于　洋	主编	36.00 元	2013.01 出版
金融企业会计	唐宴春		主编	25.50 元	2006.08 出版
（普通高等教育"十一五"国家级规划教材）					
金融企业会计实训与实验	唐宴春		主编	24.00 元	2006.08 出版
（普通高等教育"十一五"国家级规划教材辅助教材）					
会计综合模拟实训	施海丽		主编	46.00 元	2012.07 出版
会计分岗位实训	舒　岳		主编	40.00 元	2012.07 出版

三、高职高专经济管理类系列教材

经济学基础（第四版）	高同彪		主编	40.00 元	2020.08 出版
管理学基础	曹秀娟		主编	39.00 元	2012.07 出版
大学生就业能力实训教程	张国威	褚义兵等	编著	25.00 元	2012.08 出版

四、高职高专保险类系列教材

保险实务	梁　涛	南沈卫	主编	35.00 元	2012.07 出版
保险营销实务	章金萍	李　兵	主编	21.00 元	2012.02 出版
新编保险医学基础（第二版）	任森林		主编	40.00 元	2018.06 出版
人身保险实务（第二版）	黄　素		主编	45.00 元	2019.01 出版
国际货物运输保险实务	王锦霞		主编	29.00 元	2012.11 出版
保险学基础	何惠珍		主编	23.00 元	2006.12 出版
财产保险	曹晓兰		主编	33.50 元	2007.03 出版
（普通高等教育"十一五"国家级规划教材）					
人身保险	池小萍	郑祎华	主编	31.50 元	2006.12 出版
人身保险实务	朱　佳		主编	22.00 元	2008.11 出版
保险营销	章金萍		主编	25.50 元	2006.12 出版
保险营销	李　兵		主编	31.00 元	2010.01 出版
保险医学基础	吴艾竞		主编	28.00 元	2009.08 出版
保险中介	何惠珍		主编	40.00 元	2009.10 出版
非水险实务	沈洁颖		主编	43.00 元	2008.12 出版
海上保险实务	冯芳怡		主编	22.00 元	2009.04 出版
汽车保险	费　洁		主编	32.00 元	2009.04 出版
保险法案例教程	冯芳怡		主编	31.00 元	2009.09 出版
保险客户服务与管理	韩　雪		主编	29.00 元	2009.08 出版
风险管理	毛　通		主编	31.00 元	2010.07 出版

| 保险职业道德修养 | 邢运凯 | | 主编 | 21.00 元 | 2008.12 出版 |
| 医疗保险理论与实务 | 曹晓兰 | | 主编 | 43.00 元 | 2009.01 出版 |

五、高职高专国际商务类系列教材

国际贸易概论	易海峰		主编	36.00 元	2012.04 出版
国际商务文化与礼仪	蒋景东	刘晓枫	主编	23.00 元	2012.01 出版
国际结算	靳生		主编	31.00 元	2007.09 出版
国际结算实验教程	靳生		主编	23.50 元	2007.09 出版
国际结算（第二版）	贺瑛	漆腊应	主编	19.00 元	2006.01 出版
国际结算（第三版）	苏宗祥	徐捷	编著	23.00 元	2010.01 出版
国际结算操作	刘晶红		主编	25.00 元	2012.07 出版
国际贸易与金融函电	张海燕		主编	20.00 元	2008.11 出版
国际市场营销实务	王婧		主编	28.00 元	2012.06 出版
报检实务	韩斌		主编	28.00 元	2012.12 出版
国际航空货运代理实务(第二版)	戴小红		主编	43.00 元	2020.01 出版

如有任何意见或建议，欢迎致函编辑部：jiaocaiyibu@126.com。